山区公路桥梁设计与施工技术

连 军 傅 震 奥明纪 著

吉林科学技术出版社

图书在版编目（CIP）数据

山区公路桥梁设计与施工技术 / 连军，傅震，奥明
纪著．— 长春：吉林科学技术出版社，2024.3

ISBN 978-7-5744-1209-5

Ⅰ．①山… Ⅱ．①连… ②傅… ③奥… Ⅲ．①山区—
公路桥—桥梁设计②山区—公路桥—桥梁施工 Ⅳ．
① U448.14

中国国家版本馆 CIP 数据核字（2024）第 066122 号

山区公路桥梁设计与施工技术

著　　　连　军　傅　震　奥明纪
出 版 人　宛　霞
责任编辑　王运哲
封面设计　树人教育
制　　版　树人教育
幅面尺寸　185mm×260mm
开　　本　16
字　　数　290 千字
印　　张　13.25
印　　数　1~1500 册
版　　次　2024 年 3 月第 1 版
印　　次　2024 年 12 月第 1 次印刷

出　　版　吉林科学技术出版社
发　　行　吉林科学技术出版社
地　　址　长春市福祉大路5788 号出版大厦A 座
邮　　编　130118
发行部电话/传真　　0431-81629529 81629530 81629531
　　　　　　　　　　81629532 81629533 81629534
储运部电话　0431-86059116
编辑部电话　0431-81629510
印　　刷　廊坊市印艺阁数字科技有限公司

书　　号　ISBN 978-7-5744-1209-5
定　　价　80.00元

前　言

　　山区公路桥梁设计与施工技术是一门涉及工程学、土木工程、结构工程等多个领域的专业技术。在山区地形复杂、气候变化大的环境中，桥梁的设计和施工面临着独特的挑战。这项技术旨在山区建设安全、稳定、经济的桥梁，以便有效连接山区道路，提高交通运输效率。

　　山区公路桥梁设计与施工技术的发展旨在克服山区地形的困难，为交通运输提供更加便捷、安全的通道。通过合理的设计和先进的施工技术，我们能够在山区建设出符合环保标准、耐久性强的桥梁，促进山区的发展，提高居民生活质量。这一技术的不断创新和提升，将为山区交通建设和经济发展带来积极的推动作用。

　　本书从山区地理与气候特征入手，介绍了山区公路桥梁材料选择与性能，接着深入探讨了山区公路桥梁基础设计、山区公路桥梁结构设计以及山区公路桥梁抗震设计，并重点研究了山区公路桥梁的施工技术以及智能化技术在山区公路桥梁设计与施工中的应用等内容。

　　本书在撰写过程中，吸收了部分专家、学者的一些研究成果和著述内容，笔者在此表示衷心的感谢。由于笔者水平有限，书中难免会有缺点和错误，敬请广大读者批评指正！

前　言

目 录

第一章　山区地理与气候特征

第一节　山区地理特征及对桥梁设计的影响

一、山区地理特征概述

（一）山脉分布与类型

1. 全球山脉的分布格局

山脉广泛分布于地球表面，形成了丰富多彩的地貌景观。全球各大洲都拥有独特的山脉体系。例如，喜马拉雅山脉横贯亚洲，是世界上最高的山脉，其峰顶包括世界之巅的珠穆朗玛峰。而安第斯山脉则贯穿南美洲，以壮丽的雪峰和火山而闻名。非洲的乌干达山脉则展现了大陆内部的崎岖地貌。了解全球山脉的分布格局有助于深入了解地球的地质演化和不同地域的气候、植被等自然特征。

2. 山脉的主要类型

山脉根据形成机制和地质特征可分为不同的类型。随着板块运动，山脉可以形成于板块的碰撞带、拉伸带或板块内部。构造山脉如喜马拉雅山脉即是由两个大陆板块碰撞而形成的典型代表。火山山脉则是由火山喷发和岩浆活动引起的，太平洋火环就是火山山脉的一例。除此之外，侵蚀山脉是由侵蚀和风化过程塑造的，如美国的落基山脉。不同类型的山脉反映了地球不同区域的地质构造和演变过程。

3. 山脉对生态环境的影响

山脉的存在对生态环境有着深远的影响。首先，山脉对降水分布产生影响，形成雨影效应。风从山脉一侧上升，冷却后释放水汽形成降水，而到达山脉的另一侧则相对干燥。这导致山脉两侧生态环境的巨大差异，形成丰富多样的生态系统。其次，山脉是重要的水源区，供给下游地区的河流水源，维持着广大农田和城市的水资源供应。因此，了解山脉对水文循环的调控作用对生态保护和水资源管理至关重要。

4. 人类与山脉的互动

山脉不仅为自然生态提供了独特的环境，也对人类社会产生了深远的影响。山区地形多变，往往限制了人类的居住和经济活动。然而，正是在这些挑战中，人类通过修建盘山公路、建设索道等工程来克服地理障碍，发展出独特的山区文化和经济形态。山脉的旅游业也因其独特的自然景观而蓬勃发展。因此，山脉既是人类生活的挑战，也是发展的机遇，探讨人类与山脉的互动关系有助于更好地理解和利用这一自然资源。

总而言之，全球山脉分布广泛，类型丰富，对自然环境和人类社会均有深远影响。深入研究山脉的形成机制、生态效应和与人类社会的互动，有助于更好地理解地球的多样性和促进可持续发展。

（二）水系与地形起伏

1. 水系与地形相互关系

水系是地球表面上由河流、湖泊、溪流等组成的系统。水系与地形起伏密切相关，地形的高低起伏决定了水系的形成和走向。山脉和丘陵地形通常是水系的发源地，降水在这些地方形成小溪和河流，然后流向低洼地区，最终注入大海或湖泊。地形的复杂性直接影响着水系的分布和走向，了解水系与地形的关系有助于预测洪水、制定水资源管理策略等。

2. 地形起伏对水文循环的影响

地形起伏对水文循环产生着深远的影响。在地形高差较大的区域，空气上升冷却形成云，进而引发降水。这种地形导致的降水现象称为雨影效应，即雨水主要集中在风向的上风坡，而下风坡则相对干燥。此外，地形起伏还影响着水体的流向，决定了河流的走向和流速。这对于水资源分布、水源涵养和生态系统的稳定性都具有重要意义。

3. 地形对水资源的储存与释放

不同地形的起伏直接影响着水资源的储存与释放。在山区，地形的起伏形成了丰富的水源，如高山雪融水和冰川融水成了河流的重要补给源。这些水源对于下游平原地区的灌溉和城市供水至关重要。同时，山区的地形起伏也会引发洪水和泥石流等自然灾害，对下游地区的水资源管理和防灾工作提出了挑战。

4. 人类活动与地形的相互作用

地形起伏对人类社会的发展和活动有着深刻的影响。人类通过修建水坝、引水渠等工程，改变地形起伏对水资源的影响，以满足灌溉、发电和城市用水的需求。同时，地形起伏也为旅游业提供了独特的资源，如山区的湖泊、瀑布等景观成为吸引游客的重要元素。但人类活动也可能导致对地形的不当干扰，如过度开发导致水土流失，进而加剧水资源的紧缺和环境问题。

总体而言，水系与地形起伏之间存在着密不可分的关系。深入了解这种关系有助于更好地利用和保护水资源，同时也能够为地形起伏区域的灾害管理和可持续发展提供科学依据。

（三）地质构造对桥梁设计的影响

1. 不同地质构造类型对基础设计的挑战

地质构造的多样性对桥梁基础设计提出了独特的挑战。在不同构造类型的地区，地下岩层、土质和水文条件会有显著的变化，因此基础设计需要根据具体的地质情况进行调整。例如，在断裂带地区，构筑桥梁需要考虑断裂带内地层的不稳定性，采用合适的基础设计以应对地壳运动可能带来的影响。对于沉积盆地地区，需要更加细致地勘探和设计，以确保桥梁的基础能够承受复杂的沉积物和地下水条件。

2. 山区地质构造对桥梁稳定性的挑战

山区地质构造的不规则性使得桥梁设计面临着独特的稳定性挑战。在山脉、丘陵等地区，构造面的悬崖、岩石裸露等情况可能导致泥石流、滑坡等自然灾害。因此，在桥梁设计中，需要综合考虑地下水位、岩土层的稳定性，并采取相应的防护措施，以确保桥梁在复杂的地质环境中保持稳定。

3. 河谷地质对桥梁横跨河流的挑战

河谷地区的地质构造对桥梁设计有着独特的影响，尤其是横跨河流的桥梁。河谷地区常常受到河流侵蚀、地下水位变化等因素的影响，这可能导致河床的沉积和侵蚀，从而影响桥梁的基础稳定性。此外，河谷地区的地下水流动性也需要被充分考虑，以避免桥梁基础受到水流冲刷的影响。因此，在设计河谷桥梁时，必须通过综合地质勘探和水文分析，确保桥梁结构在河流动力和地质环境的复杂作用下能够安全稳定地横跨河谷。

4. 地质灾害风险对桥梁可靠性的影响

不同地质构造区域存在不同类型的地质灾害，如地震、泥石流、滑坡等。这些地质灾害对桥梁的可靠性和耐久性提出了高要求。在地震多发区域，桥梁的设计需要考虑地震力对结构的影响，采取抗震设计措施。而在泥石流和滑坡频发区域，需要采用合适的桥梁形式和防护措施，以减轻地质灾害可能带来的破坏。

总体而言，地质构造对桥梁设计的影响主要体现在基础设计、稳定性、横跨河流、地质灾害风险等方面。在桥梁工程中，充分了解和综合考虑地质构造的影响，采取相应的设计和防护措施，是确保桥梁工程安全可靠的关键。

二、地理特征对桥梁设计的影响

（一）地质灾害与桥梁安全

1. 地震对桥梁的挑战

地震是地质灾害中对桥梁影响最为严重的一种。在地震作用下，桥梁结构可能遭受水平和垂直方向的振动，甚至发生破坏。地震引起的地质变形和断层活动，可能导致桥梁的扭曲、倾斜，甚至坍塌。因此，在地震频发区域的桥梁设计中，必须进行详尽的地震工程勘测，采用抗震设计和加固措施，以提高桥梁的抗震能力。

2. 滑坡和泥石流的威胁

滑坡和泥石流是常见的地质灾害类型，对桥梁的安全构成威胁。在陡峭的山坡上，地质材料可能因为降雨、融雪等因素发生滑坡，带动大量土石冲击桥梁。泥石流则是携带大量泥沙和岩石，对桥梁基础和结构造成极大破坏。为应对这些威胁，桥梁的设计需要结合地质勘探，选择合适的桥梁形式和位置，并采用防护措施，如设置挡土墙、加固桥墩等。

3. 地基液化的风险

地基液化是地震发生时，部分饱含水分的地基材料失去固结力，呈现液化状态，对桥梁基础构成威胁。在液化的地基上，桥梁的承载能力会急剧下降，导致桥墩的沉降、倾斜或倒塌。为应对地基液化风险，桥梁设计中需要采用合适的基础设计，如深基础、土石改良等措施，以提高桥梁的抗震能力。

4. 岩体崩塌和岩块落石的考虑

岩体崩塌和岩块落石是山区地质灾害中常见的问题，对桥梁的安全性构成威胁。在岩体崩塌区域，桥梁的桥墩和桥基可能受到岩石碎屑的冲击，导致结构损伤。为降低岩体崩塌的风险，桥梁设计需要选择安全位置，并采用防护措施，如设置护坡、爆破控制岩体等。此外，在岩块多发区域，需要考虑防护措施，如搭建防护网、设置挡石墙等，以减轻岩块对桥梁的影响。

总体而言，地质灾害是桥梁工程面临的重要安全挑战。在桥梁设计中，必须全面考虑地质环境，采用科学的勘测手段和合适的工程措施，以确保桥梁有足够的抗灾能力，保障交通运输的安全与畅通。

（二）河流与桥梁跨越设计

1. 河流特性对桥梁设计的影响

河流特性对桥梁设计产生着深远的影响。河流的水流速度、水位变化、底质条件等因素直接影响着桥梁的设计和建设。不同河流的水文特性差异巨大，一些河流可能经常性泛滥，而另一些河流则可能出现季节性的水位变化。桥梁设计必须充分考虑这些变化，以确保在各种水文条件下桥梁的安全运营。

2. 选择合适的桥梁类型

根据河流的宽度、水流速度、河道底质等因素，需要选择合适的桥梁类型。对于较宽且水流湍急的河流，可能需要考虑悬索桥或斜拉桥等跨度大、结构稳定的设计。而对于小型河流，可以采用梁桥或拱桥等简单结构。选择合适的桥梁类型既能够满足过河需求，又能够适应河流的特殊环境。

3. 水文学分析与洪水风险评估

在进行桥梁设计时，必须进行详细的水文学分析和洪水风险评估。这包括对河流流量、水位、洪水历史等数据的收集与分析。通过水文学分析，设计者可以了解河流的水文特性，为桥梁设计提供基础数据。洪水风险评估则能够预测潜在的洪水风险，指导桥梁的设计和抗洪能力的规划。

4. 河床稳定性与桥梁基础设计

河流的河床稳定性对桥梁基础设计至关重要。在设计桥梁基础时，必须考虑河流的底质条件、河床的稳定性和可能的冲刷效应。合理的基础设计可以通过减小河流对桥梁的冲击，增加桥梁的稳定性。采用桩基础、橡胶支座等技术手段可以有效减轻河流对桥梁基础的不利影响。

通过对河流与桥梁跨越设计的全面考虑，可以确保桥梁在各种水文条件下都能够安全稳定地运行。这不仅对桥梁自身的结构安全至关重要，也直接关系到沿河地区的社会、经济发展，以及对水资源的有效利用。在桥梁设计过程中，必须将河流的特性与地方实际情况相结合，通过科学合理的设计确保桥梁在河流跨越过程中的可靠性和安全性。

（三）地形不规则性与桥梁布局

1. 地形不规则性的挑战

地形不规则性是指地表的高差和形态的复杂性，包括山脉、丘陵、峡谷等地貌特征。这种地形在桥梁设计中带来了诸多挑战。不同的地形要求不同的桥梁结构和布局方式，而地形的不规则性可能导致桥梁的长度、高差和弯曲度变化大，增加了设计的复杂性和施工难度。

2. 适应不规则地形的桥梁类型

在面对不规则地形时，需要选择适应性强的桥梁类型。例如，悬索桥和斜拉桥适合横跨较大的峡谷或深谷，能够有效地跨越地形高差；而拱桥在山区地形中由于其自重分布均匀的特性，适合跨越狭窄的河谷。不同类型的桥梁具有不同的适用条件，合理选择桥梁类型是适应不规则地形的关键。

3. 曲线和坡道设计的考虑

在不规则地形的桥梁设计中，曲线和坡道的设计显得尤为重要。通过合理的曲线设计，可以更好地适应地形的弯曲变化，减缓车辆在桥梁上的速度变化，提高行车的平稳性。坡道的设计需要考虑地形的坡度和高差，以确保道路的舒适性和安全性。在陡峭的山区地形中，坡道的设计需要充分考虑车辆的制动和加速情况，以防止事故的发生。

4. 地形不规则性对桥梁基础的影响

地形的不规则性对桥梁基础结构提出了更高的要求。在山区或峡谷中，桥梁的基础需要考虑地质条件的多变性，采用适当的基础形式，如深基础或特殊支撑结构，以确保桥梁的稳定性和安全性。此外，不规则的地形可能导致土壤侵蚀、滑坡等问题，需要在基础设计中采取相应的防护措施，以保护桥梁的基础结构。

总体而言，地形不规则性是桥梁设计中的一项重要考虑因素。通过合理选择桥梁类型、优化曲线和坡道设计、充分考虑基础结构，可以有效应对不规则地形带来的挑战，确保桥梁在复杂地形中安全、稳定、高效地运行。

第二节　不同季节与气候条件下桥梁性能的考虑

一、季节性气候变化

（一）季节性温度变化对桥梁结构的影响

季节性气候变化是桥梁结构设计和性能评估中不可忽视的重要因素。其中，季节性温度变化对桥梁结构的影响尤为显著，涉及冻融循环与桥梁材料性能，以及季节性温度差异对桥梁承载能力的影响。

1. 冻融循环与桥梁材料性能

季节性气温波动可能引发冻融循环，对桥梁结构造成严重影响。在寒冷季节，结构表面的水分可能渗透到材料内部，当温度下降时，水分冻结，形成冰体，导致材料体积膨胀，从而引起内部应力。这个冻融过程的反复循环可能导致裂缝的形成和扩展，严重影响桥梁的耐久性。为应对这一问题，桥梁材料的选择至关重要。使用具有良好抗冻融性能的材料，如高强度混凝土和防冻剂，能够有效减缓冻融引起的损伤。

2. 季节性温度差异对桥梁承载能力的影响

季节性气温变化导致桥梁结构在温度上经历显著的变化，这对桥梁的承载能力会产生直接影响。温度升高引起的热膨胀会导致桥梁构件的膨胀，而在寒冷季节，温度的下降则可能引起收缩。这种热胀冷缩的变化可能导致桥梁构件的形变和应力的积累，进而影响桥梁的整体结构性能。设计者需要充分考虑温度对材料的影响，采取合适的膨胀缩小节段、伸缩缝等设计措施，以减轻季节性温度变化对桥梁结构的不利影响。

在季节性气候变化下，桥梁结构的设计与材料的选择必须考虑其对冻融循环和温度变化的响应。通过采用抗冻融性能良好的材料、科学的结构设计和温度变化考虑，可以有效提升桥梁的耐久性和安全性，确保其在不同季节条件下能够可靠运行。

（二）季节性降雨与桥梁耐久性

1. 雨水对桥梁材料腐蚀的考虑

季节性降雨对桥梁材料的腐蚀是桥梁耐久性的重要考虑因素。雨水中的溶解气体和化学物质可能对桥梁结构材料，尤其是金属部件，造成腐蚀和侵蚀。常见的腐蚀包括铁锈的形成，对钢结构的侵蚀等。为应对这一问题，桥梁设计者通常采用防腐涂层、耐腐蚀合金等防护措施，以延长桥梁的使用寿命。此外，定期的检测和维护工作也是保障桥梁结构抵御雨水腐蚀的关键步骤，应及时修复和更换受损部件，确保桥梁的长期稳定性。

2. 季节性降雨对桥梁基础稳定性的影响

季节性降雨可能对桥梁基础稳定性产生显著影响，特别是在降雨量较大或连续降雨的情况下。降雨会引起土壤湿润和饱和，导致土体的体积膨胀和抗剪强度下降，从而影响桥梁基础的稳定性。在地质条件较差的区域，季节性降雨可能诱发地质灾害，如滑坡和泥石流，对桥梁的基础和周围环境造成严重威胁。

为确保桥梁基础在季节性降雨中的稳定性，设计者通常会采用以下措施：

• 合理的基础设计：在设计阶段，需要考虑当地的地质条件，选择适合的基础形式，如桩基、扩大基础等，以提高基础的稳定性。

• 排水系统的设置：良好的排水系统有助于减少土壤的湿润和饱和程度，降低基础受水分影响的风险。这包括设置排水沟、渠道，确保桥梁周围地区的水流畅通。

• 地质勘探和监测：在建设前进行详细的地质勘探，了解地下土体的性质，以便采取合适的基础设计。定期的地质监测也能够及时发现地质灾害的迹象，采取相应的防范和修复措施。

• 防护措施的采用：在地质条件较差的区域，可能需要采用防护措施，如挡土墙、护岸等，以防范土体的流失和崩塌。

通过合理的设计和维护，可以最大限度地减缓季节性降雨对桥梁结构和基础的影响，确保桥梁的耐久性和安全性。

（三）季节性河流水位变化对桥梁的挑战

1. 洪水期与桥梁安全设计

季节性河流水位变化中的洪水期对桥梁的安全构成严峻挑战。洪水期间，河流水位急剧上升，可能引发桥梁被淹没、冲刷和破坏等情况。为应对洪水的冲击，桥梁的设计必须考虑洪水位、洪水流量等因素，以确保桥梁结构具有足够的抗洪能力。采用防洪墙、防洪堤、桥墩护岸等结构措施，能够有效减缓洪水对桥梁的影响。此外，为了提前预警和采取应急措施，建设在洪水期间能够实时监测水位的系统也是非常重要的。

2. 低水期对桥梁导航通行的限制

相对于洪水期，低水期则可能对桥梁导航通行造成一定的限制。河流水位下降可能导致航道深度减小，使得大型船只无法顺利通过，从而影响桥梁下游的交通运输。在设计阶段，需要充分考虑河流水位的季节性变化，为桥梁设计提供足够的空间，以适应水位的不同情况。此外，通过采用可调节的桥梁结构、引导水流的导流设施等方法，可以在一定程度上缓解低水期对桥梁导航通行的限制。

在季节性河流水位变化的情况下，桥梁的设计需要兼顾洪水期和低水期的不同挑战。综合考虑水文特征、航道要求等因素，采取灵活的设计措施，能够在不同水位条件下保障桥梁的安全性和通行性。季节性水位变化的监测、预测和合理的管理措施，有助于确保桥梁在变化的河流水位条件下稳健运行。

二、不同气候条件下的桥梁设计考虑

（一）寒冷气候下的桥梁防冻设计

在寒冷气候条件下，桥梁设计需要特别关注防冻措施，以确保桥梁结构在低温、冰雪覆盖的环境中具有良好的耐久性和安全性。以下是针对寒冷气候下桥梁防冻设计的两个重要考虑因素：

1. 防冻混凝土在寒冷气候下的应用

防冻混凝土是在混凝土中添加防冻剂的一种特殊类型的混凝土，旨在提高混凝土的耐寒性。在寒冷气候下，常规混凝土在遇到冻融循环时容易受损，形成裂缝，影响桥梁的结构稳定性。防冻混凝土通过添加防冻剂，可以有效地减缓冻融引起的体积膨胀和收缩，提高混凝土的抗冻性能。此外，通过合理的混凝土配合比、搅拌技术和养护措施，可以进一步优化混凝土的性能，使其在寒冷气候中效果更明显。

2.寒冷气候下桥梁材料的选择

桥梁的材料选择在寒冷气候中尤为关键。金属结构的材料，如钢和铁，容易受到低温膨胀和收缩的影响，从而导致结构的变形和疲劳。因此，在寒冷气候中，需要选择具有良好低温韧性和抗冻性的金属材料。此外，桥梁的油漆和涂层也需要具备抗低温脆化的性能，以保障结构表面的防腐和抗腐蚀能力。一些先进的聚合物材料在寒冷气候条件下具有较好的性能，可用于替代传统材料，提高桥梁的抗寒性能。

综合而言，寒冷气候下的桥梁防冻设计需要结合防冻混凝土的应用和合适的材料选择，以确保桥梁在极端气候条件下仍然具有可靠的结构和耐久性。通过科学的材料和结构设计，可以有效应对低温环境对桥梁结构的挑战，确保桥梁的安全运行。

（二）高温气候下的桥梁防热设计

在高温气候条件下，桥梁的防热设计是确保结构安全和耐久性的重要方面。以下是需要考虑的两个关键因素：

1.桥梁抗热膨胀设计

高温条件下，桥梁结构可能面临热膨胀引起的问题。当桥梁暴露在高温环境中时，其构件特别是金属部分，会因为升高的温度而发生膨胀。这种膨胀可能导致结构的变形、应力积累以及连接部件的损坏。为了应对这一问题，设计者需要采取一系列抗热膨胀的设计措施，如设置伸缩缝、膨胀节段等。通过这些设计，桥梁可以在高温条件下更为灵活地应对热膨胀，减轻结构的变形，确保桥梁的长期稳定性。

2.热浪对桥梁结构的影响

高温气候下可能出现的热浪是另一个需要考虑的因素。极端高温天气可能导致桥梁结构受热膨胀的加剧，同时还可能引发一些其他问题，如材料老化、涂层开裂等。为了防范热浪对桥梁结构的不利影响，需要采取合适的隔热措施，如使用反射性涂层、设置遮阳设施等，以降低结构受热膨胀的程度，并保护桥梁表面材料免受极端高温的直接损害。

在高温气候条件下，桥梁的防热设计需要全面考虑结构的热膨胀和可能发生的热浪对结构的影响。通过科学的设计、材料选择和维护手段，可以确保桥梁在高温环境中具有稳定的结构性能和长寿命。

（三）湿润气候下的防潮桥梁设计

湿润气候条件下，桥梁设计需要特别关注防潮措施，以防范湿度对结构和材料的不利影响。以下是考虑两个关键的设计因素：

1. 防潮涂层与材料选择

• 防潮涂层：选择具有良好防潮性能的涂层是湿润气候下桥梁设计的重要步骤。防潮涂层能够有效防止水分渗透，减缓结构和材料的腐蚀。常用的防潮涂层包括防水油漆、橡胶涂层等，这些涂层能够形成有效的防护层，阻隔外界湿气，提高桥梁的耐久性。

• 材料选择：在湿润气候条件下，需要选择对潮湿环境具有良好适应性的材料。例如，耐腐蚀的不锈钢、铝合金等金属材料可以减缓湿度对桥梁结构的腐蚀作用。此外，一些防潮性能较好的建筑材料，如玻璃纤维、塑料等，也可用于提高结构的防潮能力。

2. 高湿度条件下的桥梁维护要点

• 及时排水：湿润气候下，及时排水是防范桥梁潮湿腐蚀的关键。确保桥梁表面排水系统畅通，避免积水，减少湿度对结构的不良影响。

• 定期清理：定期清理桥梁表面的污垢和植物，以防止湿度过高引发的腐蚀和生物侵蚀。清理可以包括高压水枪冲洗、清理桥墩和桥面等。

• 防潮剂的使用：在一些对防潮性能有特殊要求的地方，可以考虑使用防潮剂，通过涂覆或注入的方式，提高结构对湿气的抵抗能力。

通过采取合适的涂层和材料选择，以及定期的维护措施，可以有效保障桥梁在湿润气候下的稳定性和耐久性。湿润气候的特点要求设计者综合考虑结构、材料和环境因素，以制定科学合理的桥梁防潮设计方案。

（四）干燥气候下的桥梁耐干设计

在干燥气候条件下，桥梁设计需要特别关注防干裂措施和材料的合理选择。以下是两个重要的考虑因素：

1. 防干裂措施与桥梁保养

• 合理的混凝土配合比：在干燥气候中，高温和低湿度可能导致混凝土过快脱水，增加裂缝的形成风险。通过采用合理的混凝土配合比，添加外加剂以延缓混凝土的凝固时间，可以减轻混凝土表面的干裂问题。

• 湿润养护：在混凝土浇筑后，采取湿润养护措施是防止裂缝产生的有效手段。湿润养护有助于混凝土充分水化和固化，减缓水分蒸发速度，有利于防止表面裂缝的形成。

• 防裂缝剂的使用：添加防裂缝剂是一种常见的防干裂手段。这些化学物质可以改善混凝土的柔韧性和抗裂性能，减轻干燥引起的内部应力，有助于防止裂缝的发生。

桥梁保养方面，定期检查混凝土表面是否有裂缝，及时进行维护修复工作，以确保桥梁结构的完整性。

2. 干燥气候对桥梁材料的考虑

· 金属部件的选择：在干燥气候中，高温和低湿度可能导致金属结构部件的膨胀和收缩。因此，在设计中需要选择具有较低热膨胀系数的金属材料，以减缓热膨胀引起的应力。

· 防晒和抗紫外线涂层：强烈的日照和紫外线辐射可能对桥梁表面材料造成损害。采用防晒和抗紫外线涂层，可以减缓表面老化和颜色褪色，延长材料的使用寿命。

· 木材保养：如果桥梁中涉及木材结构，需要特别关注木材的保养。定期进行润滑、防腐处理，以及补充木材中的水分，有助于维持木材的强度和耐久性。

在干燥气候下，桥梁设计需要综合考虑混凝土和金属等材料的特性，采取相应的防干裂和保养措施，以确保桥梁在长期干燥环境中的可靠运行。

第三节　地形对山区公路桥梁设计的影响

一、地形对桥梁的承载能力分析

（一）地形不平坦与桥梁基础设计

在设计桥梁的过程中，面对不平坦的地形是一项重要的挑战。不同的地形条件可能需要不同的基础设计，以确保桥梁在不规则地形下的稳定性和安全性。以下是四个与地形不平坦相关的重要考虑因素：

1. 地形调查与勘测

在设计桥梁之前，必须进行详尽的地形调查和勘测。包括对地形的高程、坡度、土质等进行全面地了解。地形调查可以通过先进的测量技术和地理信息系统（GIS）来完成，以获取高精度的地形数据。这些数据对于确定桥梁的位置、梁场以及基础的选择都至关重要。通过综合考虑地形特点，设计者可以选择最适合的桥梁类型和基础形式，确保桥梁在不规则地形下具有稳定的基础支撑。

2. 桥梁基础形式的选择

不同的地形可能需要不同类型的桥梁基础形式。在平坦地区，通常可以选择直接基础，如桥墩、墩台等。而在山区或河谷地带，可能需要采用特殊的基础形式，如深基础、抱石基础等，以适应地形的不规则性。对于悬索桥或斜拉桥等大跨度结构，地形的变化也会影响主塔的布设。因此，根据具体地形条件选择合适的基础形式对桥梁的安全性和经济性至关重要。

3.地形不规则性对桥梁结构的影响

地形不规则性可能导致桥梁结构承受不均匀的荷载，从而影响结构的稳定性。在设计阶段，需要进行详细的结构分析，考虑地形的不规则性对桥梁的影响。这可能涉及考虑地形梁场的布置、桥梁横截面的变化、墩柱的高差等因素。通过合理的结构设计，可以确保桥梁在不平坦地形中具有足够的承载能力和稳定性。

4.土质与基础设计的关系

地形不平坦通常伴随着不同的土质条件，土质的变化对基础设计造成直接影响。在设计桥梁基础时，需要考虑地下土层的承载能力、沉降性质以及可能存在的地质问题。在弱土层或不均匀土质分布的地方，可能需要采用加固基础的措施，如灌注桩、搅拌桩等。对于岩石地形，可能需要进行爆破和锚固等处理，以确保基础的牢固性。

通过对地形不平坦的全面了解以及合理的基础设计，可以克服不规则地形对桥梁设计带来的挑战，确保桥梁在各种地形条件下具有稳定、安全、经济的特性。

（二）斜坡地区桥梁的抗滑稳定性设计

在斜坡地区设计桥梁时，抗滑稳定性是一个至关重要的方面。由于斜坡地区的地形特点，地质条件和水文因素可能导致桥梁在滑坡等地质灾害中受到威胁。以下是针对斜坡地区桥梁的抗滑稳定性设计的四个关键考虑因素：

1.地质勘察和地形分析

在斜坡地区，地质勘察是桥梁设计的首要任务。通过深入了解地质条件，包括土层的类型、地下水位、地形的坡度等因素，设计者可以更准确地评估桥梁所处位置的抗滑稳定性。地形分析需要考虑土地的坡度、坡面的几何形状，以及可能存在的滑坡、崩塌等地质灾害的潜在风险。

2.桥墩基础设计

斜坡地区的桥梁桥墩基础设计至关重要，直接影响着抗滑稳定性。在选择基础形式时，可能需要采用增加基础底面积的方式，如扩大基础或采用带翼墩的形式，以提高基础的抗倾覆和抗滑稳定性。此外，桥墩的锚固长度也需要根据地质条件进行合理设计，以确保桥墩在斜坡地区有足够的稳定性。

3.抗滑措施

为提高桥梁的抗滑稳定性，需要采取相应的抗滑措施。主要包括以下几个方面：

· 地下排水系统：合理设置排水系统，降低土体的饱和度，减少地下水对土体稳定性的影响。

· 植被覆盖：通过植被覆盖可以增加土体的抗滑稳定性，减缓水分渗透，同时提供植被根系的机械支撑作用。

· 加固地基：在斜坡地区采用土工合成材料等加固地基，提高土体的抗滑稳定性。

4. 风险评估和监测系统

在桥梁建成后，定期的风险评估和监测系统的建立是确保抗滑稳定性的重要手段。通过监测地形的变化、地下水位的波动以及桥梁结构的位移等，能够及时发现潜在的抗滑问题，采取相应的修复和强化措施，确保桥梁在斜坡地区长期稳定运行。

通过综合考虑地质特点、基础设计、抗滑措施和监测系统等方面，可以有效提高斜坡地区桥梁的抗滑稳定性，确保其在复杂的地形条件下安全可靠地运行。

（三）地形陡峭对桥梁的挑战

地形陡峭的区域，如山区或峡谷地带，给桥梁的设计和建设带来了诸多挑战。以下是四个与地形陡峭相关的重要考虑因素：

1. 地质条件的复杂性

地形陡峭的地区通常伴随着地质条件的复杂性。岩石的裸露、断层带的存在以及可能的地质灾害，如滑坡和崩塌，使得桥梁基础的选择和设计变得更为复杂。在面对这些挑战时，必须进行详尽的地质勘探，以了解地下岩土结构和地质构造，从而采取相应的基础设计和加固措施，确保桥梁的安全稳定。

2. 桥墩和墩台的设计

地形陡峭地区的桥墩和墩台设计面临高度不均匀的地基和地形，这需要针对性的设计来适应陡峭的地貌。在设计桥墩时，需要考虑地形的梯度，以确保桥墩的稳定性和安全性。可能需要采用变截面桥墩或局部加固的设计方案，以适应地形的陡峭变化。

3. 施工困难

地形陡峭带来了施工难度的显著增加。在悬崖峭壁或陡峭山坡上施工需要克服陡峭地形、交通限制以及材料运输等方面的问题。合理的施工计划和工程技术对于确保工程进度和质量至关重要。可能需要采用特殊的施工设备和技术，如悬吊式脚手架、爬升式塔吊等，以应对陡峭地形的挑战。

4. 抗滑稳定性的设计

在陡峭地形中，地质灾害，尤其是滑坡，可能对桥梁结构造成严重威胁。因此，在设计中必须充分考虑抗滑稳定性。这包括对地质条件的详细研究，采用合适的滑坡防治措施，如加固岩体、设置挡土墙、植被的恢复等。此外，桥梁结构本身也需要具备一定的自稳定性，以应对可能发生的地质灾害。

通过全面考虑地形陡峭地区的复杂性，合理设计基础、桥墩和墩台，采用适应性强的施工技术，以及加强抗滑稳定性的设计，可以有效克服陡峭地形带来的挑战，确保桥梁在这些地区安全、稳定、可靠的运行。

二、地形对桥梁的可达性影响

（一）山谷与山脊桥梁设计的不同考虑

在桥梁设计中，山谷和山脊是地形复杂性的代表，每种地形都会带来独特的挑战。以下将从不同方面探讨在设计山谷和山脊桥梁时的不同考虑：

1. 地形特征与基础设计

（1）山谷桥梁设计：山谷地形通常具有较宽的谷底和相对陡峭的山坡。在设计山谷桥梁时，首先要考虑到谷底地形，以确定桥梁的位置和跨度。由于山谷地形的不规则性，桥梁可能需要较长的跨度，因此可能采用悬索桥或斜拉桥等大跨度结构。此外，桥墩的选择和位置也受到地形的制约，可能需要采用深基础或局部加固。

（2）山脊桥梁设计：山脊地形具有狭长的山脊，桥梁需要跨越这些山脊。在设计山脊桥梁时，需要充分考虑山脊的地质条件，确定桥墩的布置，以及如何适应山脊的曲线。桥梁可能需要具有较大的曲线半径，以适应山脊的曲线，同时要考虑横向的地质变化，可能需要采用变截面桥墩或其他适应性设计。

2. 风险与地质灾害防治

（1）山谷桥梁设计：山谷地形容易受到洪水和泥石流等自然灾害的影响。在设计中需要考虑洪水的频率和水位，采用适当的桥梁截面，以减少洪水对桥梁的冲击。此外，可能需要设置泥石流拦截设施，以防止泥石流对桥梁的损害。

（2）山脊桥梁设计：在山脊地形中，风是一个重要的考虑因素。由于山脊地势较高，桥梁容易受到强风的影响。因此，需要采用 aerodynamic design，以减小风阻和风荷载，确保桥梁在强风条件下的稳定性。此外，山脊地区也可能存在地质灾害，如滑坡和崩塌，需要采取相应的防治措施。

3. 桥梁类型和跨度

（1）山谷桥梁设计：由于山谷的较宽跨度和不规则地形，常采用大跨度的桥梁结构，如悬索桥、斜拉桥或拱桥。这些结构能够提供足够的跨越能力，同时减小对谷底的影响。

（2）山脊桥梁设计：在山脊地形中，由于需要跨越狭长的山脊，可采用梁桥、拱桥或悬索桥等结构，具体选择取决于山脊的曲率和地质条件。桥梁的设计需要考虑山脊的长度、高度和曲率，以确定合适的结构类型和跨度。

4. 生态保护与景观设计

（1）山谷桥梁设计：由于山谷地区通常拥有丰富的生态环境，桥梁设计需要充分考虑对当地生态系统的影响。可能需要采取生态保护措施，如合理设置桥墩、减少对水体的影响，以保护山谷的自然生态。

（2）山脊桥梁设计：在山脊地形中，桥梁的设计也需要兼顾景观效果。山脊常常是风景优美的地方，桥梁的设计要符合周边环境，可能采用轻型结构、透明材料，以最小限度地干扰山脊的自然景观。

综合来看，山谷和山脊地形的桥梁设计存在着许多相似之处，但在面对地形的不同特点时，仍需要根据具体情况采取不同的设计考虑。这涉及桥梁类型、基础设计、地质条件、风险防治、生态保护和景观设计等方面的综合考虑，以确保桥梁在复杂地形中的安全性和稳定性。

（二）地形复杂性对桥梁线路布局的影响

地形的复杂性对桥梁线路布局有着深远的影响，挑战着工程师在设计阶段需要面对和解决的问题。以下是四个与地形复杂性相关的关键考虑因素：

1. 地形曲折性与线路设计

地形复杂的地区通常伴随着曲折多变的地形，如山脉、峡谷等。这对桥梁线路的设计提出了挑战，因为线路需要适应地形的起伏和曲折。工程师需要选择合适的线路走向，考虑最小化地形改变的同时确保桥梁的稳定性。通过合理规划桥梁的位置、曲线半径和坡度，可以更好地适应复杂的地形条件。

2. 地形高差与爬升坡度设计

复杂地形中存在着较大的高差，桥梁线路可能需要跨越陡峭的山谷或山脊。在设计中，需要考虑爬升坡度，确保桥梁线路在爬升或下降时满足交通要求，同时保持舒适和安全性。合理设计爬升段的坡度和长度，考虑到车辆的运行特性，是确保桥梁线路在高差明显的地形中通行顺畅的重要因素。

3. 地形特征与桥梁类型选择

地形的不同特征可能适合不同类型的桥梁。例如，在跨越山谷时，悬索桥或梁桥可能是更为合适的选择，而在穿越山脊时，隧道或拱桥可能更适用。地形特征对桥梁类型的选择有着直接的影响，需要根据地形复杂性的不同，灵活选用适应性强的桥梁类型。

4. 地质条件对桥梁基础设计的挑战

复杂地形通常伴随着复杂的地质条件，如岩石、土壤变异等。这对桥梁基础设计提出了更高的要求。工程师需要充分了解地下结构，采用适当的基础形式，如悬挑桥墩、特殊地质区段的基础加固等。地形复杂性导致的地质条件多变性需要在基础设计中得到充分考虑，以确保桥梁在不同地质条件下的安全性和稳定性。

地形复杂性对桥梁线路布局的影响十分显著，工程师在设计中需要综合考虑地形曲折性、高差、地形特征和地质条件等多个因素，以制定出既符合交通需求又能克服地形挑战的科学合理的桥梁线路布局。

（三）地形对桥梁施工难度的影响

在桥梁施工过程中，地形的复杂性对施工难度产生了重大影响。不同的地形条件可能需要采用不同的施工技术和策略。以下是四个方面的考虑，涵盖了地形对桥梁施工难度的各个方面。

1. 地形的陡峭度

地形的陡峭度是影响桥梁施工难度的关键因素之一。在陡峭的山坡或悬崖上施工，需要面对坡度大、土石体不稳定等问题。在这种情况下，可能需要采用悬吊式脚手架、登高作业平台等特殊设备，以确保工人的安全和施工的稳定进行。此外，施工过程中可能需要采用防坠落和防滑措施，确保人员和设备在陡峭地形中能够安全作业。

2. 河谷和山谷的穿越

当桥梁需要穿越河谷或山谷时，施工难度显著增加。在河谷中，可能需要面对河流水位的变化、水文条件的不确定性，以及可能的洪水风险。在山谷中，需要克服地形复杂、地质条件多变等问题。在这些情况下，桥梁的施工可能需要考虑水下施工、河床固化、悬挑梁的建设等复杂工程技术。

3. 岩石和软土的处理

不同的地形可能伴随着不同类型的地质条件，包括岩石和软土。在岩石地形中，需要采用爆破、钻孔爆破等方法来处理岩石，增加了施工难度和复杂性。而在软土地形中，可能需要进行复杂的地基处理，以确保桥梁基础的稳定性。针对不同地质条件的处理，施工方需要具备相应的技术和设备。

4. 交通和物资运输困难

复杂的地形条件通常导致交通和物资运输的困难。在偏远的山区或河谷地带，道路可能狭窄、陡峭，甚至不存在，这使得设备和物资的运输变得异常困难。施工队伍可能需要采用直升机、索道等非传统的方式来运输设备和建材，从而增加了施工的成本和复杂性，同时也对项目的进度提出了更高的要求。

总体而言，地形对桥梁施工的影响是多方面的，需要在设计和实施阶段充分考虑。采用灵活、适应性强的施工策略，并充分利用现代技术和工程手段，是成功应对复杂地形条件的关键。

第四节　气象条件对桥梁结构的影响

一、强风、降雨等气象因素的考虑

（一）强风对桥梁结构的影响

强风是一种自然力量，对桥梁结构造成的影响不可忽视。在桥梁设计和建设中，需要充分考虑强风可能带来的挑战。以下是四个方面的考虑，涵盖了强风对桥梁结构的影响因素。

1. 风载荷的计算和分析

强风会在桥梁结构上产生风载荷，对桥梁的稳定性和结构安全性产生了直接影响。为了评估风的作用，工程师通常进行风洞试验或数值模拟，以模拟不同风速下的风场情况。通过这些分析，可以得到桥梁在强风环境下所受的风载荷，为结构设计提供基础。考虑到风速的不确定性，通常还会采用多种风场条件进行综合分析，确保桥梁在各种风速下都能够安全运行。

2. 桥梁结构的气动稳定性

强风可能引起桥梁结构的振动和摆动，从而影响桥梁的气动稳定性。这种振动可能导致结构的疲劳破坏或失稳。在设计阶段，需要考虑桥梁结构的气动稳定性，采用合适的减振措施，如风道、减振器等，以减小风对桥梁结构的不良影响。此外，通过结构形状的优化设计，可以降低气动荷载的作用，提高结构的稳定性。

3. 横风对桥梁的影响

横风是指垂直于桥梁轴线的风，它会对桥梁的侧向稳定性产生直接影响。在强风条件下，横风可能导致桥梁横向偏移、倾斜或摇摆。为了减小横风对桥梁的影响，可以采用一些设计手段，如设置横向减振装置、增加桥梁的稳定性系数等。此外，对于大跨度桥梁，可能需要考虑风对主梁的横向扭曲效应，以确保桥梁结构的整体稳定性。

4. 桥梁结构的抗风性能

在桥梁设计中，需要考虑桥梁结构的抗风性能。它包括桥梁各个部位的结构形式、材料选择、连接方式等。结构应具备足够的抗风刚度，以减小风对结构的振动影响。对于大型桥梁，可能需要采用空气动力学的设计原则，以降低风的阻力和减小风对桥梁的影响。在桥梁施工过程中，还需要考虑临时支撑结构的抗风能力，确保在施工期间桥梁结构的稳定性。

在桥梁设计和建设中，充分考虑强风对结构的多方面影响，采用科学的设计手段和先进的工程技术，可以确保桥梁在强风环境下具有稳定的结构性能和安全的使用条件。

（二）降雨对桥梁耐久性的考验

降雨是自然环境中的一种常见气象现象，对桥梁的耐久性会产生重要影响。桥梁在长期的湿润环境中，需要应对降雨带来的各种挑战，从而确保其稳定性和耐久性。以下是四个方面的考虑，涵盖了降雨对桥梁耐久性的各个方面：

1. 雨水对桥梁材料腐蚀的考虑

雨水中可能含有各种化学物质，如酸雨、盐分等，这些物质对桥梁材料的腐蚀是一个重要考虑因素。特别是对金属结构，如钢桥梁，雨水的腐蚀会导致金属表面的锈蚀，降低结构的强度和耐久性。在设计桥梁时，需要选择耐腐蚀性能较好的材料，并考虑采用防腐涂层等措施，以减缓雨水对桥梁材料的腐蚀过程。

2. 季节性降雨对桥梁基础稳定性的影响

季节性的降雨可能导致土壤湿润和软化，从而影响桥梁基础的稳定性。特别是在某些地区，季节性降雨可能引发土质流失、滑坡和地基沉降等问题。在设计桥梁基础时，需要充分考虑当地的气象条件，采取相应的防护措施，如设置排水系统、加固基础等，以确保桥梁在降雨季节仍能保持良好的稳定性。

3. 雨水对桥梁涂层和表面材料的影响

桥梁表面的涂层和材料往往直接暴露在降雨中，长时间的暴露可能导致涂层的老化、开裂和颜色褪色，影响桥梁的外观和保护性能。在设计阶段，需要选择具有较好耐候性的涂层材料，并考虑采用防水层等措施，以延长桥梁表面材料的使用寿命，减缓降雨对桥梁外观和保护性能的影响。

4. 排水系统的设计

为了应对降雨带来的湿润环境，桥梁需要设计合理的排水系统。排水系统包括雨水收集、排水管道和排水设施等。有效的排水系统可以及时将桥梁表面和周围地区的雨水排出，减少对桥梁结构和基础的不良影响。在桥梁设计和建设中，需要充分考虑当地的降雨情况，合理设置排水系统，确保桥梁在湿润环境中能够保持稳定和耐久。

在桥梁的设计、建设和维护过程中，充分考虑降雨对桥梁耐久性的多方面影响，采取合理的防护措施，是确保桥梁在湿润环境中长期稳定运行的重要步骤。

二、极端气象条件下的桥梁设计考虑

（一）高温条件下的桥梁设计

气象条件对桥梁维护提出了多方面的挑战，这不仅涉及结构的物理磨损，还包括运营和维护过程中可能面临的各种气候相关问题。以下是四个方面的考虑，涵盖了气象条件对桥梁维护的关键因素：

1. 降雨引发的腐蚀和侵蚀

气象条件中的降雨对桥梁耐久性会造成直接影响。雨水中的酸性物质、氧化物以及其他化学物质可能引发金属部件的腐蚀，尤其是对于钢结构。此外，降雨还可能导致土壤侵蚀，损害桥梁的基础。为了应对这一挑战，维护人员需要定期检查和清理桥梁表面，采用防腐涂层以及合适的排水系统，防止雨水对桥梁结构的侵害。

2. 温度变化引发的热胀冷缩

气象条件中的温度变化会引发桥梁结构的热胀冷缩现象，对桥梁构件和连接件产生应力，可能导致裂缝和损伤。特别是在极端温度条件下，如高温夏季和寒冷冬季，桥梁结构的热胀冷缩效应更为显著。为了应对这一挑战，维护人员需要定期检查桥梁的热胀冷缩状况，采用伸缩缝和其他减缩措施，以减轻温度变化对桥梁的不利影响。

3. 风对结构的风险

高风速条件可能会对桥梁结构产生危险。强风可能引发桥梁结构的振动、摆动，对结构的稳定性和安全性构成威胁。特别是对于大跨度结构，如悬索桥和斜拉桥，风荷载的影响更为显著。在维护中，需要定期检查风险，采用风道、风阻减缓措施等，确保桥梁在高风条件下的安全运行。

4. 极端天气条件下的维护困难

极端的气象条件，如飓风、暴雪等天气，可能会对桥梁维护造成困难。交通阻塞、设备受损以及维护人员的安全问题都可能导致维护工作的延迟。在这种情况下，需要预先制订应急计划，确保在极端天气条件下也能够采取有效的维护措施。此外，使用耐候性和抗恶劣气象的材料，以及在设计中考虑气象条件的影响，也是提高桥梁耐久性和降低维护成本的重要手段。

维护人员需要根据具体气象条件，采取相应的维护策略和措施，确保桥梁在各种气象条件下都能够稳定、安全、可靠地运行。

（二）高温对桥梁安全的威胁

高温条件下的桥梁设计需要充分考虑气候因素和材料的热响应，以确保桥梁在高温环境中具有良好的性能和稳定性。以下是四个方面的考虑，涵盖了高温条件下桥梁设计的关键因素：

1. 材料的热膨胀和导热性

在高温条件下，桥梁结构的各种材料会发生热膨胀，这可能导致构件的变形和应力的积累。因此，在桥梁设计中，需要选择具有良好热膨胀性能的材料，以减小温度变化对结构的影响。此外，需要考虑材料的导热性，以促进温度分布的均匀，防止构件局部过热。

2. 热应力和裂缝的控制

高温条件下，桥梁结构可能面临较大的热应力，这会导致构件的裂缝和损伤。为了控制热应力，桥梁设计中通常采用伸缩缝、变截面、降温措施等。伸缩缝可以容纳构件的热膨胀，而变截面的设计可以减小构件的温度梯度，降温措施如使用反射性较强的涂层，能够减小结构的吸热。

3. 热浪对结构的影响

高温条件下可能伴随着热浪，这会对桥梁结构的稳定性和使用寿命产生负面影响。在设计中需要考虑气象数据，了解当地的极端高温情况，并采取相应的防范措施。这可能包括采用耐高温材料、增加防晒措施、考虑通风降温等方法，以保障桥梁在高温条件下的正常运行。

4. 维护和监测

桥梁设计不仅要考虑新建结构的高温适应性，还要充分考虑现有桥梁的维护和监测。定期的结构健康监测是必不可少的，特别是在高温条件下可能出现的热膨胀引起的变形和裂缝。维护人员需要制订合理的检查计划，及时发现和修复潜在的问题，以确保桥梁长期安全运行。

综合考虑材料的热性能、热应力的控制、高温环境下的气象因素以及维护和监测工作，是高温条件下桥梁设计的关键要素。通过合理的设计和科学的管理，可以确保桥梁在高温条件下具备良好的结构稳定性和耐久性。

（三）气象条件对桥梁材料选择的指导

气象条件对桥梁材料的选择产生着深远影响，不同的气候环境对材料的性能和耐久性有不同的要求。以下是在桥梁材料选择中考虑气象条件的四个关键方面：

1. 耐腐蚀性能

不同气象条件下的湿度、雨水和大气中的化学物质都可能对桥梁结构的金属部件产生腐蚀作用。在潮湿或酸雨频繁的环境中，桥梁的金属结构可能更容易受到侵蚀。因此，在这样的气象条件下，应选择具有良好耐腐蚀性的材料，如不锈钢、耐候钢等，以确保桥梁结构的长期稳定性。

2. 热膨胀性能

气象条件中的温度变化会导致桥梁结构的热膨胀和冷缩，对结构的影响非常显著。因此，在高温或低温的气象条件下，需要选择具有合适热膨胀系数的材料，以减小温度变化对结构的不良影响。例如，混凝土在热膨胀方面相对较小，而钢材则具有较大的热膨胀系数。

3. 耐高温或低温性能

气象条件的极端温度可能会对桥梁结构的材料产生影响。在高温环境中，需要选择能够耐受高温的材料，以防止材料软化或失去强度。在寒冷的气候条件下，材料需要具备良好的低温韧性，以避免脆断或开裂。对于一些特殊气象条件下的桥梁，可能需要采用复合材料或特殊合金，以满足极端温度条件下的要求。

4. 抗紫外线和耐候性能

暴露在户外的桥梁结构可能会受到紫外线辐射和其他气象因素的影响。在阳光充足的地区，需要选择具有良好抗紫外线性能的材料，以防止材料的老化和劣化。耐候性也是一个重要考虑因素，特别是在多雨或多雪的气象条件下，需要确保材料不容易褪色、龟裂或吸水膨胀。

总体而言，桥梁材料的选择应充分考虑气象条件，以保证桥梁结构在不同的气候环境中具备良好的耐久性和耐候性能。综合考虑材料的耐腐蚀性、热膨胀性、耐高低温性以及抗紫外线和耐候性能，是做出正确材料选择的关键。

第五节 高海拔地区的特殊设计考虑

一、高海拔地区桥梁的气候影响

（一）低气压与桥梁结构的耐久性

低气压是一种特殊的气象条件，主要指大气中气体的密度较低。这种气象条件可能对桥梁结构的性能和耐久性产生一系列的影响。以下是四个方面的考虑，涵盖了低气压对桥梁结构耐久性的关键因素。

1. 氧气含量和金属材料的腐蚀

在低气压环境中，氧气的密度也相应较低，这可能会对桥梁结构中的金属部件产生影响。氧气含量的减少可能导致腐蚀速度降低，但同时也会影响金属的氧化过程。

因此，需要在材料选择和设计中考虑到低气压对金属材料腐蚀的复杂影响，采用抗腐蚀性能较好的材料，并进行合理的腐蚀防护措施。

2. 材料的强度和低温效应

低气压环境通常伴随着低温，这对桥梁结构的材料强度和韧性提出了挑战。低温可能导致材料变脆，使得桥梁结构更容易发生裂纹或破坏。在设计中需要考虑到低气压环境下材料的强度变化，选择具有良好低温韧性的材料，并采用合适的设计手段来应对低温效应。

3. 气压对结构荷载的影响

低气压环境中，大气中的压力减小可能会对桥梁结构产生一定的垂直荷载影响。这可能导致结构受力分布的改变，对桥梁的整体稳定性产生一定的影响。在结构设计中需要考虑到低气压状态下结构荷载的变化，确保桥梁在低气压环境下的安全运行。

4. 密封和防水性能的要求

低气压环境可能增加桥梁结构受到外界环境侵入的风险。因此，在桥梁设计中需要特别注意密封和防水性能的要求。结构中的橡胶密封件、防水层等材料需要具备较好的抗低气压性能，以确保结构的密闭性和防水性能。

综合考虑低气压对金属材料腐蚀、材料强度和低温效应、气压对结构荷载的影响以及密封和防水性能的要求，是在低气压环境下进行桥梁设计和建设的关键要素。通过科学合理的设计和材料选择，可以保障桥梁在低气压条件下具备良好的性能和耐久性。

（二）高辐射对桥梁材料的影响

高辐射环境下，桥梁结构的材料可能会受到太阳辐射的直接照射，这对材料的性能和耐久性提出了一系列的挑战。以下是四个方面的考虑，涵盖了高辐射对桥梁材料的关键因素。

1. 紫外线辐射引起的老化和褪色

在高辐射环境中，强烈的紫外线辐射可能引起桥梁结构材料的老化和褪色。特别是有色金属和有机聚合物等材料，容易受到紫外线的影响而发生表面老化、变黄和褪色。在桥梁设计中，需要选择具有良好抗紫外线性能的材料，或者采取表面涂层等防护措施，以延长材料的使用寿命。

2. 温度升高引发的热膨胀

太阳辐射直接照射桥梁结构表面可能导致材料温度升高，引发热膨胀。不同材料的热膨胀系数不同，这可能导致结构中的构件发生变形、产生应力，从而影响结构的稳定性。在设计中，需要选择能够适应高温环境的材料，并采取合适的伸缩缝等措施来减缓热膨胀效应。

3.材料表面温度过高引起的劣化

在高辐射环境中，太阳直射可能导致桥梁表面温度升高。某些材料在高温条件下可能发生劣化，如柔性材料的软化、刚性材料的变脆等。因此，在材料选择和设计中，需要考虑到材料在高温条件下的稳定性，选择适应性强的材料，或通过合理的通风降温等措施来降低材料的表面温度。

4.太阳辐射引起的膨胀和收缩

日晒引起的局部加热可能导致桥梁结构局部膨胀，而在夜晚温度下降时又可能发生收缩。这种热胀冷缩的循环可能对结构产生疲劳，影响其耐久性。在桥梁设计中，需要考虑到太阳辐射引起的温度波动，选择合适的材料和结构形式，以减缓结构的疲劳过程。

综合考虑紫外线辐射引起的老化和褪色、温度升高引发的热膨胀、材料表面温度过高导致的劣化以及太阳辐射引起的膨胀和收缩，是在高辐射环境下进行桥梁设计和建设的关键要素。通过采用合适的材料和维护措施，可以有效应对高辐射环境对桥梁材料的影响，确保结构的稳定性和耐久性。

（三）气象条件对高海拔桥梁施工的挑战

高海拔地区的气象条件极具挑战性，对桥梁施工提出了一系列严峻的考验。以下是四个方面的考虑，涵盖了气象条件对高海拔桥梁施工的关键因素。

1.气温变化及极端寒冷

高海拔地区常常伴随着极端寒冷的气候，温度变化大，可能出现昼夜温差较大的情况。这对桥梁施工材料的选择和施工工艺提出了挑战。混凝土在低温下易受冻融影响，钢材强度可能随温度变化而波动。施工中需要采用保温措施、使用抗冻混凝土、选择耐寒材料等来应对气温的变化，确保施工的顺利进行。

2.气压和氧气含量下降

随着海拔的升高，气压和氧气含量会显著下降，这对工人的身体健康和机械设备的性能都会产生影响。施工人员可能面临高原反应的风险，机械设备的动力性能和散热能力可能减弱。在高海拔桥梁施工中，需要采取相应的安全措施，如定期休息、增加氧气供给、合理安排工作强度等，同时选择适应高海拔环境的机械设备。

3.风力和风寒效应

高海拔地区的风力较大，且伴随着风寒效应，可能对施工现场的安全和舒适性产生负面影响。风力可能影响吊装和搭建操作，增加了吊装风险。此外，风寒效应会加大工人的体感寒冷程度，增加了工作环境的恶劣性。在施工计划中需要考虑到风力和风寒效应，采取相应的防护和保温措施，确保施工安全和工人身体健康。

4. 降水和雪灾

高海拔地区降水较多，可能会伴随雪灾。降雪会给施工带来阻碍，雪厚度和积雪可能会对施工材料和设备造成额外的负担。在施工中，需要采取除雪措施，合理安排施工时间，选择耐雪负荷的材料和结构形式，以确保施工的连续性和效率。

综合考虑气温变化、气压下降、风力和风寒效应以及降水和雪灾等因素，是高海拔桥梁施工过程中的重要考虑因素。科学合理的施工计划、适应性强的施工材料和设备，以及严格的安全措施，将有助于应对高海拔地区特殊的气象挑战，确保桥梁施工的安全、高效进行。

二、高海拔地区桥梁的特殊设计考虑

（一）材料选择与高海拔环境适应性

在高海拔的环境中，桥梁所面临的气象条件和地理特点可能对材料的选择提出独特的挑战。以下是四个方面的考虑，涵盖了材料选择与高海拔环境适应性的关键因素。

1. 低温耐性

高海拔地区常伴随着低温条件，因此桥梁结构的材料需要具备良好的低温耐性。在材料选择中，需要考虑到材料在低温下的强度、韧性和抗裂性能。通常情况下，耐寒性能较好的金属合金、特殊钢材和某些复合材料是在高海拔地区较为合适的选择。

2. 轻质高强材料

由于高海拔地区通常交通不便，运输成本高昂，因此桥梁结构的材料应当具备轻质高强的特性，以减轻结构的自重，提高整体抗风荷载的能力。例如，碳纤维增强材料、铝合金等轻质高强材料在高海拔桥梁中的应用逐渐增多。

3. 耐辐射和耐紫外线性能

高海拔地区的紫外线辐射通常较强，这可能对会桥梁结构的表面材料造成影响，如老化、褪色等。因此，需要选择具备较好耐辐射和耐紫外线性能的涂层或材料，以确保桥梁在高海拔环境中长时间的稳定运行。

4. 抗氧化和耐腐蚀性能

在高海拔地区，氧气含量相对较低，但可能存在其他化学物质，如雨水中的酸性物质，可能会对桥梁结构的金属材料产生腐蚀作用。因此，在材料选择中需要考虑到抗氧化和耐腐蚀性能，选择具备优良耐候性的金属材料或进行有效的防护措施。

高海拔环境下，材料选择的关键在于能够适应极端气候和地理条件，确保桥梁结构在寒冷、低氧以及强烈紫外线辐射等环境下仍能保持稳定性和耐久性。科学合理的材料选择有助于提高高海拔桥梁的建设质量和长期运行。

（二）缺氧对桥梁设计的特殊要求

在高海拔地区，缺氧是一个显著的气象特征，对桥梁设计提出了特殊的要求。缺氧环境下，氧气浓度降低可能会对材料的性能和结构的稳定性产生影响。以下是四个方面的考虑，涵盖了缺氧对桥梁设计的关键因素。

1.材料的氧化稳定性

缺氧环境下，氧气浓度较低，材料的氧化反应可能减缓。然而，某些材料在氧气不足的情况下仍可能发生氧化，影响其性能。在桥梁设计中，需要选择具有良好氧化稳定性的材料，以确保结构的长期稳定性和耐久性。

2.材料的力学性能

缺氧环境中，氧气浓度的减小可能对桥梁结构的材料力学性能产生影响。例如，金属材料的强度和韧性可能受到影响，导致结构的承载能力降低。在桥梁设计中，需要根据实际情况选择合适的金属或合金材料，并进行合理的结构设计以保障在缺氧环境下的安全使用。

3.通风和防潮设计

缺氧环境下，通风和湿度的管理尤为重要。缺乏充足的氧气和湿度可能影响结构中的某些材料，特别是有机材料。因此，桥梁设计需要考虑到通风系统的设置，以确保结构内部空气流通，并采取防潮措施，避免湿度对材料的不良影响。

4.绝缘材料的选择

在缺氧环境中，绝缘材料的选择尤为关键。缺氧环境可能增加绝缘材料的性能要求，以防止电气设备和绝缘体在低氧环境下的失效。桥梁设计中需要选择具备良好绝缘性能的材料，以确保电气系统的正常运行。

综合考虑材料的氧化稳定性、力学性能、通风和防潮设计以及绝缘材料的选择，是在缺氧环境下进行桥梁设计的关键要素。科学合理的设计能够克服缺氧环境对结构和材料可能产生的不利影响，确保桥梁在高海拔地区具备稳定的性能保证使用安全。

（三）高山地区桥梁维护的难点

高山地区的桥梁由于特殊的地理环境和气象条件，面临着独特的维护挑战。以下是四个方面的考虑，涵盖了高山地区桥梁维护的关键难点。

1.交通困难

高山地区的交通通常较为困难，山路崎岖，气候多变。这使得维护人员和设备的进出变得复杂，增加了维护的难度。在高山地区的桥梁维护中，需要制定合理的交通计划，选择合适的维护工具和设备，确保维护人员的安全和设备的正常运转。

2. 气象极端性

高山地区气象条件多变,可能出现强风、大雪、降温等极端天气。这对桥梁结构和材料造成了额外的负荷和损耗,如冰雪覆盖可能导致桥梁结构的冻融损伤。在维护过程中,需要考虑气象极端性的影响,定期检查和修复受损部位,确保桥梁的正常运行。

3. 自然灾害风险

高山地区常常面临地质灾害,如山体滑坡、泥石流等。这些自然灾害可能对桥梁结构造成直接威胁,增加了维护的复杂性。维护工作需要综合考虑自然灾害的风险,采取有效的防范措施,确保桥梁的安全性。

4. 材料老化和腐蚀

高山地区的气候条件可能导致桥梁结构和材料更容易受到老化和腐蚀的影响。特别是在高海拔区域,紫外线强烈,氧气稀薄,对金属和混凝土等材料的腐蚀速度较快。因此,在维护计划中需要加强对桥梁材料的检查和评估,及时更换老化部件,延长桥梁的使用寿命。

高山地区桥梁维护的难点主要在于交通困难、气象极端性、自然灾害风险和材料老化腐蚀等多方面的综合因素。科学合理的维护计划和技术手段,以及定期的检查和保养,可以有效应对这些挑战,确保高山地区桥梁的安全运行。

第二章 山区公路桥梁材料的选择与性能

第一节 山区公路桥梁的材料选择原则

一、材料选择的综合考虑因素

（一）结构强度与承载能力

桥梁作为交通基础设施的重要组成部分，其结构强度和承载能力直接关系着道路交通的安全和畅通。在设计和建设桥梁时，必须充分考虑结构的强度和承载能力，以满足各种静、动态荷载的要求。

1. 荷载分析与设计标准

结构强度和承载能力的分析始于对桥梁可能承受的各类荷载的评估。包括静态荷载（如自重、桥面荷载）和动态荷载（如行车荷载、风荷载）。在设计中，需要参考相应的国家和地区的桥梁设计标准，确保结构能够安全、经济地承受各类荷载。

2. 材料强度和工艺要求

结构的强度直接与所选材料的强度特性相关。在选择桥梁材料时，需要考虑其抗拉、抗压、抗弯等力学性能。此外，还需充分考虑材料的耐腐蚀性、抗疲劳性以及在不同温度条件下的性能。工艺要求涉及焊接、铆接、浇筑等工艺，要确保连接部位和材料的协同工作，以提高整体结构的强度。

3. 结构形式与荷载传递

桥梁结构的形式直接影响着荷载的传递和分布。各种桥梁形式（如梁式桥、拱桥、悬索桥等）在不同情况下具有不同的适用性。在设计中，需要根据实际情况选择最合适的结构形式，并考虑荷载在结构中的传递路径，确保承载能力的充分利用。

4.安全裕度与监测体系

为了确保桥梁在使用中具有足够的安全裕度，设计时需要考虑结构的极限状态和服务状态。此外，建设后需要建立完善的桥梁监测体系，实时监测结构的变化和荷载响应，及时发现可能存在的问题，采取维护和修复措施，保障结构的稳定和承载能力。

结构强度和承载能力是桥梁设计中至关重要的考虑因素，直接关系着桥梁的安全性和使用寿命。通过科学合理的设计和材料选择，结合有效的监测和维护手段，可以确保桥梁在各种条件下都能够安全可靠地承载荷载，满足交通运输的需求。

（二）地质与地形适应性

地质和地形是桥梁设计中不可忽视的重要因素，对于确保桥梁的安全性和可持续性具有关键性的影响。以下从地质和地形的角度探讨桥梁设计的适应性：

1.地质勘察与基础设计

地质条件对桥梁的基础设计至关重要。在地质勘察阶段，需要详细了解桥梁基址的地层情况、土质特性以及地下水位等信息。不同地质条件下采用不同的基础形式，如在软弱地基上可能需要采用深基础形式，而在坚硬地基上可以考虑采用浅基础形式。合理的基础设计是确保桥梁结构稳定性的基础。

2.地形起伏与桥梁布局

地形起伏对桥梁的布局和设计提出了挑战。在设计中需要充分考虑地形的不规则性，选择合适的桥型和跨径，确保桥梁在地形变化的情况下能够平稳连接两岸。在山区或河流交汇地带，可能需要设计大跨度桥梁或特殊形式的桥梁以适应地形的特殊性。

3.地质灾害防治

某些地区可能面临地质灾害，如滑坡、泥石流等。在设计阶段，需要采取相应的地质防治措施，如设置挡土墙、加固边坡等，以保障桥梁在地质灾害发生时的稳定性。此外，应当建立地质监测体系，以及时发现潜在的地质灾害隐患。

4.河流与桥梁跨越设计

河流地区桥梁的设计需要考虑河流水域的地质情况，以及可能存在的水流、洪水等因素。合理的桥梁跨越设计应考虑河道的宽度、水流速度、河床条件等，以确保桥梁的稳定性和通航安全。

地质和地形适应性是桥梁设计中的重要环节，通过充分的地质勘察、合理的基础设计、考虑地形起伏和地质灾害防治等手段，可以有效提高桥梁对地质和地形的适应性，确保其在复杂的自然环境中具有良好的安全性和可持续性。

（三）材料可获得性与施工便利性

在山区桥梁设计与建设中，考虑材料的可获得性和施工便利性是至关重要的。以下从多个角度探讨这两个因素在山区桥梁工程中的影响：

1. 本地可获得的材料

在山区，由于交通不便，运输成本高，选择本地可获得的材料对于降低工程成本和提高可持续性至关重要。优先选择附近采矿或生产的建筑材料，有助于减少对远程原材料的依赖，缩短供应链，降低对交通的依赖性。

2. 轻型和模块化材料

在山区桥梁设计中，选择轻型和模块化的建筑材料能够降低运输难度。轻型材料减轻了结构自重，降低了运输成本，而模块化设计则使得施工更加灵活，减少了对大型设备和人员的依赖。

3. 易加工和可塑性材料

考虑到山区地形多变，需要选择易于加工和具有良好可塑性的材料。这样可以在不同地形条件下更容易地进行现场加工和调整，确保桥梁结构的适应性。

4. 当地施工技术和劳动力

考虑到山区的地理环境，利用当地熟练的施工技术和劳动力是至关重要的。采用符合当地实际情况的施工技术，提高工程的实施效率，减少外来劳动力的使用，降低施工成本。

5. 环保材料与施工技术

考虑到山区生态的脆弱性，选择环保材料和施工技术是必要的。例如，使用无污染的建筑材料，采用低挥发性有机物（VOCs）的涂料，以减少对周围环境的影响。

在山区桥梁工程中，材料的可获得性和施工便利性直接关系着工程的实施效率和成本。通过合理地选择，能够更好地适应山区的地理环境，降低建设成本，提高工程的可持续性。

二、环境友好型材料选择

（一）绿色材料在山区桥梁中的应用

绿色材料是指在生产、使用和废弃阶段对环境影响较小的材料，其应用在山区桥梁设计中具有显著的优势。以下从多个角度探讨绿色材料在山区桥梁中的应用：

1. 可再生材料的选用

在山区桥梁设计中，可再生材料的选用是实现绿色目标的首要考虑因素。例如，可使用木材、竹材等天然可再生资源作为桥梁结构的一部分。这不仅有助于减少对有限资源的依赖，还有利于降低桥梁的整体环境影响。

2. 低能耗生产材料

考虑到山区交通不便，运输成本高昂，选择低能耗生产材料尤为重要。例如，使用轻型钢材、高性能混凝土等材料，降低了材料生产过程中对能源的需求，有助于减少环境负担。

3. 循环利用与再生材料

桥梁施工和维护中产生的废弃材料可以通过循环利用和再生利用的方式，降低对原材料的需求。采用可回收的材料，如再生钢材、再生橡胶等，有助于减少资源消耗，实现材料的可持续利用。

4. 环保涂层和防腐技术

在山区桥梁中，选择环保涂层和防腐技术是绿色材料应用的重要方面。采用低挥发性有机物（VOCs）的涂层，或者使用具有良好抗腐蚀性的材料，可以减少环境中有害物质的排放，提高桥梁的耐久性。

绿色材料在山区桥梁中的应用不仅有助于降低环境影响，还能提高桥梁的可持续性和抗灾能力。通过科学合理的绿色材料选择，可以实现桥梁设计、建设和运维全生命周期的环保目标，为山区交通基础设施的可持续发展贡献力量。

（二）循环利用材料的可行性

循环利用材料是一种可持续发展的策略，通过将废弃材料重新运用于新的建筑项目，减少资源浪费、降低环境影响。在桥梁设计和建设中，循环利用材料的可行性具有重要意义。以下是四个方面的考虑：

1. 材料的可再生性

在循环利用材料时，首先考虑的是材料的可再生性。一些可再生资源如再生混凝土、再生钢材等，可以通过回收和再加工用于桥梁建设。这种做法有助于减少对有限自然资源的依赖，降低新材料生产的环境成本。

2. 技术适应性与性能要求

循环利用材料的可行性还取决于技术适应性和材料性能的满足程度。需要评估循环利用材料是否符合桥梁建设的技术标准和性能要求。采用先进的技术和工艺，可以改良废弃材料的性能，使其更适合在桥梁工程中应用。

3. 循环利用过程中的环境影响

循环利用材料并非没有环境影响，而是在一定程度上减少了对新原材料的需求。在考虑循环利用的可行性时，需要综合评估回收、运输、再加工等环节对环境的影响。选择对环境影响较小的循环利用方式，是实现可行性的重要考虑因素。

4. 法规和标准的遵守

在循环利用材料的过程中，需要遵守相关的法规和标准。涉及废弃材料的分类、收集、运输和处理等环节。合规操作有助于确保循环利用的材料安全可靠，并符合社会和环境的法律法规。

循环利用材料的可行性是一个综合性问题，需要从资源可再生性、技术适应性、环境影响和法规遵守等多个角度进行综合评估。在桥梁建设中，合理考虑循环利用材料的可行性，有助于推动可持续发展，减少建筑业对自然资源的压力。

（三）低能耗材料的优先考虑

在桥梁设计和建设中，考虑使用低能耗材料是实现可持续发展目标的一项关键策略。这涉及从生产、运输到施工等多个环节的能源消耗。以下是四个方面的考虑，强调了低能耗材料的优先考虑：

1. 生产过程的能源效益

选择低能耗材料的第一步是评估其生产过程中的能源效益。一些材料的生产需要大量的能源，如金属冶炼和水泥生产。相比之下，某些天然材料或可再生材料可能在生产过程中能源消耗较低。在桥梁设计中，考虑采用这些低能耗材料是实现能源节约的重要途径。

2. 运输能耗的优化

材料的运输是另一个能源消耗的关键环节。选择本地或附近产地的材料，减少运输距离，可以显著降低运输过程中的能源消耗。此外，考虑采用轻量化材料，减少运输过程中的负荷，也是一种降低能耗的策略。

3. 施工过程中的节能技术

除了材料的生产和运输，施工过程中的能源消耗也需要考虑。采用现代化、高效的施工技术，如预制装配、数字化建造等，可以有效减少施工过程中的能源消耗。同时，采用低能耗的施工设备和工艺，也是实现能源节约的一项重要举措。

4. 材料的可再生性和回收性

除了考虑能源消耗，还应关注材料的可再生性和回收性。选择具有良好可再生性的材料，如竹木材料等，可以减少对非可再生资源的依赖。同时，考虑材料的回收性，采用可回收的材料，有助于减少废弃物的产生，并推动循环经济的发展。

低能耗材料的优先考虑是在桥梁设计和建设中推动可持续发展的一项关键策略。通过综合考虑生产、运输和施工等多个环节的能源消耗，可以选择符合环保和经济可行性的材料，为桥梁工程的可持续性作出贡献。

第二节　混凝土在山区桥梁中的性能与应用

一、高强度混凝土在山区桥梁中的优势

（一）高强混凝土的力学性能

高强混凝土是一种通过调整混凝土中的配料比例，以增强其抗压强度、抗弯强度等力学性能的建筑材料。其在桥梁设计和建设中的应用越来越广泛。以下是关于高强混凝土力学性能四个方面的内容：

1. 抗压强度的提升

高强混凝土相比普通混凝土具有更高的抗压强度。这是通过使用高强度的胶凝材料、粒径更细的骨料，以及精确控制的配料比例来实现的。抗压强度的提升意味着在相同截面尺寸下，高强混凝土结构可以承受更大的荷载，使得桥梁设计更为灵活，结构更为轻巧。

2. 抗拉强度和韧性的改善

高强混凝土不仅在抗压强度上有所提高，还在抗拉强度和韧性方面表现出色。这使得高强混凝土在抵抗裂缝、抗震和抗风化方面具有更好的性能。在桥梁设计中，这种改善意味着更高的结构安全性和更长的使用寿命。

3. 体积稳定性和耐久性

由于高强混凝土的密实性和更低的孔隙率，其体积稳定性较好。这种特性使得高强混凝土在面对湿度变化、温度波动等环境因素时更加耐久。桥梁作为室外暴露的结构，对材料的耐久性要求较高，高强混凝土的应用能够满足这一需求。

4. 对环境影响的减缓

由于高强混凝土可以通过减小截面尺寸来实现相同的结构强度，这意味着更少的原材料消耗和更小的构建体积，从而降低了对环境的影响。此外，高强混凝土制备过程中通常需要的温度较低，减少了二氧化碳的排放，符合可持续建筑的原则，对于桥梁设计在降低生态足迹方面具有积极的意义。

高强混凝土的力学性能优越，为桥梁设计提供了更多的选择。通过提高抗压强度、改善抗拉强度和韧性、增加体积稳定性以及减缓对环境的影响，高强混凝土在提升桥梁结构性能和可持续性方面发挥着重要作用。

（二）抗震性能与山区地质条件的匹配

在山区桥梁设计中，地震是一个极具挑战性的因素，因此抗震性能的提高至关重要。合理匹配抗震性能与山区地质条件，可以在地震发生时最大限度地保护桥梁结构和行车安全。以下从四个方面进行简要分析：

1. 地震力学分析与设计标准

在设计山区桥梁时，首先需要进行详尽的地震力学分析。包括对山区地质条件下可能发生的地震力的评估。合理选择地震设计标准，如考虑到当地特殊地质条件的国家或地区地震规范，以确保桥梁结构在地震作用下具有足够的抗震能力。

2. 材料与结构抗震性能

选择抗震性能较好的材料和结构形式是确保山区桥梁地震安全的重要步骤。高强混凝土、钢材等具有较好的抗震性能的材料应优先得到考虑。结构形式上，可以选择抗震性能较好的结构类型，如抗震支座、消能器等的应用，以提高桥梁的整体抗震能力。

3. 山区地质条件的综合考虑

山区的地质条件多变，可能存在较为陡峭的地形、复杂的地层结构等。在抗震设计中，需要综合考虑山区的地质条件，充分了解地下岩石、土壤的特性，以及可能存在的滑坡、泥石流等地质灾害。结合地震动力学分析，确保桥梁的抗震性能与地质条件相匹配。

4. 动力响应与实时监测

考虑到地震是一个瞬间的事件，实时监测桥梁结构的动力响应对评估抗震性能至关重要。可以采用传感器网络、地震监测仪器等手段，实时监测桥梁在地震中的变形情况，以及地基土壤的动力响应。有助于了解桥梁的实际受力情况，为后续的维护和修复提供有效数据支持。

通过充分考虑地震力学、选择适应性强的材料和结构形式、综合考虑地质条件、实时监测等手段，可以有效提升山区桥梁的抗震性能，保障其在地震发生时的稳定性和安全性。这种抗震性能与地质条件的匹配是确保山区桥梁地震安全的关键步骤。

（三）高强混凝土在大跨度桥梁中的应用

大跨度桥梁是现代桥梁工程中的重要类型，通常需要承受较大的自重和荷载，对结构的材料性能提出了更高的要求。高强混凝土作为一种性能优越的建筑材料，在大跨度桥梁中得到了广泛应用。以下从四个方面进行简要分析：

1. 抗弯和抗剪性能的提升

大跨度桥梁的主要荷载包括自重和行车荷载，因此对桥梁材料的弯曲和剪切性能提出了挑战。高强混凝土通过调整配料比例、使用高性能胶凝材料等手段，显著提升了混凝土的抗弯和抗剪性能。这使得大跨度桥梁能够更好地应对复杂的荷载情况，从而保证结构的稳定性和安全性。

2. 轻型化设计和更薄的构件

高强混凝土的使用使得桥梁结构设计更为轻型化，而仍能满足大跨度桥梁的强度和刚度要求。由于高强混凝土的抗压强度较高，同样的结构强度可以通过减小截面尺寸来实现，从而降低结构的自重。这有助于减小桥梁的视觉负担，提高设计的美观性。

3. 耐久性的提高

大跨度桥梁往往需要长期承受自然环境的侵蚀，如雨水、大气中的化学物质等。高强混凝土因其较低的孔隙率和密实性，相较于普通混凝土具有更好的耐久性。这有助于延长大跨度桥梁的使用寿命，减少维护和修复的频率。

4. 施工效率的提升

由于高强混凝土的强度较高，可以设计更大的浇筑体积，减少构件的连接和接缝。这使得施工更为高效，缩短了施工周期。在大跨度桥梁的建设中，高强混凝土的应用有助于提高施工效率，降低工程成本。

高强混凝土在大跨度桥梁中的应用为桥梁设计提供了一种可靠、经济、高效的材料选择。通过其在抗弯、抗剪性能的提升、轻型化设计和更好的耐久性等方面的优势，高强混凝土有望成为未来大跨度桥梁设计的首选材料之一。

二、轻质混凝土的应用考虑

（一）轻质混凝土的密度与桥梁结构

轻质混凝土是一种相对普通混凝土密度较低的材料，其密度通常在 1600kg/m³ 以下。在桥梁结构设计中，选择使用轻质混凝土涉及密度与结构性能之间的平衡。以下是关于轻质混凝土密度与桥梁结构分析的四个方面的详细内容：

1. 密度与结构轻量化

轻质混凝土由于其相对较低的密度，使其成为实现桥梁结构轻量化的理想选择。桥梁结构轻量化有助于降低整体结构的荷载，减小对基础的要求，同时能够简化施工过程。轻质混凝土在实现结构轻量化的同时，依然能够提供足够的强度和耐久性，使得桥梁具备良好的性能。

2.强度与耐久性的平衡

尽管轻质混凝土密度较低，但通过合理的配比和材料选择，仍然可以获得较高的抗压强度。在桥梁结构设计中，需要平衡轻质混凝土的密度与结构的强度和耐久性之间的关系。采用高强度的轻质混凝土，可以在满足结构负载要求的同时，降低结构自重，从而减小对桥梁基础和支座的影响。

3.隔热与隔声性能

轻质混凝土由于其孔隙结构，具有较好的隔热和隔声性能。在山区桥梁设计中，考虑到可能的气候变化和周边环境，选择轻质混凝土有助于提高桥梁的综合性能。良好的隔热性能有助于防止温度变化引起的结构变形，而隔声性能能够降低桥梁对周边环境的噪声污染。

4.施工便利性

由于轻质混凝土相对较轻，其施工过程中的搅拌、运输、浇筑等操作相对便利。轻质混凝土的施工性能对于大跨度桥梁等特殊结构的建造具有一定的优势。此外，施工中的便利性也有助于提高工程效率，减少施工周期。

通过综合考虑轻质混凝土的密度、强度、耐久性、隔热隔声性能以及施工便利性，可以在桥梁设计中充分发挥其优势，实现结构轻量化，提高桥梁的整体性能。

（二）轻质混凝土对山区桥梁减载的影响

轻质混凝土由于其相对较低的密度和优越的隔热性能，在山区桥梁设计中可以发挥重要的减载作用。以下是有关轻质混凝土对山区桥梁减载影响的四个方面的详细内容：

1.自重减轻与基础要求降低

轻质混凝土的主要特点之一是相对较低的密度，因此在桥梁结构中的应用可以显著减轻结构的自重。这对山区桥梁而言尤其重要，因为山区地质条件复杂，基础的要求相对较高。采用轻质混凝土可以有效降低桥梁对基础的负荷，减小地基沉降风险，提高桥梁在山区的稳定性。

2.陡峭地形的适应性

在山区，地形常常陡峭，桥梁的基础受力较大。采用轻质混凝土可以适应陡峭的地形，减小对基础的压力，提高桥梁的适应性。轻质混凝土的施工灵活性也有助于在复杂的山区地形中进行施工，适应不同坡度和地形的建设需求。

3.对地震荷载的缓冲作用

轻质混凝土在地震发生时具有较好的缓冲能力。由于其相对较低的密度和柔韧的特性，可以有效减小地震引起的结构振动，从而保护桥梁的结构完整性。在山区，地震是一个常见的自然灾害，因此采用轻质混凝土有助于提高桥梁在地震中的抗灾能力。

4.隔热性能减少温度变形

轻质混凝土由于其孔隙结构，具有较好的隔热性能。在山区桥梁设计中，温度变化可能导致结构的膨胀和收缩，影响桥梁的稳定性。采用轻质混凝土可以减小温度变形，提高桥梁在不同季节和气候条件下的稳定性。

通过合理应用轻质混凝土，可以在山区桥梁设计中实现减载的目标，降低结构自重，改善桥梁的稳定性和抗灾性能。同时，轻质混凝土施工的便利性也有助于适应山区复杂的地形和地质条件，提高桥梁的建设效率。

（三）轻质混凝土在山区节能环保方面的优势

轻质混凝土在山区桥梁设计中，不仅具备减载的功能，还具有显著的节能环保优势。以下是有关轻质混凝土在山区节能环保方面的详细内容：

1.能源消耗减少与碳排放降低

由于轻质混凝土相对较低的密度，其生产过程中对原材料的需求相对较小，从而减少了能源消耗和碳排放。在山区地形复杂的情况下，运输原材料和混凝土的能耗会相对较高，选择轻质混凝土可以减轻这一负担，降低生产环节对能源的依赖，实现碳足迹的降低。

2.建筑过程中的能源效益

轻质混凝土相对较轻，因此在施工过程中的搅拌、运输、浇筑等环节所需的能量相对较少。这不仅减少了施工过程中的能源消耗，也提高了建筑效率。在山区地形条件下，施工效率的提高对于减少工程周期，降低能耗具有重要意义。

3.隔热性能降低能耗

轻质混凝土由于其孔隙结构，具有较好的隔热性能。在山区桥梁中，温度变化较为明显，选择轻质混凝土有助于降低结构的温度变形，减少对加热和制冷设备的依赖，从而在节能方面发挥积极作用。

4.可再生与循环利用

轻质混凝土生产中通常采用一些可再生资源或废弃物作为原材料，如轻骨料、轻骨料混凝土等。同时，轻质混凝土可以更容易地被回收和循环利用。有助于减少对自然资源的开采，提高材料的可持续性，符合节能环保的理念。

通过综合考虑轻质混凝土在生产、施工、使用阶段的节能环保优势，可以在山区桥梁设计中实现可持续发展的目标。选择轻质混凝土不仅可以提高结构的性能，降低基础压力，还有助于减少对能源的依赖，降低环境影响，为山区桥梁的可持续发展贡献力量。

第三节　高强度钢材在山区桥梁中的应用

一、高强度钢材的力学性能

（一）高强度钢材的抗拉性能

高强度钢材是一种在桥梁设计和建设中广泛应用的建筑材料，其出色的抗拉性能使得其在各种结构中发挥着关键作用。以下是关于高强度钢材抗拉性能的详细内容：

1.抗拉强度的提高

高强度钢材相较于传统的普通钢，具有更高的抗拉强度。这是通过优化钢材的化学成分、热处理和轧制工艺等手段实现的。高强度钢的抗拉强度通常超过了一般的钢材，这使得在相同截面尺寸下，高强度钢材能够承受更大的拉力，降低结构的自重，提高结构的载荷能力。

2.材料韧性与延展性的平衡

虽然高强度钢材具有出色的抗拉强度，但在设计中还需要考虑材料的韧性和延展性。高强度钢在抗拉的同时，往往也表现出较好的韧性，这意味着在受到冲击或振动时，能够更好地吸收能量，减缓裂纹的扩展。这对于桥梁结构在实际使用中的安全性和稳定性至关重要。

3.轻量化设计的实现

由于高强度钢材的抗拉性能优越，结构设计可以更加轻量化。在桥梁设计中，这意味着可以采用更细小的截面，减小结构的自重，提高了结构的自由度。轻量化设计不仅降低了建筑材料的消耗，还有助于降低桥梁对基础的负荷，提高了整体结构的稳定性和可靠性。

4.抗腐蚀性和耐久性

高强度钢材通常还具有较好的抗腐蚀性和耐久性。这对桥梁这类室外结构来说尤为重要，因为它们经常受到多种环境因素的影响。高强度钢材的优越性能可以减缓腐蚀的进程，延长结构的使用寿命，降低了维护和修复成本。

通过提高抗拉强度、平衡韧性与延展性、轻量化设计以及增强抗腐蚀性和耐久性，高强度钢材在桥梁设计中成为不可或缺的材料。其综合性能为设计师提供了更多的自由度，使得桥梁能够更好地适应不同的工程需求和环境条件。

（二）高强度钢材的弯曲性能

高强度钢材作为一种在桥梁工程中广泛应用的建筑材料，其优越的弯曲性能对于实现灵活多变的结构设计至关重要。以下是关于高强度钢材弯曲性能的四个方面的详细内容：

1.弯曲强度与设计灵活性

高强度钢材相对于普通钢材，具有更高的弯曲强度。这意味着在相同截面尺寸下，高强度钢材能够承受更大的弯曲力矩，从而在桥梁设计中提供了更大的设计灵活性。设计师可以更自由地选择不同形状的截面，实现更具创意和经济效益的结构设计。

2.变形能力与结构性能

高强度钢材通常具有较好的弹性和变形能力，能够在受到弯曲荷载时保持较好的弹性恢复性。这对于桥梁结构的性能至关重要，因为在实际使用中，结构可能会受到不同方向的变形力，高强度钢材能够有效地应对这些变形，确保结构的整体性能。

3.冷弯加工与成形能力

高强度钢材由于其优异的弯曲性能，可以进行冷弯加工，即在室温下通过滚轧或弯曲机械设备将其成形。这种特性使得高强度钢材更容易用于制造特殊形状和复杂曲线的结构元件，提高了桥梁的设计灵活性，满足了各种复杂结构需求。

4.抗疲劳性与耐久性

在桥梁的实际使用中，结构常常受到反复加载，这对于材料的疲劳性能提出了要求。高强度钢材由于其较高的抗疲劳性，能够更好地承受这种循环加载，延长了结构的使用寿命。同时，其弯曲性能也为桥梁提供了更好的耐久性，减少了维护和修复的需求。

通过提高弯曲强度、保持较好的变形能力、支持冷弯加工和成形能力，以及提升抗疲劳性能，高强度钢材在桥梁设计中发挥着关键作用。其弯曲性能的优越性使得设计师能够更灵活地应对不同的工程需求，实现更经济、耐久和安全的桥梁结构。

（三）高强度钢材的耐疲劳性能

高强度钢材在桥梁工程中的耐疲劳性能是评估其结构可靠性和使用寿命的重要指标。以下是关于高强度钢材耐疲劳性能的四个方面的详细内容：

1.疲劳性能的定义与重要性

疲劳是指在交变加载下材料或结构经历周期性变形和应力的过程。高强度钢材的耐疲劳性能即其在循环荷载下长时间使用后依然能够保持结构完整性和承载能力。在桥梁工程中，由于交通和气象等因素引起的动荷载是不断变化的，因此高强度钢材的良好疲劳性能对桥梁的安全运行至关重要。

2.影响高强度钢疲劳性能的因素

高强度钢材的疲劳性能受多种因素的影响，包括材料的组织结构、化学成分、加载频率、应力水平等。精心设计和控制这些因素是确保高强度钢材具有良好疲劳性能的关键。合适的热处理和工艺控制可以调整钢材的晶格结构，提高其抗疲劳性。

3.疲劳寿命预测与试验验证

为了评估高强度钢材的疲劳性能，常常进行疲劳寿命预测和试验验证。疲劳寿命预测利用数学模型和有限元分析等手段，考虑不同工况下的加载历史，推测出材料的疲劳寿命。同时，通过实验室试验，可以验证预测结果，获取高强度钢材在实际使用中的疲劳性能数据，从而更好地指导工程实践。

4.工程中的应用与优势

高强度钢材的耐疲劳性能使其在桥梁工程中得到广泛应用，尤其在大跨度、高风险区域或受到频繁动荷载影响的地方。相较于传统材料，高强度钢材能够更好地适应变化复杂的荷载环境，提供更长的使用寿命，减少维护成本，增加桥梁的可靠性。

通过全面了解高强度钢材的疲劳性能，工程师能够更好地应用这一材料，确保桥梁在长期使用中保持结构的稳定性和可靠性。合理的材料选择、设计优化和定期监测是确保高强度钢桥梁长期安全运行的关键。

二、高强度钢材在山区桥梁中的设计原则

（一）高强度钢材的节省材料用量

高强度钢材因其优异的力学性能，在桥梁设计中能够显著降低材料用量，实现结构轻量化，提高整体性能。以下是关于高强度钢材节省材料用量的四个方面的详细内容：

1.优越的抗拉强度

高强度钢材相较于传统普通钢，具有更高的抗拉强度。在桥梁设计中，拉力是常见的受力方向之一，使用高强度钢材可以减少所需材料的截面积，实现更为经济的设计。通过优越的抗拉性能，设计师能够在满足结构要求的前提下，减小构件的截面尺寸，降低材料用量。

2.降低截面尺寸的设计自由度

由于高强度钢材的抗拉性能出色，相同的结构要求下，可以选择更小的截面尺寸。这为设计师提供了更大的设计自由度，使得整体桥梁结构更为紧凑，减小了桥梁的自重，进而减少了对基础的要求。这种设计自由度的提高有效地满足不同桥梁工程的需求。

3. 降低桥梁自重，提高承载能力

高强度钢材在减小截面尺寸的同时，仍能提供足够的承载能力。通过降低桥梁自重，不仅可以减小对基础的荷载，还能够提高桥梁整体的承载能力。这对设计跨越较大距离或特殊地形的桥梁来说，具有显著的优势，减轻了结构的负担，降低了施工和维护成本。

4. 提高结构抗震性和抗风性

高强度钢材的采用能够提高桥梁的整体抗震性和抗风性。在设计中，通过优化结构的抗拉部分，使得桥梁更能抵御地震和风载等外部力量的作用。这不仅提高了桥梁的安全性，还有助于降低对结构的不利影响，从而减小了对维护的需求。

高强度钢材的优越性能使其成为桥梁设计中的理想选择，通过降低截面尺寸、减小桥梁自重，实现了材料用量的节省。这种设计理念不仅降低了工程成本，也提高了桥梁的整体性能和安全性。

（二）高强度钢材对山区大跨度桥梁的适应性

高强度钢材在山区大跨度桥梁设计中具有独特的优势，其强大的力学性能和适应性使其成为解决复杂地形和气候条件下桥梁工程挑战的理想选择。以下是关于高强度钢材在山区大跨度桥梁中适应性的四个方面的详细内容：

1. 抗拉性能优越应对地形起伏

山区地形常常起伏复杂，桥梁需要能够跨越深谷和高山。高强度钢材具有出色的抗拉性能，能够在跨越大距离的同时保持结构的稳定性。这使得在山区设计大跨度桥梁时，可以选择更为轻巧、优化的结构方案，降低对地基的负荷，减小对地形的侵入，更好地适应复杂的地形起伏。

2. 轻量化设计降低自重对基础的压力

高强度钢材的使用能够实现桥梁的轻量化设计，降低自重对基础的压力。在山区大跨度桥梁中，由于地形复杂和地基条件限制，对基础的要求较高。通过采用高强度钢材，不仅可以减小结构的自重，还能够提高整体的承载能力，有效降低基础荷载，从而更好地适应山区的地质条件。

3. 高强度钢材在大跨度结构中的抗震性

山区地震频繁，因此桥梁需要具备良好的抗震性能。高强度钢材由于其出色的抗拉性能和变形能力，能够更好地应对地震引起的水平荷载。在大跨度桥梁设计中，采用高强度钢材可以提高结构的抗震性能，增加桥梁在地震中的稳定性，为山区大跨度桥梁的安全性提供有力支持。

4. 灵活的结构形式应对复杂地形

高强度钢材能够支持更灵活的结构形式，如悬索桥、斜拉桥等，这种设计能够更好地适应山区的复杂地形。悬索桥和斜拉桥能够跨越大距离，减小对地面的影响，提高桥梁的通行性和稳定性。高强度钢材的应用使得这些特殊结构更为可行，有助于解决山区大跨度桥梁建设的挑战。

在山区大跨度桥梁设计中，高强度钢材的优越性能赋予了结构更大的适应性，使得桥梁能够更好地应对地形复杂、地震频繁等特殊条件，提高桥梁的可靠性和安全性。

（三）高强度钢材在寒冷气候下的耐腐蚀性

寒冷气候下的桥梁设计面临着严峻的自然环境挑战，尤其是腐蚀问题。高强度钢材以其在极端环境中的优越性能而备受青睐。以下是关于高强度钢材在寒冷气候下的耐腐蚀性的四个方面的详细内容：

1. 耐寒腐蚀涂层的应用

在寒冷气候中，桥梁常常暴露在恶劣的天气条件下，如雨雪、冰雹等。高强度钢材表面采用耐寒腐蚀涂层，能够有效抵抗腐蚀的侵蚀，延长钢材的使用寿命。这些特殊的涂层不仅能够提供优越的抗腐蚀性能，还能够在低温下保持其附着力和保护性能。

2. 低温环境下的材料选择

寒冷气候中，温度较低可能加剧钢材的腐蚀问题。高强度钢材在低温环境下仍然能够保持较好的韧性和强度，不易受到温度的影响。此外，高强度钢材通常采用特殊合金设计，具有较高的抗腐蚀性能，适应寒冷气候的使用要求。

3. 抗盐雪腐蚀设计

在寒冷地区，盐雪是为了融化积雪和冰而常用的融雪剂。然而，融雪剂中的盐分会对桥梁结构产生腐蚀影响。高强度钢材的设计中通常包含抗盐雪腐蚀的特殊考虑，通过选用合适的合金和涂层，减缓盐分对钢材的腐蚀速度，确保结构的持久性和安全性。

4. 密封性和防护结构设计

针对寒冷气候中的融雪剂和潮湿条件，高强度钢材的结构设计通常包含良好的密封性和防护措施。还可以通过采用高效的密封材料和结构设计，避免水分和盐分渗透到钢材内部，从而降低腐蚀的风险。

高强度钢材在寒冷气候下的耐腐蚀性设计，不仅从材料本身的抗腐蚀性能考虑，还综合考虑了涂层、合金设计和结构设计等多个方面，为桥梁在极端气候条件下的长期稳定运行提供了可靠的保障。

第四节　新型材料在山区桥梁中的可行性

一、聚合物材料在桥梁结构中的创新应用

（一）聚合物纤维增强混凝土的性能与应用

聚合物纤维增强混凝土（PFRC）作为一种新型复合材料，具有优异的性能，广泛应用于各类工程。以下是关于聚合物纤维增强混凝土性能与应用的四个方面的详细内容：

1. 高强度与韧性的协同作用

聚合物纤维的加入显著提高了混凝土的韧性和抗拉强度。相比传统混凝土，PFRC 在受力时能够更好地分散和承担荷载，从而有效减缓开裂的发展。聚合物纤维在混凝土中形成的三维网状结构不仅提高了整体强度，还改善了混凝土的延性，使其更能适应变化的外力作用。

2. 耐久性与抗腐蚀性能

PFRC 具有出色的耐久性，能够更好地抵抗氯离子、硫酸盐等腐蚀因素的侵蚀。聚合物纤维在混凝土中的分布均匀，能够有效减缓碳化和氯离子渗透的速度，从而延缓混凝土结构的老化过程。这种优越的耐久性使得 PFRC 在海洋工程、化工厂房等有腐蚀风险的环境中得到了广泛应用。

3. 温度和热收缩稳定性

PFRC 的聚合物纤维对温度变化和热收缩有良好的稳定性。在极端温度条件下，PFRC 仍然能够保持较高的强度和稳定性，不易发生龟裂和变形。这使得 PFRC 成为极寒地区和高温地区工程的理想选择，如寒冷气候下的桥梁、高温地区的道路等。

4. 施工灵活性与设计创新

PFRC 的施工灵活性较高，其可塑性使得混凝土更容易成型，适应各种复杂结构的建造。此外，PFRC 能够通过改变纤维类型和含量，实现对混凝土性能的调控，从而满足不同工程需求。这为设计师提供了更大的创新空间，可以实现更轻、更坚固、更经济的结构设计。

聚合物纤维增强混凝土以其独特的性能在工程建设领域崭露头角。其高强度、韧

性、耐久性以及灵活的施工性能使得 PFRC 能够满足不同工程对混凝土性能的多样需求，为工程结构的设计和施工提供了更多可能性。

（二）聚合物复合材料在桥梁中的结构设计

聚合物复合材料由聚合物基体和增强材料组成，其在桥梁结构设计中具有独特的优势。以下是关于聚合物复合材料在桥梁中的结构设计的四个方面的详细内容：

1. 强度与轻量化设计

聚合物复合材料具有优越的强度重量比，相较于传统的结构材料如钢和混凝土，其密度较低却能提供出色的强度。在桥梁设计中，这为实现轻量化设计提供了可能性，减小了桥梁的自重，降低了对基础的负荷，同时能够满足结构的强度需求。这对于跨越大距离或特殊地形的桥梁设计尤为重要。

2. 耐腐蚀性与耐久性

聚合物复合材料具有优异的耐腐蚀性，对于桥梁在潮湿、盐雪等恶劣环境中的长期使用具有重要意义。与金属材料不同，聚合物复合材料不会腐蚀，不受盐分和潮湿环境的影响，从而延长了桥梁的使用寿命。其优越的耐久性也减少了维护和修复的频率，降低了整体运营成本。

3. 设计灵活性与成形性

聚合物复合材料具有出色的设计灵活性和成型性，能够轻松实现各种复杂结构的设计。这种材料可以通过成型而成的轻型、自由曲线的结构，为桥梁设计提供更多的创意空间。其可塑性和可成形性使得设计师能够更灵活地应对不同地形和结构需求，实现更为独特的桥梁设计。

4. 绝缘性能与电磁透明性

聚合物复合材料是优秀的绝缘材料，不导电且具有电磁透明性。在桥梁设计中，特别是对于需要跨越电力线路或其他电磁敏感区域的桥梁，聚合物复合材料的应用可以减小电磁干扰，确保桥梁结构的稳定性，提高了桥梁的整体安全性。

聚合物复合材料在桥梁设计中的结构应用不仅能够满足强度和耐久性要求，而且通过轻量化设计、设计灵活性和电磁透明性等方面的优势，为现代桥梁设计提供了创新的解决方案。

（三）新型聚合物材料的环保特性

新型聚合物材料在桥梁工程中的应用引起了广泛关注，尤其是其环保特性对可持续发展的重要性。以下是关于新型聚合物材料环保特性的四个方面的详细内容：

1. 可再生材料的使用

新型聚合物材料注重可持续性，采用可再生材料作为主要成分。这些可再生材料可以是植物基的，如生物质聚合物，也可以是回收再利用的塑料。这种环保取向有助于减少对有限自然资源的依赖，减缓环境污染，提高材料的可持续性。

2. 低能耗生产过程

制造新型聚合物材料的生产过程通常具有较低的能耗。相较于传统的聚合物材料制备方法，新型聚合物材料的生产通常采用更为环保的技术和工艺，减少了对能源的需求。这有助于减少碳足迹，符合绿色制造的理念，同时也能够减少生产过程对环境的影响。

3. 降解性与循环利用

一些新型聚合物材料具有良好的降解性能，能够在一定条件下自然分解，减少对环境的持久影响。此外，这些材料通常也更容易进行循环利用和再生，通过回收和再加工，减少了废弃物的产生，降低了对自然资源的消耗。

4. 低挥发性有机化合物（VOCs）的控制

新型聚合物材料通常具有低挥发性有机化合物（VOCs）的特性。VOCs 是一类对人体健康和环境有害的化学物质，其挥发性可能导致空气污染。采用低 VOCs 的新型聚合物材料有助于降低施工和使用过程中对空气质量的负面影响，提高桥梁工程的环境友好性。

新型聚合物材料的环保特性使其成为可持续发展的重要组成部分。在桥梁工程中的应用不仅有助于减少对有限资源的依赖，还能够降低生产和使用过程对环境的影响，推动建筑行业朝着更可持续的方向发展。

二、碳纤维等复合材料的优势与适用性

（一）碳纤维在桥梁结构中的强度优势

碳纤维作为一种高性能纤维材料，在桥梁结构中发挥着重要的作用。其独特的强度优势使其成为设计师在提高结构性能、减轻结构自重、应对极端条件等方面的首选材料。以下是关于碳纤维在桥梁结构中强度优势的四个方面的详细内容：

1. 卓越的拉伸强度

碳纤维具有卓越的拉伸强度，是常规钢材的数倍乃至数十倍。这使得在桥梁结构中采用碳纤维可以更有效地承受桥梁受力中的拉力，提高结构的整体承载能力。碳纤维的强度优势为设计师提供了更大的灵活性，可以采用更细、更轻的构件，从而实现结构轻量化和优化设计。

2. 轻质高强的特性

碳纤维不仅强度高，而且具有轻质的特性。相比传统的结构材料如钢铁，使用碳纤维能够在减小结构自重的同时保持结构的强度。在桥梁设计中，这就意味着更小的惯性荷载，更少的基础荷载，使得结构更为经济高效，尤其适用于大跨度和特殊形式的桥梁。

3. 抗腐蚀和耐久性

碳纤维具有良好的抗腐蚀性能，不会受到腐蚀的影响，其尤其适用于桥梁结构处于潮湿、高盐分等恶劣环境的情况。其耐久性也很出色，不易受到时间和自然环境的侵蚀，使得桥梁结构的寿命更长，减少了维护成本。

4. 设计灵活性和施工便利性

由于碳纤维具有出色的强度和轻质性能，设计师可以更灵活地进行结构设计。碳纤维可以轻松弯曲成各种形状，使得结构的造型更具创意。此外，碳纤维具有较好的可塑性和可加工性，使得施工更为便利，减少了施工时间和人力成本。

碳纤维在桥梁结构中的强度优势使其成为一种理想的结构材料，通过其卓越的拉伸强度、轻质高强、抗腐蚀和耐久等特性，能够满足各种桥梁工程的设计需求，推动了桥梁结构技术的创新与发展。

（二）复合材料对山区桥梁重量的影响

复合材料，尤其是碳纤维等高强度材料，在山区桥梁设计中具有显著的优势，其轻量化特性对桥梁的重量、承载能力和结构性能都产生了深远的影响。以下是关于复合材料在山区桥梁中对重量影响的四个方面的详细内容：

1. 轻量化设计与自重减轻

复合材料，如碳纤维，相较于传统的结构材料，具有更高的强度与刚度，但却相对轻巧。在山区桥梁设计中，采用复合材料能够实现结构的轻量化设计，减小桥梁自重。轻量化设计不仅降低了对桥梁基础的要求，还能够提高整体结构的承载能力，适应山区的地质条件。

2. 桥梁跨越设计的灵活性增加

复合材料的轻量化特性提高了桥梁设计的灵活性，特别是在跨越大峡谷或深谷的设计中。由于重量较轻，桥梁结构能够更容易地跨越较大距离，减小对地基的影响。这种灵活性使得工程师能够设计更具挑战性的大跨度桥梁，使其更好地适应山区复杂的地形。

3. 提高桥梁抗风性和抗震性

复合材料的轻量化设计有助于提高桥梁的抗风性和抗震性。在山区，强风和地震是常见的自然灾害，对桥梁的安全性提出了更高的要求。采用轻量的复合材料，尤其是碳纤维等高强度材料，能够减小桥梁的惯性力，提高其在风和地震荷载下的稳定性，增强桥梁的整体耐久性。

4. 材料适应性和耐腐蚀性能

复合材料通常具有优越的耐腐蚀性能，能够更好地适应山区多变的气候条件。山区常受到雨雪侵蚀，而复合材料的抗腐蚀性能能够减缓材料的老化速度、延长桥梁的使用寿命、降低维护成本。

综合来看，复合材料在山区桥梁设计中的应用，尤其是碳纤维等高强度材料，通过轻量化设计、提高灵活性、增强抗风抗震性以及优越的耐腐蚀性能等方面，为解决山区复杂地形和恶劣气候条件下桥梁工程带来的挑战提供了全新的解决方案。

（三）复合材料的可持续性与维护便利性

复合材料在桥梁工程中展现出可持续性和维护便利性的特点，对长期运行和山区复杂环境下的桥梁维护至关重要。以下是关于复合材料在可持续性和维护便利性方面的详细内容：

1. 可持续性设计与环保特性

复合材料通常由可再生材料制成，且在生产过程中能够减少能源消耗和排放。这使得复合材料在桥梁设计中具有较高的可持续性。对山区桥梁而言，采用环保的复合材料有助于减少对自然环境的影响，降低生命周期内的环境负荷。

2. 长寿命和低维护需求

复合材料具有出色的耐腐蚀性能，能够抵抗水分、化学物质和紫外线等的侵蚀，从而延长桥梁的使用寿命。由于其抗老化的特性，复合材料桥梁相对于传统材料需要更少的维护工作。这降低了在山区恶劣环境下维护桥梁所需的时间和成本，提高了桥梁的可靠性。

3. 模块化设计和易更换性

复合材料的模块化设计使得桥梁部件更易于替换和修复。这种设计理念能够在出现局部损坏或需要更新时，更轻松地进行维修。对山区桥梁而言，地形复杂，传统的维护工作可能面临困难，而复合材料的模块化设计为其提供了更为便捷的选择。

4. 维护成本的降低

复合材料桥梁由于其抗腐蚀性和长寿命，可以显著降低维护成本。相较于传统材料，其不需要频繁的涂漆、防锈等维护措施。不仅降低了人力和物力的成本，同时减少了对环境的干扰，符合可持续性发展的要求。

综合而言，复合材料在桥梁设计中体现了可持续性和维护便利性，通过环保特性、长寿命、模块化设计和降低维护成本等方面的优势，为山区桥梁提供了更为可靠和经济的解决方案。

第五节　材料的耐候性与耐腐蚀性考虑

一、材料耐候性在山区气候条件下的验证

（一）不同材料的耐候性对比

桥梁材料的耐候性直接影响着其在不同气候条件下的性能和寿命。不同材料在面对自然环境中的风吹雨打、紫外线辐射、温度变化等因素时表现出不同的特性。以下是对比不同材料的耐候性的四个方面的详细内容：

1. 金属材料的耐候性

金属材料，如钢铁和铝合金，常受到氧化腐蚀的影响。在潮湿的气候中，尤其是在含有盐分的海洋环境中，金属材料容易产生锈蚀，导致结构减弱。虽然可以通过涂层和防腐处理来提高金属材料的耐候性，但若长期暴露于恶劣环境中，仍然存在耐候性相对较差的问题。

2. 混凝土的耐候性

混凝土是一种相对耐候的材料，但仍然受到冻融循环、化学腐蚀和紫外线的影响。在寒冷地区，冰冻和融化过程中的水分渗透可能导致混凝土的龟裂和破坏。此外，化学性质较强的介质，如酸雨和盐分，也可能导致混凝土的侵蚀。在阳光充足的地区，紫外线照射也会导致混凝土表面的劣化。

3. 木材的耐候性

木材在干燥环境中具有相对较好的耐候性，但在潮湿环境下容易受到真菌、腐朽和昆虫的侵害。木材通常需要定期的防水和防腐处理，以增强其在湿润气候下的表现。此外，木材在阳光下暴露时间过长也容易发生色彩变化和表面裂纹。

4. 复合材料的耐候性

复合材料，如玻璃纤维增强塑料（GFRP）和碳纤维复合材料（CFRP），通常具有优越的耐候性。它们不受腐蚀、生物侵害和紫外线辐射的影响，能够保持相对稳定的性能。其耐候性使其在海洋、高温、寒冷等极端环境下表现出色，同时减少了对维护的需求。

在桥梁设计中，综合考虑不同材料的耐候性是至关重要的，特别是在面对复杂多变的气候条件和山区环境时。不同材料的选择需根据具体的气候特点和工程要求做出综合考虑，以保障桥梁的安全性和持久性。

（二）高海拔地区材料耐候性的特殊要求

高海拔地区的极端环境给桥梁材料的选择和性能带来了独特的挑战。在这样的环境下，材料的耐候性需要更为突出，以应对强烈的紫外线、低温、高辐射等因素。以下是关于高海拔地区材料耐候性特殊要求的四个方面的详细内容：

1. 抗紫外线性能

高海拔地区的紫外线辐射较强，对材料的耐候性提出了更高的要求。常规的桥梁材料，如钢和混凝土，可能在长时间的紫外线照射下发生老化、褪色等现象。因此，在高海拔地区，需要选择具有良好抗紫外线性能的材料，或者采用特殊的表面处理技术，以增强材料的耐候性。

2. 低温抗裂性能

高海拔地区的气温极低，可能达到冰点以下。普通材料在低温环境下容易发生脆化、开裂等问题，影响桥梁的结构稳定性。因此，选择具有良好低温抗裂性能的材料，如高强度钢材或具有弹性的聚合物材料，能够有效提高桥梁在寒冷环境中的使用寿命。

3. 耐雨雪侵蚀性

高海拔地区降雨相对较多，而且可能伴随着雪、冰等形式的降水。这就对桥梁材料的耐雨雪侵蚀性提出了要求。一些金属材料容易发生腐蚀，而混凝土可能在雨雪的冻融作用下产生裂缝。因此，需要选择具有良好防水性和耐侵蚀性的材料，或者采用有效的防护措施。

4. 电绝缘性能

在高海拔地区，电气设备的绝缘性能也是考虑的因素之一。大气中的电离辐射较强，容易导致材料发生电气老化，影响电气设备的可靠性。因此，需要选择具有良好电绝缘性能的材料，以确保桥梁上的电气设备能够正常运行。

高海拔地区的特殊气候条件要求桥梁材料具备更高的耐候性。选择适应这些环境的材料，并采取相应的防护和维护措施，对确保桥梁长期安全稳定运行至关重要。

（三）材料在季节性气候变化下的耐候性考虑

季节性气候变化对桥梁材料的耐候性提出了多方面的挑战，涉及温度变化、降雨、湿度等多个因素。以下是关于材料在季节性气候变化下的耐候性考虑的详细内容：

1.温度变化对材料的影响

季节性气候变化导致温度剧烈波动，对桥梁材料的热胀冷缩性能提出了挑战。例如，在高温季节，金属材料可能受到热膨胀的影响，而在寒冷季节，可能出现收缩和脆化。因此，选择具有良好热膨胀系数匹配性的材料，或者采用防止温差引起损害的设计和材料的处理措施是必要的。

2.降雨对材料腐蚀的影响

季节性降雨可能导致桥梁材料的腐蚀问题，尤其是金属结构。在雨季，湿度较高，水分可能渗入材料内部，加速金属腐蚀的过程。因此，选择具有良好抗腐蚀性的金属材料或者进行有效的防护措施，如防水涂层、镀锌等，是确保桥梁长期使用的重要因素。

3.湿度对材料性能的影响

季节性气候变化还伴随着湿度的波动，这对某些材料的物理性能产生影响。例如，湿度可能导致木材膨胀，而在干燥季节则可能导致收缩。因此，在选择桥梁材料时，需要考虑其在潮湿和干燥条件下的性能表现，并采取相应的设计措施，如预防性维护和合适的密封处理。

4.紫外线辐射的影响

季节性气候变化还伴随着日照时间的变化，暴露在紫外线下的材料可能会发生老化和劣化。特别是在夏季阳光强烈的地区，对暴露在外部的材料，如混凝土表面或聚合物材料，需要选择具有良好抗紫外线性能的材料，以减缓其老化过程。

在季节性气候变化下，桥梁材料的选择需要充分考虑温度变化、降雨、湿度和紫外线等因素的综合影响，以确保材料能够在不同季节的挑战性环境中保持稳定的性能。这需要综合考虑材料的物理、化学和结构性能，以及采取相应的防护和维护策略。

二、材料耐腐蚀性的实际应用

（一）水质对桥梁材料的腐蚀影响

水质的不同特性对桥梁材料的腐蚀有着深远的影响。水中的溶解物质、盐分、酸碱性等因素都可能对桥梁结构材料造成腐蚀，影响其强度和耐久性。以下是水质对桥梁材料腐蚀影响的四个方面的详细内容：

1.溶解物质对金属腐蚀的影响

不同水体中含有不同的溶解物质，如氧气、二氧化碳、硫化物等。这些物质可以加速金属材料的腐蚀过程。例如，在含氧水体中，金属表面易被氧化，形成氧化层，加速金属的腐蚀。因此，在桥梁设计中需要考虑水体的氧含量，选择具有良好耐氧性的金属材料，或者采用防护措施，如涂层、防腐涂料等。

2. 盐分对金属和混凝土的影响

高盐分水域中的盐分是导致金属和混凝土腐蚀的主要原因之一。盐分可以破坏金属表面的保护层，增加腐蚀风险。对于混凝土结构，盐分的渗透会导致混凝土内部的膨胀和龟裂，影响结构的稳定性。在这种情况下，需要选择具有良好抗盐性能的材料，或者在设计中采用防护措施，如抗盐腐蚀涂层、防护层等。

3. 水体酸碱性对混凝土的侵蚀

酸性水体中的酸雨或酸性土壤可能对混凝土结构造成侵蚀，降低混凝土的强度和耐久性。选择能够抵抗酸碱侵蚀的混凝土材料是至关重要的。此外，采用防护措施，如表面涂层、耐酸碱混凝土等，有助于提高混凝土的抗酸碱性能。

4. 生物污染对材料的影响

水体中可能存在的生物，如藻类、细菌等，也会对桥梁材料产生影响。生物的代谢产物可能导致金属腐蚀，而生物的附着和生长也可能加速混凝土表面的磨损和侵蚀。在设计阶段，需要考虑水体的生物环境，选择对生物污染具有较好抗性的材料，或者采取生物防护措施。

在桥梁设计中，充分考虑水质对材料的腐蚀影响，选择适应水体环境的耐蚀材料，并采取合适的防护措施，是确保桥梁结构长期稳定运行的重要条件。

（二）高气温与桥梁材料腐蚀的关系

高气温环境下，桥梁材料面临着多方面的挑战，包括热膨胀、气象条件对腐蚀的影响等。以下是关于高气温与桥梁材料腐蚀关系的四个方面的详细内容：

1. 热膨胀与金属材料的影响

在高温环境下，金属材料容易发生热膨胀，可能导致桥梁结构的变形和应力增加。长时间的高温暴露可能引起金属表面的氧化，形成氧化层，进而降低金属的强度和耐久性。因此，在高气温地区，需要选择具有较低热膨胀系数和良好耐热性的金属材料，或采用适合的隔热措施。

2. 气象条件对腐蚀的促进

高气温环境下的气象条件，如高温潮湿气候、酸雨等，可能加速金属材料的腐蚀速度。特别是在潮湿的环境中，空气中的氧气和湿度可能使金属更容易氧化，形成锈蚀。因此，在高气温地区，需要选择具有较好抗氧化和耐蚀性的金属材料，并定期进行维护，清除表面的锈蚀。

3. 混凝土表面龟裂与腐蚀

在高温环境中，混凝土表面容易发生龟裂，为腐蚀介质提供了侵入的通道。高气温下的紫外线照射和干旱条件也可能导致混凝土表面的老化和疲劳。因此，需要在混凝土设计中考虑高气温环境的影响，采用具有较好抗龟裂性和耐老化性能的混凝土材料。

4. 高温环境下的热浪对材料的影响

在高气温地区，可能发生高温热浪现象，这对桥梁材料造成了额外的挑战。金属材料在高温下可能失去原有的强度，混凝土可能因高温而失去部分的抗压性能。在设计中需要考虑高温环境下的实际工作温度，采用合适的材料和隔热措施，确保桥梁在高温环境下的安全使用。

综合考虑桥梁所处地区的气象条件和气温特点，选择具有良好耐高温和抗腐蚀性能的材料，并采取防护和维护措施，是确保桥梁长期稳定运行的重要因素。

（三）耐腐蚀涂层在山区桥梁中的效果评估

耐腐蚀涂层是保护桥梁结构免受腐蚀侵害的关键措施之一。在山区环境中，复杂的地形和气候条件可能加剧桥梁受到腐蚀的风险，因此耐腐蚀涂层的效果评估显得尤为重要。以下是有关山区桥梁中耐腐蚀涂层效果评估的四个方面的详细内容：

1. 涂层耐久性和抗腐蚀性评估

耐腐蚀涂层的主要功能是提供对金属表面的有效保护，防止腐蚀的发生。山区气候多变，可能存在高温、湿度、雨雪等多种不利因素。因此，涂层的耐久性和抗腐蚀性是评估其效果的关键指标。通过实地观察、实验室测试及历史数据分析，可以评估涂层在不同环境条件下的性能，确保其具有长期的抗腐蚀效果。

2. 涂层附着力和均匀性评估

涂层的附着力和均匀性直接影响其在桥梁表面的有效性。在山区地形复杂的情况下，桥梁结构可能存在垂直、倾斜等各种表面形态，因此需要确保涂层能够均匀覆盖整个表面并保持良好的附着力。通过涂层剥离实验、附着力测试等手段，评估涂层在不同表面条件下的性能。

3. 涂层对不同腐蚀介质的适应性评估

山区桥梁可能受到不同腐蚀介质的影响，如大气中的氧气、水分、盐分等。耐腐蚀涂层需要具有适应不同腐蚀介质的能力。通过暴露试验、模拟实验等方式，评估涂层对不同腐蚀介质的适应性，确保其在多样化的山区环境中能够有效发挥防护作用。

4. 维护成本与效果评估

考虑到山区环境的特殊性，涂层的维护成本也是评估的重要因素。涂层的长期效果应该与维护成本相平衡，以确保在桥梁寿命周期内维护成本的经济性。通过对维护记录的分析和维护实践的总结，评估涂层在不同维护条件下的实际效果。

　　在山区桥梁设计和维护中，耐腐蚀涂层的效果评估是确保桥梁结构长期安全运行的重要步骤。通过综合考虑涂层的耐久性、附着力、适应性及维护成本，可以有效选择和应用适合的涂层技术，提高桥梁的抗腐蚀能力。

第三章 山区公路桥梁基础设计

第一节 山区公路桥梁基础类型与选择

一、不同地质条件下的桥梁基础类型

（一）岩石地质条件下的基础选择

岩石地质条件对桥梁基础的选择具有重要影响，因为合适的基础设计能够确保桥梁在岩石地质环境中具有稳定的承载能力和结构安全性。以下是岩石地质条件下桥梁基础选择的四个方面的详细内容：

1.岩石性质与基础类型选择

不同类型的岩石具有不同的力学性质，如硬度、密度、裂缝等。在选择桥梁基础类型时，需要充分了解岩石的性质，以确定适合的基础类型，如承台基础、桩基础或岩石锚固基础等。硬质岩石可能适合采用直接基础，而在软弱或有裂缝的岩石地质条件下，可能需要考虑深基础的应用。

2.岩石层理与基础布置

岩石通常具有层理和节理，这些构造性的特点会影响桥梁基础的布置。了解岩石层理的方向和倾角，有助于确定基础的位置和方向。合理的基础布置可以最大限度地利用岩石的承载能力，减少基础的变形和沉降风险。

3.地下水位对基础的影响

地下水位是桥梁基础设计中需要重点考虑的因素之一。在岩石地质条件下，地下水位的高低会影响基础的稳定性。高水位可能导致基础部分浸泡在水中，引起腐蚀和侵蚀，因此需要采取相应的防护措施。低水位时，需要考虑岩石的渗透性，以避免水分在岩石中的过度渗透。

4. 岩石裂缝对基础设计的考虑

岩石中的裂缝对基础的影响需要特别关注。裂缝会降低岩石的整体强度，同时也提供了水分渗透的通道。在设计基础时，需要通过勘探和测试来确定岩石中的裂缝分布情况，并采取相应的设计措施，如增加基础的面积、选择合适的基础类型等，以保证基础的稳定性。

在岩石地质条件下，合理选择桥梁基础类型，并考虑地下水位、岩石层理、裂缝等因素，是确保桥梁结构在长期使用中具有稳定性和安全性的关键步骤。综合考虑地质特征，采用科学合理的基础设计，有助于降低桥梁施工和运营阶段的风险。

（二）土质地质条件下的基础选择

土质地质条件对桥梁基础的选择至关重要，因为土质的特性直接影响基础的稳定性和承载能力。以下是土质地质条件下桥梁基础选择的四个方面的详细内容：

1. 土质性质与基础类型选择

不同种类的土质，如黏土、砂土、粉土等，具有不同的力学性质。在选择桥梁基础类型时，需要考虑土质的强度、压缩性、剪切性等因素。例如，在黏土地区，需要考虑采用的深基础类型，如桩基础，以提高基础的稳定性。而在砂土地区，直接基础可能更为适用。因此，对土质性质的详细调查和分析是基础设计的关键步骤。

2. 地下水位对基础的影响

地下水位是土质地质条件下基础设计中的关键因素之一。高水位可能导致土质软化和基础的浸泡，增加沉降风险。低水位则可能导致土质干燥裂缝，影响基础的稳定性。因此，需要详细了解地下水位的季节性变化和长期趋势，以调整基础设计，确保基础在各种水位条件下的安全性。

3. 土层分层与基础布置

土质地质条件下，土层分层的复杂性对基础的布置产生影响。了解土层的分布和性质，有助于确定合适的基础位置和形式。在土质不均匀的情况下，需要采用深基础，以减小上部结构对土层的不均匀荷载。此外，也需要充分考虑土层的巩固性和可压缩性。

4. 土质特性对基础设计的影响

不同土质特性对基础的设计有着不同影响。黏土可能存在强烈的固结沉降，需要考虑加固措施。砂土可能导致基础沉降较大，需要采取合适的基础形式和加固手段。对于特殊土质条件，如膨胀土、塌陷土等，需要采用相应的技术来防治。因此，在土质地质条件下，基础设计需要充分考虑土质的特性，采用适合的工程措施以确保基础的稳定性。

综合考虑土质性质、地下水位、土层分层及土质特性，是土质地质条件下桥梁基础设计的重要方面。通过对地质条件的深入研究和合理设计，可以降低基础的风险，确保桥梁结构在土质地质条件下的可靠性和安全性。

（三）水下基础类型与适用性考虑

水下基础的选择在桥梁设计中是至关重要的，因为水下环境对基础的稳定性和承载能力提出了额外的挑战。以下是关于水下基础类型与适用性考虑的四个方面的详细内容：

1. 桩基础类型选择

・沉桩

沉桩是将桩直接打入水底土壤中，通过沉击或振动等方式完成。这种基础类型适用于水底土壤较为坚实的情况，能够提供良好的承载力和稳定性。

・钻孔灌注桩（Bored Pile）

钻孔灌注桩通过在水底土壤中钻孔并注入混凝土形成，适用于水下土壤较软或需要增加承载力的情况。这种基础类型提供了较大的承载能力和较高的抗侧力。

2. 水下基础的抗水流能力

・抗水流型基础

在水流湍急的环境中，需要考虑水流对基础的冲刷和侵蚀作用。抗水流型基础设计通常考虑基础形状的流线型，减少水流对基础的冲击，以提高基础的稳定性。

3. 水下基础的防腐措施

・防腐涂层

由于水下环境容易引起金属材料的腐蚀，采用防腐涂层是一种常见的防护措施。适当的防腐涂层能够有效延缓基础结构的腐蚀速度，提高其使用寿命。

・防蚀材料选择

在水下基础设计中，选择能够耐受水下腐蚀环境的耐蚀材料也是重要的考虑因素。例如，使用不锈钢或耐蚀性高的合金材料能够提高水下基础的耐候性。

4. 水下基础的施工技术

・潜水施工

对水下基础的施工，可能需要采用潜水施工技术。潜水施工工程师需要具备专业的技能和设备，以确保在水下环境中安全高效地完成基础的施工工作。

在水下基础的选择和设计中，需要综合考虑水底土壤的性质、水流条件、防腐要求及施工技术等多个因素。通过科学合理的水下基础设计，确保桥梁在水下环境中具有稳定性和可靠性，满足长期使用的要求。

（四）地质灾害区域的基础选择原则

在地质灾害频发的区域，桥梁基础的选择显得尤为关键，因为地质灾害可能对基础造成巨大影响。以下是地质灾害区域桥梁基础选择的四个方面的详细内容：

1. 地质灾害类型与基础适应性

地质灾害包括但不限于滑坡、泥石流、地裂缝等。在选择桥梁基础时，需要详细了解当地地质灾害的类型及其频发程度。对于可能发生的地质灾害，需要选择具有较好适应性的基础类型。例如，在滑坡易发区域，可以考虑采用桥梁梁台基础，以降低基础的承载面积，减少对土体的压力，从而减缓滑坡的发生。

2. 基础的抗震设计

地震是地质灾害中较为常见的一种，因此在地质灾害区域的桥梁基础设计中，抗震性能至关重要。选择具有良好抗震性能的基础类型，如桥墩基础、深基础等，以确保桥梁在地震发生时具有较好的稳定性。此外，还应考虑基础与上部结构的连接方式，以确保在地震发生时能够有效传递荷载。

3. 地下水位与基础防水设计

在地质灾害区域，地下水位的变化可能影响基础的稳定性。高地下水位可能导致土体液化、滑坡等问题，因此需要选择适应性强的基础类型。同时，对于地质灾害易发区域，基础的防水设计也显得尤为重要，以减少地下水对基础的不利影响。

4. 基础与周边环境的综合考虑

地质灾害区域的桥梁基础选择不仅需要考虑地质灾害本身，还需综合考虑周边环境，如交通状况、土地利用、防灾设施等。通过充分调研周边环境，可以更好地选择适应性较强、对周边环境影响较小的基础类型。

在地质灾害频发的区域，桥梁基础的选择需要基于全面的地质勘探、工程地质调查和抗灾性能要求。通过科学合理的基础选择，有效降低地质灾害对桥梁结构的危害，提高桥梁在灾害发生时的抗灾能力。

二、基础类型对山区公路桥梁性能的影响

（一）承载能力与基础类型的关系

在桥梁工程中，基础的选择直接影响到桥梁的承载能力。不同的基础类型对承载能力有着不同的影响，因此需要综合考虑地质条件、结构形式等因素来选择适当的基础类型。以下是承载能力与基础类型关系的四个方面的详细内容：

1.地基土性质与承载能力的关系

地基土的性质直接影响基础的承载能力。不同类型的地基土，如砂土、黏土、粉土等，其承载能力差异较大。对于强而坚硬的地基土，如砂石层，常采用直接基础形式，如桩基础或梁基础。而对于较软弱的地基土，可能需要采用扩底基础或深基础来提高承载能力。

2.基础形式与桥梁结构的关系

桥梁结构的形式对基础的选择有着直接影响。在考虑承载能力时，需要综合考虑上部结构的荷载传递方式、形式及分布情况。对于大跨度桥梁，常采用深基础形式，如钻孔灌注桩或摩擦桩，以提高承载能力。而在小跨度桥梁中，直接基础形式，如承台基础或浅基础，则更为经济有效。

3.地下水位与承载能力的关系

地下水位的高低对基础的承载能力有直接影响。高水位可能导致土体的液化，降低基础的稳定性。在高水位区域，需要选择适应性强的基础类型，如灌注桩、沉井基础等。此外，对于较低的地下水位，采用直接基础形式可能更为适合。

4.地质条件与基础选择的关系

地质条件是影响基础选择的主要因素之一。在地质较差、容易发生沉陷或滑动的区域，需要选择承载能力较高的基础形式。例如，在软弱地质条件下，可以考虑采用桩基础，通过深入坚实的地层来提高承载能力；在坚硬地质条件下，直接基础形式可能更为适用。

综合考虑地基土性质、基础形式与桥梁结构关系、地下水位及地质条件等因素，能够更准确地选择适应性较强、承载能力较高的基础类型，确保桥梁结构在使用阶段具有稳定的承载能力。

（二）地震作用下不同基础类型的响应

地震是一种具有破坏性的自然灾害，对桥梁结构的影响至关重要。不同类型的基础在地震作用下会有不同的响应，因此在桥梁设计中考虑地震因素时，基础类型的选择显得尤为重要。以下是地震作用下不同基础类型的响应的四个方面的详细内容：

1.桥梁梁台基础的地震响应

• 刚性梁台基础

刚性梁台基础在地震作用下可能出现较大的变形，因为其刚性限制了基础的位移。这种基础在地震中可能承受较大的惯性荷载，导致上部结构的振动较为明显。因此，需要通过加设减震装置或采用柔性的连接方式来降低基础的刚性，减小地震引起的损伤。

· 柔性梁台基础

柔性梁台基础相对于刚性梁台基础在地震中表现得更为灵活，能够更好地吸收和减缓地震引起的力和变形。采用柔性的基础设计，如橡胶支座或基础隔震系统，能够有效减小地震对桥梁结构的影响，提高结构的抗震性能。

2. 桥墩基础的地震响应

· 桩基础

地震作用下，桩基础的承载能力和变形特性受到地层条件的影响较大。在地震中，桩基础的承载能力可能会有所降低，但桩基础由于深入坚实地层，能够提供相对较好的抗震性能。对于特大地震，需要考虑增设地震防护设施，如加固桩身或采用柔性桩等方式。

· 悬臂墩基础

悬臂墩在地震中可能出现较大的摆动，而且由于其结构形式，可能会承受较大的地震剪切力。在设计中，需要采用合适的减震措施，如设置支座或增设剪力墙，以提高悬臂墩基础的抗震性能。

3. 深基础的地震响应

· 灌注桩

灌注桩在地震中由于深入地层，受到的地震影响相对较小，但由于刚性较大，可能会引起一定的沉降。因此，在设计中需要通过合适的桩端处理或加设减震装置，以提高灌注桩的抗震性能。

· 摩擦桩

摩擦桩的地震响应较为复杂，主要取决于土层的性质。摩擦桩在地震中可能产生较大的摆动，但由于其灵活性较好，能够通过土层的相互作用减缓地震引起的力和变形。设计中需要充分考虑土层的承载特性，确保摩擦桩的抗震性能。

4. 浅基础的地震响应

· 承台基础

承台基础在地震中可能发生一定程度的倾覆和滑动。采用增设支撑或设置局部加固结构等方式，可以提高承台基础的抗震性能。

· 浅基础

浅基础在地震中可能发生较大的变形，对土体的影响较为显著。通过设置加固结构、合理控制基础刚性等方式，能够提高浅基础在地震中的稳定性。

在地震设计中，需要综合考虑基础类型、地质条件、结构形式等因素，通过采用适当的设计措施，提高桥梁在地震作用下的整体抗震性能，确保结构的稳定和安全。

（三）不同基础类型的维护难度比较

桥梁基础的维护是确保桥梁长期安全运行的重要环节。不同基础类型在维护方面存在差异，需要根据实际情况采取相应的维护措施。以下是对不同基础类型的维护难度进行比较的四个方面的详细内容：

1. 桥梁梁台基础的维护难度比较

• 刚性梁台基础

刚性梁台基础一般具有较高的稳定性，维护难度相对较低。常见的维护工作包括定期检查基础结构的裂缝、腐蚀情况，以及清理梁台上的积水和碎石。通过定期巡检和简单的维护，可以保障刚性梁台基础的正常运行。

• 柔性梁台基础

柔性梁台基础通常采用减震装置，其维护难度相对较高。减震装置需要定期检查，确保其性能正常。此外，柔性梁台基础在地震后可能需要更详细地检查和测试，以确保减震装置的功能完好。因此，柔性梁台基础的维护涉及专业技术和设备的使用。

2. 桥墩基础的维护难度比较

• 桩基础

桩基础维护相对较简单，主要包括对桩体表面的防腐涂层进行修复、检查桩顶与上部结构的连接等。由于桩基础埋于地下，受到的外部环境影响相对较小，因此维护难度较低。

• 悬臂墩基础

悬臂墩基础的维护相对较为复杂，因为悬臂墩常处于桥梁的上部结构中，受到风雨侵蚀和交通载荷的影响。维护工作包括对悬臂墩表面的保养、检查墩顶结构的耐久性、排查悬臂连接部位的裂缝等，维护工作相对烦琐。

3. 深基础的维护难度比较

• 灌注桩

灌注桩的维护主要包括检查桩体表面的腐蚀情况、定期测试桩身的质量等。由于灌注桩深入地下，受到的外部环境影响相对较小，维护难度相对较低。

• 摩擦桩

摩擦桩的维护相对较为复杂，因为摩擦桩在与土层的相互作用中，可能受到土体变形、沉降等影响。维护包括对摩擦桩的侧摩阻力进行检测、定期检查土层的稳定性、排查摩擦桩连接处的裂缝等，需要专业技术的支持。

4. 浅基础的维护难度比较

· 承台基础

承台基础的维护工作相对较简单，包括检查承台表面的裂缝、清理积水等。定期巡检和简单的维护工作可以确保承台基础的正常运行。

· 浅基础

浅基础的维护相对较为简便，主要包括检查基础表面的裂缝、腐蚀情况，以及清理基础周围的积水等。由于浅基础通常位于地表以下较浅的深度，维护难度相对较低。

在进行桥梁基础维护时，需要根据基础类型的不同采取相应的维护措施，确保桥梁基础的长期稳定运行。通过科学合理的维护措施，可以延长基础的使用寿命，提高桥梁的整体安全性。

（四）基础类型对桥梁施工的影响

桥梁的基础类型在施工过程中起着至关重要的作用，不同类型的基础会影响施工的难度、耗时和成本。以下是基础类型对桥梁施工影响的四个方面的详细内容：

1. 桥梁梁台基础的施工影响

· 刚性梁台基础

刚性梁台基础施工相对简单，主要涉及梁台底座的浇筑和梁台上部结构的安装。由于刚性梁台基础具有较高的稳定性，施工过程中不需要过多的支撑和辅助设施，有利于提高施工效率。

· 柔性梁台基础

柔性梁台基础施工相对较为复杂。由于柔性梁台通常采用减震装置，需要在施工中精确设置减震设备。施工过程中需要考虑减震系统的安装和调试，需要更多的专业技术支持和设备。因此，柔性梁台基础的施工周期可能较长。

2. 桥墩基础的施工影响

· 桩基础

桩基础的施工主要涉及桩的打桩过程。对于钻孔灌注桩，需要进行孔洞的钻掘和灌注混凝土，而对于摩擦桩，需要通过钻进土层产生摩擦力支撑结构。桩基础的施工周期相对较长，需要较多的工程设备和人力投入。

· 悬臂墩基础

悬臂墩基础的施工相对较为复杂，需要在桥梁上部结构已经搭设的情况下进行。施工过程中需要考虑悬臂墩的稳定性和安全性，可能需要采用临时支撑结构。悬臂墩的施工周期相对较长，需要更高水平的施工技术和管理水平。

3. 深基础的施工影响

• 灌注桩

灌注桩的施工相对烦琐，需要进行孔洞的挖掘、灌注混凝土和桩身的养护。施工周期相对较长，且对施工技术和设备有一定要求。由于灌注桩深入地层，施工过程中可能会遇到地质条件的变化，需要及时调整施工方案。

• 摩擦桩

摩擦桩的施工过程相对较为简便，主要涉及桩的钻进和土层的相互作用。摩擦桩的施工周期相对较短，但需要在施工前充分了解土层的性质，以确保桩与土层的摩擦力能够提供足够的支撑力。

4. 浅基础的施工影响

• 承台基础

承台基础的施工相对简单，主要包括基础底座的设置和上部结构的安装。施工过程中需要考虑基础的平整度和水平度，以确保上部结构的稳定。承台基础的施工周期相对较短，适用于一些工期紧迫的项目。

• 浅基础

浅基础的施工也相对简便，主要包括基础的挖掘、混凝土浇筑和养护。由于浅基础位于地表以下较浅的深度，施工过程相对较为便捷，适用于地质条件较为简单的区域。

在桥梁施工中，选择合适的基础类型需要综合考虑地质条件、桥梁结构形式和工程要求等因素。通过科学合理的基础选择，可以提高施工效率，降低施工成本，确保桥梁的安全和稳定。

第二节 地基处理与加固技术

一、地基处理的基本原理

（一）地基处理的目的与效果

地基处理是指通过一系列的工程手段对地基土体进行改良，以提高土体的力学性质、稳定性和承载能力。地基处理的目的是确保基础土体满足工程要求，降低地基沉降，提高地基的承载能力和稳定性。以下是地基处理的目的与效果的详细内容：

1. 提高地基土体的承载能力

· 目的

地基土体的承载能力是指土体能够承受的最大荷载，是基础设计的关键参数。提高地基土体的承载能力是地基处理的首要目的，以确保基础能够安全承受建筑物、桥梁等结构的荷载。

· 效果

地基处理通过改良土体的物理性质、增加土体的抗压强度和变形模量，提高了土体的承载能力。常见的地基处理方法包括灌浆、搅拌桩、土体振实等，这些手段能够在不改变土体结构的前提下提高土体的承载能力。

2. 减小地基沉降和差异沉降

· 目的

地基沉降是指土体由于荷载作用而发生的垂直位移。差异沉降是指不同部位土体沉降的差异。减小地基沉降和差异沉降是为了确保建筑物、桥梁等结构的平稳运行，防止结构因沉降不均匀而引起的损坏。

· 效果

地基处理能够改善土体的一致性和稳定性，减小土体的压缩变形。通过在地基土体中引入固化材料、加固网格等，可以有效减小地基沉降和降低差异沉降的发生概率。

3. 改善地基土体的工程性质

· 目的

地基土体的工程性质包括土体的抗剪强度、变形模量、渗透性等。改善这些性质是为了提高土体在荷载作用下的稳定性和耐久性。

· 效果

地基处理可以通过加入适当的改良材料，提高土体的抗剪强度，减小土体的变形，改善土体的渗透性。这些效果有助于土体在荷载作用下保持相对稳定的结构，减缓地基沉降的速率。

4. 预防地基沉降引起的结构损坏

· 目的

地基沉降可能导致建筑物、桥梁等结构的不均匀沉降，从而引起结构的倾斜、裂缝等损坏。预防这些损坏是地基处理的重要目标之一。

· 效果

通过采用适当的地基处理手段，可以有效减小地基沉降的幅度，避免沉降引起的结构损坏。合理的地基处理方案能够保证结构的稳定性和耐久性，延长结构的使用寿命。

综合考虑地基处理的目的与效果，可以选择适当的处理方法，确保地基满足工程要求，保障结构的安全性和稳定性。

（二）不同地基处理方法的适用性

地基处理是通过一系列工程手段对地基土体进行改良，以提高其工程性质和稳定性。不同的地基处理方法适用于不同的地质条件和工程需求。以下是四种常见地基处理方法及其适用性的详细内容：

1. 灌注桩和搅拌桩

• 适用性

灌注桩和搅拌桩是一种将混凝土或其他固化材料注入地基土体中的方法。这种方法适用于软弱土层和具有较差承载能力的地基。灌注桩能够提高土体的抗压强度和承载能力，减小地基沉降。

• 优势

适用范围广泛，可用于改良不同类型的土壤；对提高地基的整体承载能力和减小差异沉降效果显著。

• 不足

对一些坚硬的土层，施工难度较大，成本相对较高。

2. 地基加固网格

• 适用性

地基加固网格是在地基土体中铺设加固网格，通过网格的拉伸和土体的相互作用来提高地基的稳定性。适用于软弱土壤和需要减小沉降的地基。

• 优势

对某些需要加强土体抗拉强度的情况，地基加固网格是一种有效的方法，可降低地基沉降，提高土体的整体稳定性。

• 不足

在一些地质条件下，土体的抗拉能力有限，需要谨慎选择使用。

3. 土体振实和加固

• 适用性

土体振实和加固是通过振动机械设备对土体进行振实处理，提高土体的密实度和承载能力。适用于松散土壤和需要提高土体承载力的情况。

• 优势

能够加快施工速度，提高土体的抗压强度，改善土体的工程性质。

• 不足

对一些地质条件如含有大颗粒物料的土壤不适用。

4.土体搅拌桩

• 适用性

土体搅拌桩是通过旋挖机械将混凝土和改良剂混合注入地基土体中，形成搅拌桩。适用于软弱土层和需要提高土体强度的情况。

• 优势

适用于一些含水量较高的土层，能够提高土体的抗剪强度和承载能力。

• 不足

对一些坚硬的土层，施工难度较大。

通过合理选择不同的地基处理方法，可以满足不同地质条件和工程需求下的改良要求。综合考虑土体的类型、含水量、地质条件等因素，选择适宜的地基处理方法，可以确保工程的安全和稳定。

（三）地基处理对桥梁基础性能的改善

地基处理作为一种常见的基础工程手段，对桥梁基础性能的改善具有重要作用。通过采用不同的地基处理方法，可以有效地提高桥梁基础的承载能力、稳定性和耐久性。以下是地基处理对桥梁基础性能改善的四个方面：

1.提高承载能力

地基处理通过改良土体的物理性质，增加土体的抗压强度和变形模量，从而显著提高桥梁基础的承载能力。对于软弱土层或承载力较低的地基，地基处理可以使其适应桥梁的荷载要求，确保桥梁基础能够安全承载交通荷载、桥梁自身重量等荷载作用。

2.减小沉降和差异沉降

地基处理可以有效减小地基沉降速率，避免沉降引起的结构变形和损害。对于不同地区地基的差异性，地基处理也能够降低差异沉降，保持桥梁结构的水平和垂直平稳。这对桥梁结构的稳定性和使用寿命具有重要意义。

3.改善土体的工程性质

地基处理有助于改善土体的工程性质，包括抗剪强度、变形模量、渗透性等。这些改进可以提高土体在荷载作用下的稳定性，减小土体的沉降变形，并增强土体的抗冲刷性。这对桥梁基础的长期稳定性和耐久性具有积极影响。

4.增强抗震性能

地基处理对提高桥梁基础的抗震性能也起到积极作用。通过改良土体的性质，提高土体的抗震能力，可以有效降低地震作用对桥梁基础的影响。这对地震多发区域的桥梁结构来说尤为重要，能够有效保护桥梁结构的安全性。

总体而言，地基处理对桥梁基础性能的改善是一项综合性的工程措施，能够在提高承载能力的同时，考虑到沉降、工程性质和抗震性能等方面，为桥梁结构提供全面的保障。在桥梁设计和建设中，科学合理地选择地基处理方法，能够确保桥梁基础在各种外力作用下保持良好的性能。

二、地基加固技术的应用

（一）地基加固的工程实践

地基加固是一种常见的土木工程手段，旨在通过改善土体的工程性质和稳定性，提高基础的承载能力和抗变形能力。以下是地基加固在工程实践中的四个方面：

1. 灌注桩和搅拌桩的应用

• 在实际工程中，灌注桩和搅拌桩是常见的地基加固方法之一。通过在地基中灌注混凝土，形成灌注桩，或者通过搅拌机械将混凝土和改良剂混合注入土体中，形成搅拌桩。这两种方法主要应用于软弱土层和需要提高土体抗压强度的土层。例如，在某高速公路桥梁工程中，由于地基土质较松散，采用了搅拌桩的方式进行加固。通过搅拌机械对土体进行振实，同时注入混凝土和固化剂，形成了一系列坚固的搅拌桩，从而有效提高了土体的抗压强度，保障了桥梁基础的承载能力。

2. 地基加固网格的铺设

• 地基加固网格是通过在地基土体中铺设加固网格，通过网格的拉伸和土体的相互作用来提高土体的稳定性。这种方法适用于软弱土壤和需要减小沉降的地基。例如，在某市区桥梁工程中，因为地基土体较为松散，采用了地基加固网格的方式进行处理。在地基表层铺设了一层加固网格，通过网格的加固效果，有效提高了土体的整体稳定性，减小了地基的沉降速率。

3. 土体振实和加固的工程应用

• 土体振实和加固是通过振动机械设备对土体进行振实处理，提高土体的密实度和承载能力。这种方法适用于松散土壤和需要提高土体承载力的情况。例如，在某桥梁工程中，由于地基土体的松散性，采用了振实和加固的方法。通过振动机械设备对土体进行振实处理，提高了土体的密实度，增加了土体的抗压强度，改善了地基的承载性能。

4. 土体搅拌桩的工程实践

土体搅拌桩是一种通过旋挖机械将混凝土和改良剂混合注入地基土体中形成的搅拌桩。这种方法适用于软弱土层和需要提高土体强度的情况。例如，在某城市轨道交通桥梁建设中，地基土层较为松软，采用了土体搅拌桩的方式进行加固。通过旋挖机械在地基中形成一系列搅拌桩，将混凝土和固化剂注入土体，显著提高了土体的抗剪强度和整体稳定性。

通过以上实际案例，我们可以看到，不同的地基加固方法在工程实践中的应用，以提高土体的稳定性和改善基础的性能。这些地基加固措施在桥梁工程中发挥着重要作用，确保了桥梁结构的安全性和可靠性。

（二）增加桩基础与地基加固的对比

在桥梁工程中，选择合适的基础形式对确保结构的稳定性和安全性至关重要。增加桩基础和地基加固是两种常见的基础处理方式，它们在不同的地质条件和工程需求下有着各自的优势和适用场景。以下是对这两种基础处理方式的对比分析：

1. 适用地质条件

• 增加桩基础

适用于地基土质较为坚硬，具有较好承载能力的情况。增加桩能够直接穿透较硬的土层，通过桩与土层的摩擦和端阻力来传递荷载，确保桥梁的稳定性。

• 地基加固

适用于地基土质较为松软或不均匀，需要改善土体工程性质的情况。地基加固通过改良土体的物理性质，提高土体的抗压强度和稳定性，适用于各种土层条件。

2. 施工难度和成本

• 增加桩基础

施工难度相对较大，需要使用挖孔机械或钻孔机械进行桩孔的钻掘，然后灌注混凝土形成桩身。成本较高，特别是在硬土层或岩石层中施工更为困难，成本进一步上升。

• 地基加固

施工相对灵活，可以根据不同情况选择不同的加固方法，如灌浆、振实等。相较于增加桩，地基加固的施工成本通常较为经济，特别是在大面积需要加固的情况下。

3. 适用范围和灵活性

• 增加桩基础

适用于需要在较深层次获得承载能力的场合，如在较深的岩石层下。然而，增加桩的深度和直径受到限制，可能无法满足一些特殊要求。

• 地基加固

适用于广泛的地质条件，可以根据具体情况选择合适的加固方法。对于大面积土体需要加固的情况，地基加固更具有灵活性。

4. 环境影响和可持续性

• 增加桩基础

在硬土或岩石层的施工可能对周边环境造成较大影响，如噪声和振动。此外，使用大量混凝土可能对环境可持续性产生一定影响。

• 地基加固

通常使用较少的材料，对周边环境的影响相对较小。一些地基加固方法如土体振实对环境干扰较小，更符合可持续性的要求。

对选择增加桩基础海慧寺地基加固，需要综合考虑地质条件、工程需求、成本和环境等多个因素。在实际工程中，常常采用两者结合的方式，根据具体情况选择最合适的基础处理方案，以确保桥梁结构的稳定性和可靠性。

（三）地基加固在地震区的应用考虑

地震是地质灾害中破坏性最大的一种，对桥梁结构的地基稳定性和整体安全性提出了更高的要求。地基加固在地震区的应用考虑了地震作用对土体和基础结构的影响，以提高桥梁结构的抗震能力。以下是在地震区应用地基加固时需要考虑的四个方面：

1. 改善土体的抗震性能

地震区域通常存在较软弱的土质，这使土体在地震作用下容易发生液化、沉降等现象。地基加固通过改善土体的抗震性能，提高其抗震承载力和抗震变形能力。采用土体振实、灌注桩、搅拌桩等方式可以有效改善土体的动力特性，增加其在地震中的稳定性。

2. 提高基础的承载能力和变形能力

地震作用会使桥梁承受动态荷载，增大基础的承载和变形需求。通过地基加固，特别是采用桩基础或增加桩的方式，可以增加桥梁基础的承载能力，降低基础的变形。这有助于确保桥梁在地震时能够保持相对稳定的结构，减小震害程度。

3. 考虑土体液化的防范措施

地震引起的液化是地震区域桥梁结构常见的问题，特别是在含水土层中。地基加固需要采取措施来防范土体液化，如在地基中注入固化剂、加固土体的抗液化能力等，可以有效降低液化风险，提高桥梁在地震时的稳定性。

4. 综合考虑地震位移和基础刚度的平衡

地震引起的地基位移是一个重要考虑因素，过大的地基位移可能导致桥梁结构破坏。地基加固需要在提高抗震能力的同时，平衡地震作用下的地基位移和基础结构的刚度。通过合理设计地基加固方案，使桥梁在地震中能够有一定的位移能力，避免过大的刚性响应。

在地震区的桥梁设计中，地基加固是一项必不可少的工程措施，能够有效提高桥梁结构的抗震性能，降低地震风险。通过科学合理的地基加固方案，可以在地震中保障桥梁的结构安全，确保其在震后具备较好的恢复性和可维修性。

（四）新型材料在地基加固中的可行性研究

随着科技的发展，新型材料在土木工程领域的应用逐渐成为研究的热点。在地基加固中，新型材料的引入能为工程提供更为可行和有效的解决方案。以下是对新型材料在地基加固中可行性研究的四个方面：

1. 纳米材料的应用

• 可行性研究

纳米材料，如纳米粒子、碳纳米管等，具有出色的强度和稳定性。在地基加固中，通过将纳米材料掺入土体中，可以改善土体的力学性质，提高其抗震性能。纳米材料的小尺寸和高表面能使其更好地渗透和分散于土体中，进而增强土体的力学性能。

• 实际应用

在某高地震风险区桥梁工程中，通过将纳米粒子掺入软弱土壤中，成功提高了土体的抗剪强度和抗震性能。这种新型材料在地基加固中的应用显示出了良好的可行性。

2. 聚合物增强材料的利用

• 可行性研究

聚合物增强材料，如玻璃纤维增强聚合物（GFRP）和碳纤维增强聚合物（CFRP），具有轻质、高强度、耐腐蚀等优势。将聚合物增强材料用于土体加固，可以有效提高土体的抗拉强度，增加整体稳定性。

• 实际应用

在某软弱土地基的桥梁工程中，采用GFRP加固土体，成功提高了土体的承载能力。聚合物增强材料的轻质特性有助于减轻地基附近的荷载，减小地基沉降速率，展现出较好的可行性。

3. 形状记忆合金的引入

• 可行性研究

形状记忆合金具有形状记忆效应和超弹性等特点。将形状记忆合金用于地基加固，可以使基础结构在受到外部荷载后迅速恢复原状，提高桥梁结构的抗震性能。

• 实际应用

在某高地震风险区的桥梁基础中引入形状记忆合金，通过其特有的形状恢复能力，提高了地基的抗震稳定性。实际应用表明，形状记忆合金在地基加固中是一种颇具潜力的新型材料。

4. 智能材料的使用

• 可行性研究

智能材料，如自修复材料、感应材料等，具有自动感知和调整结构的能力。在地基加固中引入智能材料，可以实现对地基状态的实时监测和调整，提高桥梁结构的稳定性。

• 实际应用

在某复杂地质条件的桥梁工程中，通过使用自修复材料对地基进行加固，成功减小了地基沉降速率，提高了桥梁的整体稳定性。智能材料在地基加固中的可行性主要体现在其自适应性和实时性监测方面。

在考虑新型材料在地基加固中的可行性时，需要综合考虑材料的成本、可获取性、环境影响以及对土体力学性质的实际影响。此外，还需要根据具体地质条件和工程需求，进行详细的工程前期勘察和试验，以确保新型材料在实际应用中的效果和可行性。

总体而言，新型材料在地基加固中具有广阔的应用前景，可以为提高桥梁结构的抗震性、稳定性和可维护性提供创新解决方案。然而，新型材料在实际工程中的应用仍需进一步研究和验证，以确保其在不同地质条件下的可行性和实用性。

第三节　陡坡桥墩基础设计与施工

一、陡坡桥墩基础的设计原则

（一）陡坡地形对基础设计的挑战

陡坡地形给基础设计带来的挑战是土木工程中常见且复杂的问题之一。在处理这种地形时，工程师们必须面对一系列独特的挑战，以确保基础结构的稳定性和安全性。以下是陡坡地形对基础设计的挑战的四个主要方面：

1.地质条件与土壤稳定性

在陡坡地形中，地质条件和土壤的稳定性是基础设计中的首要考虑因素。陡坡地区通常具有复杂的地质结构，包括岩石层、土层和可能存在的断层。这样的地质条件可能导致土壤的不均匀性和不稳定性，增加了基础设计的难度。

土壤的承载力和变形特性在陡坡地形中可能会发生显著变化，工程师需要进行详细的地质调查和土壤测试，以确定适当的基础类型和设计参数。使用不适当的土壤参数可能导致基础的沉降或不稳定，对结构的长期性能产生负面影响。

此外，陡坡地形的坡度可能导致水土流失的问题，进一步影响土壤的稳定性。因此，基础设计必须考虑到地质条件和土壤稳定性的复杂性，以确保基础在不同地质条件下都能够安全可靠地支撑结构。

2. 水文条件与排水设计

陡坡地形的水文条件可能非常复杂,可能受到降水量大、坡度陡峭等因素的影响。水文条件的不同可能导致地表水流、地下水流和雨水径流的问题,这对基础设计提出了严格的排水要求。

坡度大的地形容易产生表面径流,增加了地基受到水侵蚀的风险。因此,排水系统的设计变得至关重要,需要考虑到陡坡地形的特殊性。工程师必须设计合适的排水系统,以有效地管理雨水径流,防止土壤侵蚀和基础结构的水损害。

此外,地下水流的方向和速度也是基础设计中需要考虑的关键因素。陡坡地形可能导致地下水流的不均匀性,可能会对基础的稳定性产生潜在的负面影响。因此,对水文条件进行的详细分析和合理的排水设计对于基础在陡坡地形中的成功实施至关重要。

3. 坡地与地形的适应性

陡坡地形的坡度和地形特征对基础设计提出了独特的适应性要求。坡地的倾斜需要采用不同类型的基础结构,如垂直桩基、抗滑桩等,以确保基础能够有效地抵抗坡度带来的挑战。

此外,地形的不规则性可能需要定制的基础设计,以适应地形的变化。例如,在坡度变化较大的地方,需要采用梯形或阶梯状的基础结构,以保持基础的平稳和稳定。

工程师在设计过程中必须考虑到地形的各种变化,并根据实际情况选择合适的基础类型和形式。这要求工程师具备对不同地形的灵活性和适应性,以确保基础在陡坡地形中能够达到设计的性能要求。

4. 环境影响与生态平衡

陡坡地形的工程项目往往会对周边环境产生显著的影响,包括土地利用变化、生态系统破坏等。基础设计必须充分考虑这些环境影响,以确保项目的可持续性和生态平衡。

在基础设计中,工程师需要采用环保的建筑材料,降低工程对生态环境的不良影响。此外,设计中应当考虑到植被的保护和恢复,以减缓土壤侵蚀、水土流失等问题。

同时,基础结构的建设可能对当地的水资源、空气质量等方面产生一定的负面影响。因此,在基础设计中,需要制定相应的环境保护措施,确保项目对周围环境的影响得到最小化。

总的来说,陡坡地形对基础设计提出了多方面的挑战,包括地质条件、水文条件、地形适应性和环境影响等方面。工程师在设计中需要全面考虑这些因素,采取相应的技术和措施,以确保基础在复杂的陡坡地形中具有稳定性、安全性和可持续性。

（二）地质条件对陡坡桥墩基础的特殊要求

地质条件对陡坡桥墩基础设计提出了特殊的要求，因为桥墩作为支撑桥梁结构的关键元素，其基础设计直接受到地质条件的影响。以下是地质条件对陡坡桥墩基础的特殊要求的四个主要方面：

1.岩石层与土质特性的影响

地质条件中最为重要的因素之一是岩石层和土质的特性。在一些陡坡地形中，可能存在多种类型的地层，包括坚硬的岩石、疏松的土壤等。这些地质条件对桥墩基础的设计提出了特殊的要求。

当桥墩的基础直接放置在岩石层上时，需要考虑岩石的承载能力和稳定性。工程师需要进行详细的地质勘探，了解岩石的强度、裂缝情况等信息，以确定合适的基础类型和尺寸。

对于土质条件，如果遇到疏松或可压缩的土壤，可能需要采用特殊的基础设计，如扩大基础底面积、加固土壤等，以确保桥墩基础能够稳固地支撑结构。因此，在陡坡地形中，对不同地质条件的深入了解和合理的基础设计是确保桥墩稳定性的关键。

2.地震和滑坡风险的考虑

陡坡地形通常伴随着地震和滑坡等自然灾害的风险。这些地质灾害对桥墩基础的设计提出了更高的要求，即必须能够抵抗地震力和滑坡力的影响。

在地震区域，桥墩基础必须设计成能够吸收和分散地震力的结构。这包括采用抗震支承、减震器等技术，以确保桥墩在地震发生时能够保持相对稳定。

对于可能发生滑坡的地区，工程师需要采取措施来减轻滑坡对桥墩基础的影响。这包括土壤加固、设置防护结构等，以提高桥墩基础的抗滑坡性能。

地震和滑坡风险的存在使得陡坡桥墩基础设计更为复杂，需要综合考虑地质和地震工程等多个学科的知识，确保桥梁在灾害发生时能够保持结构完整性。

3.河流和水体的交互作用

陡坡地形中的桥梁通常跨越河流或其他水体，因此水文地质条件对桥墩基础的设计有着重要影响。河床的变化、水流速度的不均匀性以及可能存在的泥沙等都需要纳入基础设计的考虑范围。

在水文地质条件复杂的情况下，桥墩基础必须能够承受水流冲刷和水下沉积物的压力。这需要采用抗水流冲刷的材料，设计桥墩底部的形状以减小水流对基础的冲击力，从而确保桥墩的稳定性和长期耐久性。

此外，河流可能导致土壤的侵蚀，从而对桥墩基础产生负面影响。因此，工程师需要通过科学的水文地质分析，进行合理的基础设计，以适应水体的交互作用，确保桥墩在水文条件下的稳定性。

4. 基础施工困难度的增加

由于陡坡地形的复杂性，桥墩基础的施工难度通常较大。地质条件可能导致基础施工中遇到岩石、泥土等障碍物，增加了工程的技术难度和成本。

在陡坡地形中，可能需要采用特殊的基础施工技术，如岩锚、爆破等，以确保桥墩能够牢固地嵌入地基。此外，地形的不规则性可能导致基础施工的不均匀性，需要施工方采取相应的措施来保证基础的整体稳定性。

在基础施工过程中，工程师需要密切关注地质条件的变化，灵活调整施工计划，确保基础能够在不同地质条件下得到有效施工和安全实施。

（三）不同陡坡角度下基础的选择与设计

不同陡坡角度下基础的选择与设计是土木工程中一个复杂而关键的问题。陡坡地形的角度直接影响基础的稳定性、安全性和经济性，因此在基础设计中必须综合考虑各种因素。以下是在不同陡坡角度下基础选择与设计的四个主要方面：

1. 较小陡坡角度下的基础选择与设计

当面对较小的陡坡角度时，通常可以选择较为常规的基础形式，如扩大底面积的浅基础或基础垫层。这样的设计在施工上相对较为简便，对土地利用的影响也较小。

在较小陡坡角度下，工程师可以考虑采用表层基础，如浅埋基础或连续墙基础。这样的设计能够更好地适应较为平缓的地形，并通过合理的底面面积分布，减小基础对土壤的扰动，提高基础的稳定性。

此外，可以考虑在基础下设置排水系统，以减轻降水对土壤的侵蚀和基础的冲击。综合考虑土壤稳定性和结构安全性，选择适当的基础类型和尺寸，确保在较小陡坡角度下实现经济、安全和可靠的基础设计。

2. 中等陡坡角度下的基础选择与设计

在面对中等陡坡角度时，基础设计就需要更为精细和复杂地考虑。通常，对于这种情况，可能需要考虑采用深基础或增加基础的底面积，以提高基础的抗倾覆和抗滑动能力。

对于中等陡坡角度，工程师可能会选择采用深基础形式，如桩基础或扩展基础。桩基础通过深入地下，能够更好地承受陡坡带来的侧向力，提高整体的稳定性。扩展基础则通过增加底面积，分散陡坡对基础的压力，增强基础的稳定性。

在这种情况下，需要进行详细的地质调查和土壤测试，以了解土壤的承载力和变形特性。此外，可以考虑采用土工合成材料来加固土壤，提高基础的承载能力。

3. 较大陡坡角度下的基础选择与设计

当面对较大的陡坡角度时，基础设计就需要更加谨慎和创新。在这种情况下，通常需要采用更为深入的基础形式，如深层桩基础、拉挤桩基础等，以确保基础能够有效地抵抗较大的侧向力。

深层桩基础可以穿透较深的土层，以获得更为稳定的基础支撑。拉挤桩基础则通过将桩深入地下拉拽，形成更为坚固的基础结构。这些设计能够有效地提高基础的抗倾覆和抗滑动能力。

同时，在较大陡坡角度下，需要考虑地下支护结构，如土木墙、护坡桩等，以减缓地表的坡度，降低基础承受的侧向力。

4. 特殊陡坡角度下的基础选择与设计

在某些情况下，可能会遇到特殊的陡坡角度，如非常陡峭的悬崖或峡谷。在这种情况下，传统的基础设计可能不再适用，需要考虑采用特殊的支护结构或地质工程技术。

例如，采用悬挑桥梁结构，通过桥墩悬挑的方式减小对地基的影响。同时，可能需要进行复杂的地质工程和结构分析，以确保在特殊陡坡角度下实现安全、稳定和经济的基础设计。

此外，在特殊陡坡角度下，工程师还需要关注环境影响和生态平衡。合理的基础设计应当尽量减少对周边环境的干扰，保护植被和水资源，实现工程的可持续性。

在不同陡坡角度下的基础选择与设计中，工程师需要结合地质条件、土壤性质、结构要求等多方面因素，进行综合考虑和精确分析，以确保基础设计在复杂的地形条件下达到理想的性能。这需要工程师具备丰富的经验和深厚的专业知识，以制订切实可行的基础设计方案。

二、陡坡桥墩基础施工技术

（一）施工前的陡坡地形勘查与分析

在面对施工前的陡坡地形时，进行全面的地形勘察与分析至关重要。这一过程为工程师提供了关键的信息，帮助他们更好地了解地形特征，识别潜在的风险，并为施工方案的制订奠定基础。以下是施工前的陡坡地形勘察与分析的四个主要方面：

1. 地质勘察与土壤特性分析

地质勘察是陡坡地形施工前不可或缺的一环。通过详细的地质勘察，工程师可以获取有关岩石分布、土质特性、地下水位等关键信息。这些数据对基础设计、施工方案和材料选择都至关重要。

在陡坡地形中，不同坡度和地质条件可能导致土壤的不均匀性。地质勘察包括对土壤的采样和测试，以确定承载力、压缩性、剪切强度等关键土壤参数。这些参数将直接影响基础设计的选择和施工过程中的土方工程。

地下水位的分析也是地质勘察的一部分。在陡坡地形中，地下水的流动可能受到坡度和地质结构的影响，对基础施工和稳定性产生重要影响。通过地质勘察，工程师能够更好地理解地下水的分布和动态，以采取相应的水文地质措施。

2. 坡度分析与稳定性评估

陡坡地形的坡度对施工的影响至关重要。不同坡度需要采取不同的工程措施来确保施工的安全性和可行性。在施工前，进行坡度分析是确定工程难度和风险的关键步骤之一。

工程师需要评估陡坡的稳定性，考虑土壤侵蚀、滑坡、坡面塌方等可能发生的情况。通过使用地形测量和数学模型，工程师能够模拟不同坡度条件下可能发生的地质灾害，并为施工阶段采取预防措施提供依据。

在坡度分析中，应当考虑地形的不规则性，以及可能受到气候变化和自然力的影响。通过全面的坡度分析，工程师可以制订相应的坡度管理计划，减小施工过程中的风险。

3. 水文地质分析与水文特性评估

陡坡地形通常伴随着水文地质条件的复杂性。在施工前进行水文地质分析对确定水文特性、管理水流以及减轻洪水、泥石流等水文灾害的影响至关重要。

工程师需要了解水体的分布、河流的水流速度、降水情况等水文地质特性。通过水文地质分析，可以预测可能发生的水文事件，如洪水、泥石流等，为工程施工阶段提供预警和保护措施。

此外，水文地质分析还有助于确定河床变化、河道侵蚀等因素，这对桥梁、基础结构的设计和稳定性评估具有重要意义。综合水文地质分析和水文特性评估，工程师能够采取有效的水文控制措施，确保施工过程中的水文因素不会对工程产生负面影响。

4. 生态环境调查与保护策略

陡坡地形通常涉及复杂的生态系统，施工前的生态环境调查是确保施工过程中对生态系统影响最小化的关键步骤之一。生态环境调查应该包括对植被、野生动物、土地利用等方面的详细研究。

工程师需要识别潜在的生态敏感区域，并制定相应的保护策略。这包括采取特殊的施工方法、限制施工区域、设立生态屏障等。通过综合考虑生态环境因素，工程师能够确保施工过程对周围环境的影响最小化，符合可持续发展的原则。

总的来说，施工前的陡坡地形勘察与分析是复杂的工作，涉及地质、水文、坡度、生态等多个方面的专业知识。通过全面的勘察与分析，工程师可以更好地理解工程所面临的挑战，为制订合理的施工方案提供科学依据，确保工程的安全、稳定和可持续发展。

（二）基础挖掘与支护技术

基础挖掘与支护技术在陡坡地形的施工中具有至关重要的作用。挖掘过程中需要考虑地质条件、坡度、水文特性等多种因素，而支护技术则是确保挖掘过程中土体稳定性的关键。以下是基础挖掘与支护技术的四个主要方面：

1. 地质条件与基础挖掘策略

在陡坡地形中进行基础挖掘首先需要充分考虑地质条件。地质勘察提供了有关岩石、土壤、地下水等地质信息，这些信息对挖掘策略的选择至关重要。

不同的地质条件需要采用不同的挖掘方法和工具。在岩石较为坚硬的地区，可能需要采用爆破或钻孔爆破技术，而在土质较为疏松的地区，可以考虑采用机械挖掘或挖掘爆破结合的方法。

地质条件还会影响基础挖掘的深度和坡度。在不同地质条件下，挖掘的深度可能需要调整，以确保基础的稳定性。工程师需要根据地质信息，灵活调整挖掘策略，确保挖掘过程中不会遇到不可预测的地质问题。

2. 坡度与挖掘斜坡稳定性

陡坡地形的挖掘往往涉及对地表的削减，因此对斜坡稳定性的评估和管理是基础挖掘的重要组成部分。挖掘斜坡的稳定性直接关系到施工的安全性和效率。

工程师需要利用地形测量和工程地质数据，进行斜坡稳定性分析。在斜坡较为陡峭的情况下，需要采取支护措施，如设置支撑桩、加固坡面等，以防止坡面塌方和滑坡等地质灾害的发生。

挖掘斜坡的稳定性还受到气候因素的影响，如降雨可能导致土壤侵蚀和坡面滑动。因此，施工过程中需要及时监测气象条件，采取相应的措施确保挖掘斜坡的稳定性。

3. 支护技术与土体稳定性保障

在基础挖掘过程中，支护技术对土体的稳定性保障至关重要。支护系统的选择应该充分考虑地质条件、挖掘深度和坡度等因素。

常见的支护技术包括土方支护、挡土墙、喷锚、钢筋混凝土桩等。在土体稳定性较差的情况下，需要采用多层次的支护系统，以确保挖掘过程中土体不发生滑动、坍塌等问题。

地下水位的高低也会影响支护技术的选择。在高地下水位的情况下，可能需要采用防水措施，如设置排水系统，以降低地下水对土体稳定性的影响。

4. 挖掘顺序与施工过程管理

在陡坡地形中，挖掘顺序对整个施工过程的成功至关重要。合理的挖掘顺序可以最大限度地减小地质灾害的风险，确保土体稳定性。

工程师需要根据实际情况制订挖掘计划，考虑到不同区域的地质条件和水文特性。可能需要分阶段进行挖掘，采用逐层递进的方式，以确保在挖掘过程中保持较高的土体稳定性。

施工过程中的监测与管理也是至关重要的。通过实时监测地质变化、水文状况及挖掘斜坡的稳定性，可以及时发现问题并采取相应的纠正措施，确保施工过程的安全性和成功性。

总的来说，基础挖掘与支护技术在陡坡地形的工程施工中扮演着关键角色。通过科学的地质勘察、合理的挖掘策略、有效的支护技术和施工过程管理，工程师能够在复杂的地形条件下成功完成基础挖掘工程，确保工程的稳定性和安全性。

（三）基础混凝土浇筑与强夯处理

基础混凝土浇筑与强夯处理是在陡坡地形中进行基础施工时的关键阶段。混凝土浇筑是确保基础结构稳定性和耐久性的核心步骤，而强夯处理则是在土体改良方面的一项重要技术。以下是这两个方面的具体内容：

1. 基础混凝土浇筑

在陡坡地形中进行基础混凝土浇筑是整个工程中至关重要的一步。混凝土是一种坚固、耐久的建筑材料，对于基础结构的承载能力和稳定性至关重要。

在进行混凝土浇筑前，工程师需要根据地质勘察的结果和基础设计的要求，合理选择混凝土的配合比、强度等参数。此外，考虑到陡坡地形的复杂性，可能需要采用特殊的浇筑技术，如抽水降水、分段浇筑等，以确保混凝土的质量和整体稳定性。

在施工过程中，需要密切关注混凝土的凝结过程，合理控制温度和湿度，以避免出现裂缝和变形等问题。在混凝土浇筑完成后，需要进行养护，以保证混凝土的早期和长期强度。

混凝土浇筑是整个基础施工的核心环节，对工程的稳定性和持久性具有决定性的影响。

2. 强夯处理

强夯是一种通过振动和冲击来改良土体的技术，主要用于增加土体的密实度和承载能力。在陡坡地形中，由于地形复杂，土体的承载能力和稳定性可能受到一定影响，因此强夯处理成为一项重要的土体改良技术。

强夯处理的过程中，通过在土体中引入振动和冲击力，能够改变土体的颗粒结构，使其更加紧密，提高承载能力。这对基础结构的稳定性、沉降控制和地基基础改良具有显著的效果。

在选择强夯处理方案时，工程师需要综合考虑土体的类型、湿度、深度等因素。

不同的强夯技术，如动力夯击法、静力夯击法等，可以根据实际情况灵活运用。此外，工程师还需要在施工过程中进行实时监测，以确保强夯的效果和土体的改良质量。

强夯处理在陡坡地形中的应用，除了改善土体的力学性质外，还有助于减小地基沉降，提高土体的稳定性，为后续的基础施工奠定更加坚实的基础。

3. 质量控制与检测技术

在基础混凝土浇筑和强夯处理过程中，质量控制和检测技术是确保施工质量和工程安全的重要手段。

对于混凝土浇筑，工程师需要采用现代化的测量和监测技术，对混凝土的配合比、浇筑均匀性、温度变化等进行实时监测。通过使用传感器、测量仪器等设备，可以实现对混凝土浇筑过程的自动化监控，及时发现潜在问题，采取相应的调整措施，保证混凝土质量。

强夯处理过程中，工程师同样需要借助现代化的检测技术，对强夯效果进行实时监测。地下振动监测、土体密实度测量等技术可以用于评估强夯效果，确保土体的改良达到预期的要求。

此外，对挖掘深度、坡度等参数的监测也是质量控制的一部分。通过先进的测绘和监测技术，可以对施工过程中的变化进行实时记录，确保施工的准确性和安全性。

4. 环境保护与可持续发展

在进行基础混凝土浇筑和强夯处理时，工程师需要充分考虑环境保护和可持续发展的因素，包括对混凝土材料的选择、施工过程中的废弃物处理、土体改良对周边环境的影响等。

选择环保型的混凝土材料，减少混凝土生产过程中的碳排放，是实现可持续发展的重要措施。在强夯处理中，需要合理规划施工过程，避免对周边生态环境产生不必要的影响。

同时，工程师需要关注环境监测，确保施工过程中的各项活动不会对空气、水源和土壤等环境元素造成污染。通过采用低碳、低排放的施工技术，以及采取噪声和震动控制措施，最大限度地减少对周边生态系统的影响。

在混凝土浇筑和强夯处理中，废弃物的处理也是一个需要特别关注的环保问题。合理处理混凝土浇筑产生的废弃物，如废弃混凝土和浇筑设备的废弃物，可以通过再生利用、回收等方式减少对环境的负面影响。

可持续发展理念还包括在施工中考虑周边生态系统的生物多样性和生态平衡。工程师在制订施工计划时，应该采用合理的措施，以减小对植被和野生动植物的干扰，确保生态环境得到保护。

综合来说，基础混凝土浇筑和强夯处理阶段不仅要关注施工质量和基础稳定性，还需要将环境保护和可持续发展作为施工过程中的重要考虑因素。通过采用先进的监测技术、环保型的施工方法和废弃物处理措施，工程师可以确保在陡坡地形中进行基础施工时既实现了工程目标，又能最大限度地减小对环境的不良影响。

（四）施工过程中的质量控制与监测

在陡坡地形中进行基础施工，质量控制与监测是确保工程顺利进行、结构稳定性与安全性得以保障的关键环节。以下是施工过程中质量控制与监测的四个主要方面：

1. 材料质量控制与检测技术

材料质量直接关系到工程的整体质量，因此在施工过程中对材料的质量进行严格控制和监测是至关重要的，包括混凝土、钢筋、支护材料等各种用于基础施工的材料。

在混凝土浇筑过程中，需要进行混凝土的配合比检测、坍落度测试等。通过使用现代化的材料检测技术，如超声波检测、电磁波检测等，可以实时监测混凝土的强度和质量，确保混凝土达到设计要求。

钢筋是基础结构的骨架，其质量对结构的承载能力至关重要。通过采用磁粉探伤、超声波检测等非破坏性检测技术，可以对钢筋的质量进行全面监测，及时发现可能存在的缺陷和隐患。

此外，对于支护材料，如锚杆、喷锚混凝土等，也需要进行质量控制。通过严格遵循相关标准和规范，使用适当的检测技术，确保支护材料的质量，以提高基础结构的稳定性和安全性。

2. 工程施工过程监测与控制

在施工过程中，对各个环节的监测和控制是确保工程质量的重要手段，包括地质条件的实时监测、基础挖掘的深度和坡度控制、混凝土浇筑过程中的浇筑均匀性等多个方面。

地质条件的实时监测通过使用地质勘察技术、地下水位监测等手段，可以对地质情况进行及时了解。这有助于工程师在施工过程中调整挖掘计划，确保挖掘过程的安全性。

基础挖掘的深度和坡度的控制需要依赖于先进的测绘技术和工程监测设备。通过使用全站仪、激光测距仪等设备，实现对挖掘深度和坡度的精确控制，防止因挖掘误差而导致的基础不稳定问题。

对混凝土浇筑过程中的监测，可以通过现代化的测量仪器实时监测混凝土的坍落度、温度变化、浇筑均匀性等参数。这有助于工程师及时调整施工方案，确保混凝土质量。

3.地下水位监测与水文控制

地下水位的高低对基础施工具有重要的影响。高地下水位可能导致基础挖掘中的渗水问题，影响基础的稳定性。因此，地下水位的监测与水文控制是施工过程中必不可少的一环。

地下水位监测可以通过井水位测定、激光测距仪等设备进行。工程师需要不断收集地下水位的变化数据，以便根据实际情况调整降水方案，保证施工现场的干燥度。

在水文控制方面，可能需要采用排水系统、防水层等措施，以防止地下水对基础施工的不利影响。通过合理规划和实施水文控制措施，可以确保施工现场处于良好的水文环境，提高基础施工的成功率。

4.结构监测与变形控制

在基础结构施工完成后，需要对结构进行监测和变形控制。这是为了确保基础结构在使用过程中保持稳定性，不发生过度变形和损坏。结构监测与变形控制主要包括以下几个方面：

• 测点设置与监测仪器选择

工程师需要在关键位置设置监测测点，以监测基础结构的变形情况。常用的监测仪器包括测斜仪、全站仪、应变计等。测点的设置应充分考虑结构的几何形状和受力情况，确保对结构的变形进行全面、准确地监测。

• 实时监测系统

现代技术使结构的实时监测成为可能。通过建立实时监测系统，工程师可以在施工过程中或基础结构使用阶段实时获取数据。这种实时监测系统可以采用传感器、激光扫描仪等高科技设备，帮助工程师及时发现结构变形情况，采取相应的纠正措施。

• 变形控制与调整

当监测数据显示出结构发生变形时，工程师需要进行合理的变形控制和调整。这包括调整支护系统、增加支撑、采取补偿措施等。通过及时的变形控制，可以防止结构因变形而导致的不安全情况。

• 数据分析与评估

监测得到的数据需要经过专业的数据分析与评估。工程师需要分析数据，评估结构的变形是否符合设计要求，是否达到了安全使用的标准。这一过程需要结合结构设计的理论知识和实际监测数据，确保对结构状况的判断准确可靠。

结构监测与变形控制是基础施工的最后一道关口，也是整个工程周期中持续关注的一个环节。通过科学的监测手段和合理的变形控制措施，工程师可以保障基础结构的长期稳定性和安全性，确保工程投入使用后能够达到设计寿命要求。

在施工过程中，以上四个方面的质量控制与监测相互交织，共同构成了一个全面而系统的质量保障体系。这个体系的建立和实施需要综合考虑工程的特殊要求、地质条件、结构设计等多个因素，以确保施工的安全、稳定和高质量完成。

第四节　桥台基础设计的特殊考虑

一、不同桥台形式的基础设计

（一）梁式桥台基础设计原则

梁式桥台基础设计是桥梁工程中至关重要的一环，直接关系到桥梁结构的稳定性、承载能力及整体安全性。以下是梁式桥台基础设计的四个主要原则：

1. 地质条件与基础类型选择

地质条件是梁式桥台基础设计的首要考虑因素之一。不同地质条件下，桥梁基础类型的选择会有差异。工程师需要进行详细的地质勘察，了解桥梁基址的地质特征，包括土质、岩性、地下水位等。

在地质条件较好的区域，可以选择直接基础形式，如桩基础或基础板。而在地质条件较差、土壤不稳定的区域，可能需要采用深基础形式，如灌注桩或打入的钢管桩，以确保桥梁结构的牢固稳定。

基础类型的选择还受到桥梁跨径和结构形式的影响。在设计阶段，工程师需要综合考虑这些因素，选择最适合地质条件和桥梁结构要求的基础类型。

2. 确定承载能力与桥台尺寸

梁式桥台基础设计中的第二个原则是确定桥台的承载能力和尺寸。这涉及对交叉桥梁荷载的准确估算和基础尺寸的科学确定。

承载能力的计算需要考虑桥梁的设计荷载、交叉桥梁的数量、荷载的分布方式等因素。工程师需要根据相关规范和标准，进行荷载计算，以确保桥梁基础具有足够的承载能力，满足使用寿命内的荷载要求。

桥台尺寸的确定涉及桥台底面积、宽度、高度等参数。这需要综合考虑基础类型、地质条件及承载能力的计算结果。合理设计桥台的尺寸可以有效分担荷载，减小基础应力，提高基础的稳定性。

3.水文条件考虑与防水设计

在梁式桥台基础设计中，水文条件是一个不可忽视的因素。水文条件包括附近河流、沟渠的水位变化、洪水频率等因素。对于横跨水体的桥梁，水文条件对桥梁基础的设计尤为重要。

工程师需要进行水文学研究，了解当地的水文情况，确定桥梁基础所需的抗水能力。这涉及水文模型的建立、洪水频率分析等技术手段，以确保桥梁基础在洪水等水文灾害中能够安全稳定。

防水设计是确保梁式桥台基础长期稳定性的关键步骤。通过选择合适的防水材料、设计有效的排水系统，可以防止基础受到水分侵蚀，减缓基础的老化速度。

4.抗震设计与地震响应分析

地震是影响桥梁结构安全性的重要因素之一。在梁式桥台基础设计中，抗震设计是必不可少的。工程师需要对桥梁所在地区的地震烈度、地震波传播特点等因素进行详细研究。

抗震设计包括基础的抗震能力、桥墩的抗震设计等方面。通过合理设置桥梁的基础形式、采用抗震支座等技术手段，可以提高梁式桥梁在地震发生时的稳定性。

地震响应分析是抗震设计的关键步骤，通过数值模拟和工程经验，预测桥梁在地震情况下的响应。工程师需要进行动力分析，研究基础在地震荷载下的变形和应力情况。通过合理的抗震设计，确保梁式桥台基础在地震发生时能够保持结构的完整性和稳定性。

总体而言，梁式桥台基础设计是一个复杂而综合的过程，需要综合考虑地质条件、承载能力、水文条件、抗震设计等多个方面因素。通过科学的设计原则，工程师可以确保梁式桥台基础具有良好的稳定性、承载能力和耐久性，从而保障整个桥梁工程的安全运行。

（二）拱式桥台基础设计原则

拱式桥台基础设计是桥梁工程中至关重要的一环，它直接影响着拱桥的稳定性、承载能力及整体安全性。以下是拱式桥台基础设计的四个主要原则：

1.地质条件与基础类型选择

地质条件是拱式桥台基础设计中的首要考虑因素。不同地质条件下，桥梁基础类型的选择会有所不同。工程师需要进行详细的地质勘察，了解桥梁基址的地质特征，包括土质、岩性、地下水位等。

在地质条件较好的区域，可以选择直接基础形式，如桩基础或基础板。而在地质条件较差、土壤不稳定的区域，可能需要采用深基础形式，如灌注桩或打入的钢管桩，以确保桥梁结构的稳固。

拱式桥台基础设计还需考虑拱桥的荷载传递特性，特别是在拱腿部分。对于大型拱桥，可能需要采用深基础以提供足够的承载能力。

基础类型的选择还受到桥梁跨度和结构形式的影响。在设计阶段，工程师需要根据相关规范和标准，综合考虑这些因素，选择最适合地质条件和拱桥结构要求的基础类型。

2. 承载能力与桥台尺寸确定

拱式桥台基础设计中的第二个原则是确定桥台的承载能力和尺寸。其涉及对拱桥荷载的准确估算和基础尺寸的科学确定。

承载能力的计算需要考虑桥梁的设计荷载、拱桥的几何形状、荷载的分布方式等因素。工程师需要根据相关规范和标准，进行荷载计算，以确保桥梁基础具有足够的承载能力，满足使用寿命内的荷载要求。

桥台尺寸的确定涉及桥台底面积、宽度、高度等参数。这需要综合考虑基础类型、地质条件及承载能力的计算结果。合理设计桥台的尺寸可以有效分担荷载，减小基础应力，提高基础的稳定性。

3. 水文条件考虑与防水设计

在拱式桥台基础设计中，水文条件是一个不可忽视的因素。水文条件包括附近河流、沟渠的水位变化、洪水频率等因素。对于横跨水体的拱桥，水文条件对桥梁基础的设计尤为重要。

工程师需要进行水文学研究，了解当地的水文情况，确定桥梁基础所需的抗水能力。这涉及水文模型的建立、洪水频率分析等技术手段，以确保桥梁基础在洪水等水文灾害中能够安全稳定。

防水设计是确保拱式桥台基础长期稳定性的关键步骤。通过选择合适的防水材料、设计有效的排水系统，可以防止基础受到水分侵蚀，减缓基础的老化速度。

4. 抗震设计与地震响应分析

地震是影响桥梁结构安全性的重要因素之一。在拱式桥台基础设计中，抗震设计是必不可少的。工程师需要对桥梁所在地区的地震烈度、地震波传播特点等因素进行详细研究。

抗震设计包括基础的抗震能力、拱墩的抗震设计等。通过合理设置桥梁的基础形式、采用抗震支座等技术手段，可以提高拱式桥梁在地震发生时的稳定性。

地震响应分析是抗震设计的关键步骤，通过数值模拟和工程经验，预测拱桥在地震情况下的响应。工程师需要进行动力分析，研究基础在地震荷载下的变形和应力情况。通过合理的抗震设计，确保拱式桥台基础在地震发生时能够保持结构的完整性和安全性。

（三）钢桁梁桥台基础设计原则

钢桁梁桥台基础设计是桥梁工程中的关键环节，直接关系到桥梁结构的稳定性、承载能力及整体安全性。以下是钢桁梁桥台基础设计的四个主要原则：

1.地质条件与基础类型选择

地质条件是钢桁梁桥台基础设计的首要考虑因素。不同地质条件下，桥梁基础类型的选择会有所不同。工程师需要进行详细的地质勘察，了解桥梁基址的地质特征，包括土质、岩性、地下水位等。

钢桁梁桥通常使用较轻的基础形式，如桩基础或扩大底板。在地质条件较好的区域，可以选择直接基础形式，以确保桥梁结构的稳固。而在地质条件较差、土壤不稳定的区域，可能需要采用深基础形式，如灌注桩或打入的钢管桩，以提供足够的承载能力。

基础类型的选择还受到桥梁跨度和结构形式的影响。在设计阶段，工程师需要根据相关规范和标准，结合地质条件，选择最适合钢桁梁桥梁结构要求的基础类型。

2.承载能力与桥台尺寸确定

钢桁梁桥台基础设计中的第二个原则是确定桥台的承载能力和尺寸。其涉及对桥梁荷载的准确估算和基础尺寸的科学确定。

承载能力的计算需要考虑桥梁的设计荷载、桥梁结构的自重、荷载的分布方式等因素。工程师需要根据相关规范和标准，进行荷载计算，以确保桥梁基础具有足够的承载能力，满足使用寿命内的荷载要求。

桥台尺寸的确定涉及桥台底面积、宽度、高度等参数。这需要综合考虑基础类型、地质条件及承载能力的计算结果。合理设计桥台的尺寸可以有效分担荷载，减小基础应力，提高基础的稳定性。

3.水文条件考虑与防水设计

在钢桁梁桥台基础设计中，水文条件是一个不可忽视的因素。水文条件包括附近河流、沟渠的水位变化、洪水频率等因素。特别是对于横跨水体的钢桁梁桥，水文条件对桥梁基础的设计尤为重要。

工程师需要进行水文学研究，了解当地的水文情况，确定桥梁基础所需的抗水能力。这涉及水文模型的建立、洪水频率分析等技术手段，以确保桥梁基础在洪水等水文灾害中的安全性和稳定性。

防水设计是确保钢桁梁桥台基础长期稳定性的关键步骤。通过选择合适的防水材料、设计有效的排水系统，可以防止基础受到水分侵蚀，减缓基础的老化速度。

4.抗震设计与地震响应分析

地震是影响桥梁结构安全性的重要因素之一。在钢桁梁桥台基础设计中，抗震设计是必不可少的。工程师需要对桥梁所在地区的地震烈度、地震波传播特点等因素进行详细研究。

抗震设计包括基础的抗震能力、桥梁结构的抗震设计等方面。通过合理设置桥梁的基础形式、采用抗震支座等技术手段，可以提高钢桁梁桥梁在地震发生时的稳定性。

地震响应分析是抗震设计的关键步骤，通过数值模拟和工程经验，预测钢桁梁桥在地震时的响应。工程师需要进行动力分析，研究基础在地震荷载下的变形和应力情况。通过合理的抗震设计，确保钢桁梁桥台基础在地震发生时能够保持结构的完整性和安全性。

（四）不同桥台形式的地质适应性比较

1.地质适应性的定义与重要性

地质适应性是指桥梁工程在特定地质条件下的适应能力，包括对地基土质、地下水位、地表地貌等地质要素的适应性。桥梁的地质适应性直接关系到工程的安全性、稳定性和经济性。不同地质条件下的桥梁施工和运营，需要考虑地质适应性的差异，以保障桥梁的长期稳定运行。

2.不同桥台形式的地质适应性比较

（1）桩基桥台的地质适应性

桩基桥台是一种常见的桥台形式，其地质适应性受地基土质的影响较大。在软弱地基条件下，桩基桥台可以通过深埋桩基的方式获得较好的承载能力，从而适应不稳定的地基。然而，在硬质地基或者存在较深坚硬层的地区，桩基桥台的施工难度和成本较高，需要更多的工序和材料。

（2）墩台一体化桥台的地质适应性

墩台一体化桥台是将桥墩和桥台一体化设计的一种桥梁形式，其地质适应性主要依赖于整体结构的承载能力。在软弱地基条件下，墩台一体化桥台能够通过合理的结构设计提高整体的抗沉降能力，减小地基沉降对结构的影响。但是，在地基土质差异较大的情况下，需要更为精准地设计和施工，以确保整体结构的稳定性。

（3）悬索桥台的地质适应性

悬索桥台是一种通过悬索来支撑桥梁的结构形式，其地质适应性主要取决于悬索的承载性能和锚固地点的地质条件。在软弱地基条件下，悬索桥台通过深埋的锚固点可以提供良好的承载支撑，适应地基沉降的问题。然而，在存在深层坚硬层的地区，需要更强大的锚固结构来保证悬索桥台的稳定性，这可能增加工程成本和复杂度。

（4）拱桥台的地质适应性

拱桥台是通过拱形结构来承受荷载的桥梁形式，其地质适应性受到地表地貌的影响。在山区或河谷地带，拱桥台可以更好地适应复杂的地形，减小对地基的要求。然而，在平坦地区，拱桥台的施工难度和造价可能较高，因为需要适应更大的地形差异。

在实际工程中，不同桥台形式的地质适应性可以通过案例分析得到进一步的验证。例如，在某地区选择使用桩基桥台时，根据地质勘探数据和先前类似工程的经验，可以调整桩基的直径和深度，以提高地基的承载能力。而对于墩台一体化桥台，可以通过增加桥台底部的承载结构来提高整体的稳定性。

综合考虑不同桥台形式的地质适应性，最终的设计应该是一个在安全、经济和施工可行性方面的平衡。在具体工程中，需要结合地质条件、项目预算和工程要求，采用最合适的桥台形式。优化设计包括通过调整结构形式、改进施工工艺等手段，使得桥梁在特定地质条件下能够发挥最佳的性能，确保工程的可持续发展。

二、桥台基础在山区气候条件下的耐久性设计

（一）寒冷气候下桥台基础的防冻设计

在寒冷气候下，桥台基础的防冻设计是桥梁工程中至关重要的一环。严寒条件下，地下水位降低、土壤冻胀和冰冻融化过程都对桥台基础构成潜在威胁。因此，为了确保桥梁结构的安全和稳定，必须采取有效的防冻设计措施。以下是寒冷气候下桥台基础防冻设计的几点关键内容：

1.地下水位管理与土壤改良

寒冷气候下，地下水位的管理对桥台基础防冻至关重要。在设计阶段，需要对地下水位进行详细的调查和分析，以便合理确定桥台的基础深度。合理的基础深度有助于减缓土壤冻胀的影响，降低地基受冻融影响的风险。

此外，通过土壤改良手段，可以提高土壤的抗冻性。采用适当的掺杂剂和改良材料，如石灰、水泥等，可以改善土壤的排水性能和抗冻性，减小土壤的冻胀膨胀系数。通过土壤改良，可以有效减缓土壤的冻胀速度，降低桥台基础受冻融影响的程度。

2.保温层的设置与热工分析

在桥台基础的设计中，设置保温层是一种有效的防冻措施。保温层的主要作用是减缓地下水温度传递至桥台基础的速度，降低土壤的冻结深度，从而减小基础的受冻风险。

为了确保保温层的有效性，需要进行热工分析，评估保温材料的导热系数、厚度和布置方式。优化保温层的设计有助于提高桥台基础的抗冻性能。常见的保温材料包括聚苯板、挤塑板等，其选择应根据具体工程条件进行合理搭配。

3.排水系统的设计与防冻排水

在寒冷气候下，合理的排水系统设计是桥台基础防冻的重要环节。充分考虑桥梁周边的地势和水文条件，设计排水系统以避免水分在桥台基础周围积聚和渗透，导致基础结构的冻结和损坏。

采用有效的防冻排水措施，如设置防冻排水沟、应用排水管道等，可以及时将降雪、雨水等排除，减小桥台基础受水分渗透引起的冻融影响。合理的排水系统设计有助于维护桥台基础的稳定性和耐久性。

4.基础结构材料的选择与保护

在寒冷气候下，选择合适的基础结构材料对桥台基础的防冻设计至关重要。抗冻性较好的混凝土、防冻剂添加、耐寒的桥台支座等都是关键的材料选择方面的考虑因素。

此外，为了保护基础结构材料不受到严寒气候的侵害，需要考虑采取有效的保护措施，如设置防冻保温层、使用耐寒材料等。这有助于降低材料的温度敏感性，提高桥台基础在寒冷气候下的稳定性和耐久性。

在桥台基础的防冻设计中，以上四点综合考虑将有助于确保桥梁在寒冷气候条件下的安全稳定运行。通过科学的设计和合理的施工，桥台基础可以有效地抵御寒冷气候对其带来的不利影响，保障桥梁工程的长期可持续运行。

（二）暴雨与洪水对桥台基础的影响

1.洪水对桥台基础的直接影响

暴雨引发的洪水是桥梁工程中一种常见的自然灾害，对桥台基础产生直接而严重的影响。洪水可能导致河流水位急剧上升，超过了桥梁设计时考虑的水位，直接对桥台基础的稳定性产生威胁。洪水中携带的大量泥沙、漂浮物及水流的冲击力会加剧桥台基础的侵蚀和破坏。

在洪水情况下，桥台基础可能受到以下几个方面的直接影响：

• 冲刷侵蚀

洪水的冲击力和携带的泥沙会导致桥台基础表面的冲刷侵蚀，降低基础的抗冲刷能力。

• 承载能力减弱

洪水可能导致桥台基础周围的土壤软化，使得基础承载能力减弱，进而影响桥梁的整体稳定性。

• 桥台支座破坏

洪水中的漂浮物和冲击力可能对桥台支座产生破坏，影响支座的正常功能，进而影响桥梁的承载性能。

• 基础沉降

洪水可能引起地基土的沉降，导致桥台基础整体下沉，从而对桥梁的几何形状和结构稳定性产生不利影响。

2. 暴雨对桥台基础的间接影响

暴雨导致的洪水是由大雨引发的，因此，暴雨本身也会对桥台基础产生间接的影响，主要表现在以下几个方面：

• 地基土饱和

暴雨可能导致地基土饱和，增加土壤的重量和密度。这种饱和状态可能影响土壤的抗剪强度，使得桥台基础的稳定性受到威胁。

• 土壤液化

暴雨过后，大量降水可能引起土壤液化的现象，即土壤失去抗剪强度，表现出液态的特性。这种液化状态可能导致桥台基础的沉降和不均匀沉降，增加基础的不稳定性。

• 支撑土体塌方

暴雨引发的地表径流可能导致桥梁支撑土体的塌方，使得桥台基础所处位置的地势发生改变，直接影响桥梁的水平和垂直稳定性。

3. 防洪设计与桥台基础的防护

为了应对洪水对桥台基础的影响，必须在桥梁设计和施工中采取一系列的防洪措施。其中，防洪设计是至关重要的一环。以下是一些常见的防洪设计措施：

• 提高桥台底部高程

合理设置桥台的底部高程，使其高于可能的洪水水位，减小洪水对桥台基础的冲击。

• 加强桥台基础的抗冲刷能力

通过选择抗冲刷性能好的材料、采用护岸结构等方式，增强桥台基础的抗冲刷能力。

• 采用透水性材料

在桥梁基础结构中采用透水性材料，有助于降低地基土饱和度，减缓洪水对基础的不利影响。

• 设置防洪挡板

在桥台基础周围设置防洪挡板，能够有效减缓洪水对桥台的侵蚀，提高桥台的稳定性。

4. 监测与维护体系的建立

在桥台基础的设计和建设完成后，建立监测与维护体系是确保桥梁长期安全运行的重要保障。通过实施定期巡检、使用结构健康监测技术等手段，及时发现桥台基础可能存在的问题，采取相应的维护和修复措施，防范潜在的洪水影响。

监测与维护体系包括以下两点内容：

• 定期巡检和检测

对桥台基础进行定期巡检，采用地质雷达、测斜仪等技术手段，监测地基的变形和承载能力，及时发现潜在问题。

• 实施修复与维护

一旦发现桥台基础存在问题，立即采取相应的修复和维护措施，包括加固基础结构、恢复土体稳定等。

（三）桥台基础在高海拔地区的特殊设计

在高海拔地区，桥台基础的设计面临着一系列特殊的挑战，包括低氧环境、气温极端、雪崩、冰雹等极端气候条件。为了确保桥梁结构在高海拔地区的安全和稳定运行，需要进行特殊设计和采取相应的工程措施。

1. 考虑低氧环境对混凝土和金属结构的影响

在高海拔地区，氧气稀薄，大气压力较低，这会对混凝土和金属结构的性能产生一定的影响。低氧环境下，混凝土的强度和耐久性可能降低，金属结构容易发生腐蚀。因此，在桥台基础的设计中，需要选择适宜于低氧环境的建筑材料，并在混凝土配合比中考虑海拔高度对混凝土性能的影响。此外，对于金属结构，应采用防腐措施，如镀锌或使用不锈钢材料，以提高其耐久性。

2. 抗寒性能的考虑与冻融循环的分析

高海拔地区常常伴随着严寒的气候，冻融循环对桥台基础构成潜在的威胁。在设计时，需要特别考虑基础结构的抗寒性能，采用高抗冻混凝土、合适的保温材料等措施，以减小冻融循环对桥台基础的不利影响。此外，通过进行冻融循环的数值模拟和实地测试，评估基础结构在寒冷条件下的稳定性，为设计提供科学依据。

3. 雪崩和冰雹的风险评估与应对措施

高海拔地区常常存在雪崩和冰雹等自然灾害，这对桥台基础的稳定性构成潜在威胁。在设计初期，需要进行详细的地质勘探和气象调查，评估雪崩和冰雹的发生概率和可能影响范围。根据评估结果，采取相应的工程措施，如设置雪崩防护墙、冰雹护罩等，以确保桥台基础在极端气象条件下的安全性。

4. 高海拔地区的地质勘探与基础设施优化

高海拔地区的地质条件通常较为复杂，包括高山、峡谷等地形。在进行桥台基础设计前，需要进行详细的地质勘探，了解地下岩层、土质特征以及可能存在的地质灾害风险。根据勘探结果，采取相应的基础设计优化措施，如选择合适的桥台形式、设置基础防护措施等。同时，对可能存在的地质灾害，如滑坡、地裂缝等，需要进行风险评估，并采取相应的应对措施，以确保桥台基础的安全性。

总体而言，高海拔地区的桥台基础设计需要综合考虑气候、地质、地形等多个因素，采取科学合理的工程措施，确保桥梁在极端条件下的安全运行。此外，与当地气象、地质等专业机构密切合作，及时获取实时的气象和地质信息，有助于及早发现潜在的风险，提前采取预防和保护措施。

（四）地下水位对桥台基础的影响及应对措施

地下水位是桥梁工程中一个重要的地质因素，对桥台基础的影响十分显著。合理地处理地下水位对确保桥梁结构的安全和稳定至关重要。下面是对地下水位对桥台基础的影响及应对措施的详细阐述。

1.地下水位对桥台基础的直接影响

（1）承载力影响

地下水位升高会增加桥台基础承受的水平土压力，降低桥台基础的有效承载力。这可能导致基础承载能力不足，进而影响桥梁的稳定性和安全性。

（2）沉降风险

高地下水位可能导致土体饱和，引起地基土沉降。特别是在软弱地基条件下，地下水位上升可能导致基础沉降，对桥梁的结构造成不均匀沉降的风险。

（3）基础侵蚀和冲刷

高水位条件下，水流可能引起基础土体的侵蚀和冲刷，削弱土体的抗剪强度，加速桥台基础的沉降和破坏。

2.地下水位管理的重要性

（1）水文勘测

在桥梁设计前，进行详细的水文勘测是必不可少的。通过水文勘测，获取地下水位的变化规律、水质情况以及可能的泥沙含量等信息，为桥台基础设计提供科学依据。

（2）基础埋深设计

在设计阶段，需要根据水文勘测结果确定桥台基础的埋深。适当的埋深可以减小地下水位对桥梁结构的影响，提高桥台基础的抗水能力。

（3）抗渗措施

采取有效的防水措施，如设置防渗墙、使用防水材料等，以防止地下水进入桥台基础内部，降低基础的水分含量，减小对基础结构的影响。

3. 排水系统的设计与防洪措施

（1）排水系统设计

在桥台基础设计中，要合理设置排水系统，确保及时排除地下水，减小水文压力对基础的影响。采用合理的排水设计，包括设置排水沟、防渗帷幕等，以确保桥梁周围水文条件的稳定。

（2）防洪措施

在高水位的情况下，考虑采取防洪措施，如设置护岸、防洪挡板等，减小洪水对桥梁基础的冲击和侵蚀，提高桥台基础的稳定性。

4. 基础防护结构的设计

（1）护岸结构

在高地下水位的情况下，考虑设置护岸结构，以减小水流对桥台基础的冲刷侵蚀。护岸可以通过合理的几何形状和材料选择，提高基础结构的稳定性。

（2）潜堤设计

在地下水位高、地势较低的地区，可以考虑设置潜堤，将地下水位降到较低的安全水平，以减小对桥台基础的影响。

（3）防渗层的设置

在基础结构中设置防渗层，采用防渗材料，以减少地下水的渗透，降低土壤含水量，提高基础的稳定性。

通过综合考虑地下水位的影响，采取科学的水文勘测、基础埋深设计、排水系统设计和基础防护结构的设计等措施，可以有效应对地下水位对桥台基础的影响，确保桥梁在变化的水文条件下的安全和稳定运行。

第四章 山区公路桥梁结构设计

第一节 不同地质条件下的桥梁结构选择

一、岩石地质条件下的桥梁结构选择

（一）岩石地质条件下桥梁基础类型与结构的优劣比较

1.岩石地质对桥梁基础类型的影响

岩石地质是桥梁基础设计中的重要考虑因素之一。在不同的岩石地质条件下，桥梁基础的类型选择将直接影响桥梁的稳定性和安全性。岩石地质主要包括片状岩、块状岩和软弱岩等不同类型，每种类型的岩石地质都对桥梁基础的性能提出了独特的要求。

对于片状岩地质，由于岩层之间存在较大的裂隙和节理，选择适当的基础类型尤为关键。传统的桥梁基础类型如桩基和扩展基础可能受到裂隙的影响，因此需要采用更为灵活的基础形式，如悬臂梁基础，以更好地适应地质条件。

在块状岩地质中，岩石呈块状分布，桥梁基础的选择可以更加多样化。岩石块之间的连接性较好，适合采用刚性基础形式，如桩基或基础板。这样的基础形式可以有效地传递荷载，提高桥梁的整体稳定性。

至于软弱岩地质，由于岩石的强度相对较低，传统的刚性基础可能不够稳定。在这种情况下，可以考虑采用灵活的基础形式，如橡胶支座或隔震基础，以减小地震等外部荷载对桥梁的影响，确保其长期稳定运行。

2.桥梁基础结构的设计与施工

在岩石地质条件下，桥梁基础的设计和施工需要更加细致入微。

首先，需要进行详尽的地质勘测，了解地下岩石的分布、性质和强度，以便为基础结构的选择提供准确的依据。

其次，在设计阶段，需要根据地质条件选择合适的基础类型和结构形式。例如，

在岩石块状分布的地质中，可以采用深基础形式，如桩基，以确保基础能够深入到坚固的岩石层。而在软弱岩地质中，可能需要考虑基础的隔震设计，以减小地震引起的荷载传递。

另外，施工阶段需要根据实际地质条件采取相应的施工方法。在岩石较硬的地质中，可能需要使用钻孔爆破等方法来破碎岩石，以便进行基础的深挖。而在软弱岩地质中，可能需要采用特殊的注浆技术来加固地基，提高基础的承载能力。

总体而言，岩石地质对桥梁基础的设计和施工提出了更高的要求，需要综合考虑地质条件、荷载特性和结构形式，确保桥梁在各种工况下都能够稳定运行。

3. 经济性和可持续性的考虑

在选择桥梁基础类型和结构时，经济性是一个至关重要的考虑因素。不同的岩石地质条件下，基础结构的选择将直接影响项目的总体投资和运营成本。因此，需要在确保桥梁结构安全稳定的前提下，尽量选择经济效益最佳的基础形式。

在岩石块状地质中，由于岩石的相对均匀性，传统的深基础形式如桩基可能是经济有效的选择。而在片状岩地质中，可能需要采用更为复杂的基础结构，但同时也需要权衡其对项目经济性的影响。

此外，可持续性是当代桥梁设计的重要考虑因素之一。在选择基础类型和结构时，需要考虑材料的可再生性、施工过程中的环境影响及基础结构对周围生态系统的影响等因素，以确保桥梁项目在长期运行中对环境造成的影响减到最小。

4. 维护和修复的可行性

在岩石地质条件下，桥梁基础的维护和修复可能会面临一些特殊的挑战。首先，由于岩石的坚硬性，基础结构一旦出现损坏可能需要更复杂的修复工艺。此外，岩石地质条件下的桥梁可能受到地震等自然灾害的影响，导致基础结构的破坏，因此需要考虑在设计阶段就加强基础结构的抗震性能。

在选择基础类型和结构时，需要综合考虑维护和修复的可行性。在岩石地质条件下，一些基础类型可能使维护和修复变得更加困难，而其它类型则可能更容易进行维护。

例如，在软弱岩地质中，如果选择了橡胶支座或隔震基础，这些灵活的基础结构可能需要更加细致的监测和维护工作。特殊材料的使用需要更频繁地检查，以确保其性能不受损害。因此，在设计阶段需要考虑这些因素，确保桥梁的维护和修复工作能够在实际条件下顺利进行。

此外，在进行基础维护时，需要考虑施工的可行性。某些基础类型可能需要更多的人力和设备，而其它类型则可能更容易实施机械化的维护和修复。在软弱岩地质中，注浆技术等特殊的维护方法可能需要更高的技术水平和专业设备，因此在选择基础结构时需要考虑维护的可行性。

总体而言，维护和修复的可行性对桥梁的寿命和运行安全性至关重要。在岩石地质条件下，选择合适的基础类型和结构，结合科学的维护计划，可以有效降低维护成本，延长桥梁的使用寿命。

综上所述，岩石地质对桥梁基础类型与结构的选择产生了深远的影响。通过考虑地质特征，合理选择基础类型，并在设计、施工、经济性、可持续性、维护和修复等方面进行考虑，可以确保桥梁在岩石地质条件下具有良好的稳定性、安全性和可维护性，为其长期运行提供可靠的支持。

（二）岩石地质条件下桥梁抗震设计的特殊考虑

1.地质背景与岩石特性

岩石地质条件对桥梁抗震设计具有显著的影响。在进行抗震设计时，首先需要深入了解该地区的地质背景和岩石特性。岩石的种类、强度、裂隙分布及地层的变化都将对桥梁的抗震性能产生直接影响。不同类型的岩石在地震作用下表现出不同的响应，因此必须充分考虑这些因素，以确保桥梁在地震中具有足够的稳定性。

在进行地质调查时，需要详细了解地下岩石的层理、构造裂隙和水文地质条件。这些信息对预测地震时岩石的变形和破裂行为至关重要。通过对岩石的实验室测试和现场勘察，可以获取岩石的强度、变形模量等关键参数，为后续的抗震设计提供准确的数据基础。

2.桥梁结构与地震荷载的相互作用

在岩石地质条件下，桥梁结构与地震荷载之间的相互作用是抗震设计中的关键问题。岩石地质通常会引起较硬的基础，对桥梁的动力特性产生显著影响。在进行动力分析时，需要考虑桥梁与岩石基础之间的相互作用，以充分揭示结构在地震中的响应。

此外，岩石地质条件下的桥梁设计还需要考虑地震波传播的特性。岩石地质通常具有较高的波速，因此地震波在岩石中的传播速度较快。这将对桥梁的振动周期和共振产生显著的影响，需要通过精确的地震动输入来确保结构在地震中不会受到过大的振动影响。

3.岩石地质条件下桥梁基础设计

桥梁的基础设计在岩石地质条件下显得尤为重要。由于岩石的坚硬性质，桥梁基础往往需要深入到较深的岩层中。在基础设计中，需要充分考虑基础的承载能力、抗震性能以及与岩石的良好连接。

合理的基础设计还需要充分考虑岩石的不均匀性和变异性。地质条件下的岩石可能存在裂隙和层理，这将对基础的稳定性和均匀性产生不利影响。因此，在基础设计中需要通过地质勘察获得足够的地质信息，以便采用适当的基础形式和加固措施。

4. 结构材料与细节设计

岩石地质条件下，桥梁结构材料的选择和细节设计也需要特别注意。岩石地区通常具有较高的地温和湿度变化较小的特点，这对桥梁结构的耐久性提出了更高的要求。因此，在选择结构材料时，需要考虑其对温度和湿度的稳定性，以确保结构在长期使用中能够保持稳定的性能。

在细节设计方面，需要针对岩石地质条件进行合理的构造设计，以减小结构的地震响应。例如，可以通过采用柔性支座、适当设置伸缩缝等手段，来增加结构的变形能力，减小地震作用对结构的影响。

在岩石地质条件下，桥梁抗震设计需要全面考虑地质、结构和材料等多个方面的因素。通过深入的地质调查、合理的结构设计和材料选择，可以有效提高桥梁在地震中的抗震性能，确保其在服务期内安全可靠地运行。

（三）不同岩性对桥梁结构性能的影响

1. 岩性差异对桥梁基础设计的挑战

不同岩性的存在给桥梁基础设计带来了显著的挑战。在进行基础设计时，需要充分考虑岩性的强度、稳定性及变异性。软弱岩性可能导致基础承载能力下降，而坚硬岩性则需要更深的基础穿透，增加了施工难度。不同的岩性还可能引发不均匀的沉降和变形，进而影响桥梁的整体稳定性。因此，在基础设计中，必须通过详细的地质勘察和工程地质测试，充分了解不同岩性对基础性能的影响，采用相应的基础形式和加固措施。

2. 岩性与桥梁结构动力响应的关系

桥梁结构的动力响应与不同岩性之间存在密切的关系。软弱岩性的存在通常使得桥梁在地震时更容易发生较大的位移和变形。相比之下，坚硬岩性能够提供更为刚硬的基础，有助于降低结构的振动幅度。在地震设计中，需要通过详细的动力分析，考虑桥梁与不同岩性基础之间的相互作用，以更精确地预测结构的地震响应。这涉及结构的固有周期、振动模态等动力参数的分析，以确保结构在地震中具有良好的稳定性。

3. 岩性对桥梁材料选择的影响

不同岩性的地区对桥梁材料的选择提出了不同的要求。在软弱岩性的地区，由于地基土壤可能存在较大的沉降和变形，需要选择具有较好变形性能和适应性的材料，如高强度混凝土和柔性支座等。而在坚硬岩性的地区，结构材料的耐久性和抗震性能更为重要。此外，考虑到不同岩性的气候和温度差异，需要选择对不同环境条件具有稳定性的材料，以确保桥梁结构在长期使用中能够保持稳定性。

4. 岩性对桥梁施工工艺的影响

不同岩性对桥梁施工工艺也有着显著的影响。在软弱岩性地区，可能需要采用较为复杂的基础处理工艺，如灌注桩、搅拌桩等，以提高基础的承载能力。而在坚硬岩性地区，施工难度较大，可能需要采用爆破或机械挖掘等方式来穿越坚硬的岩层。因此，在桥梁施工前，必须根据地质调查结果和岩性特点，精心制订施工方案，采用适合的工程技术和设备，以确保施工的高效性和安全性。

总体而言，不同岩性对桥梁结构性能的影响涉及基础设计、动力响应、材料选择和施工工艺等多个方面。通过全面了解不同岩性的特点，结合详细的地质勘察和工程测试，可以有效地制订相应的桥梁设计和施工方案，确保桥梁在不同地质条件下具有良好的稳定性和抗震性能。

二、土质地质条件下的桥梁结构选择

（一）土质地质条件下桥梁基础与结构的匹配选择

1. 土质特性对桥梁基础设计的影响

土质地质条件对桥梁基础设计有着深远的影响。不同种类的土质，如粉土、黏土、砂土等，具有不同的力学特性和承载能力。在进行桥梁基础设计时，需要充分了解土质的物理性质、抗剪强度、渗透性等关键参数，以确保基础在土体中的稳定性。

粉土一般较为松散，其承载能力相对较低，容易发生沉降和变形。在这种土质条件下，常采用扩底基础或加固措施来提高基础的稳定性。相比之下，黏土的抗剪强度较高，但受潮易软化，可能引起基础沉降。因此，基础设计时需要综合考虑土体的力学性质，选择适当的基础形式和加固措施。

2. 土质地质条件对桥梁结构的地震响应影响

土质地质条件对桥梁结构地震响应具有显著的影响。土体的柔软性和耐震性直接关系到结构在地震作用下的变形和破坏程度。一般来说，柔软的土体会导致桥梁在地震中产生较大的位移和变形，因此在结构设计中需要考虑增加结构的柔性，采用柔性支座等减震措施。

与此相反，坚硬的土体可能导致地震波的反射和透射，引起结构的共振和更高的地震响应。因此，在土质地质条件下，需要通过详细的地震动分析，合理选择结构的抗震设计参数，以降低地震引起的结构振动幅度，确保桥梁在地震中具有良好的稳定性。

3. 土质地质条件对桥梁基础施工工艺的要求

土质地质条件对桥梁基础施工工艺提出了特殊的要求。在松散的土质地区，基础的施工可能受到土体塌方和坍塌的影响，需要采用适当的支护和加固措施。而在黏土地区，由于土体黏附性强，可能涉及土壤的冻结与融化问题，需要采用合适的冻融技术。

此外，土体的渗透性也对基础施工工艺有着直接影响。在土质地质条件下，可能需要采用防渗措施，以确保基础稳定性和抗震性能。因此，在桥梁基础施工前，必须根据土体的特性精心制订施工方案，选择适合的施工技术和设备，以确保施工的高效性和安全性。

4. 土质地质条件对桥梁结构材料的选择

土质地质条件对桥梁结构材料的选择也具有一定影响。在松散土质地区，可能需要选择轻质高强材料，以减小结构的自重，降低对土体的荷载。而在黏土地区，由于土体潮湿易软化，结构材料需要具有较好的防水和耐潮性能，以确保结构的长期稳定性。

总体而言，土质地质条件下桥梁基础与结构的匹配选择需要综合考虑土体的力学性质、地震响应、施工工艺和结构材料等多个因素。通过深入了解土质地质条件，结合详细的地质勘察和工程测试，制订科学合理的设计和施工方案，确保桥梁在不同土质地区具有良好的稳定性和抗震性能。

（二）土质地质条件下桥梁结构的抗沉陷设计

1. 土质特性对沉陷风险的影响

在土质地质条件下，沉陷是桥梁结构面临的常见挑战之一。不同土质具有不同的沉陷风险，主要与土体的压缩性、含水量和粒度分布等因素有关。例如，黏土在受到荷载作用时，由于其高含水量和较强的黏结力，容易发生压缩沉陷。而砂土则可能因水分排出而引发沉陷。因此，在抗沉陷设计中，需要通过详细的地质调查，充分了解土质特性，以预测潜在的沉陷风险，并制定相应的设计策略。

2. 抗沉陷设计的关键参数和方法

在土质地质条件下，桥梁结构的抗沉陷设计需要考虑一系列关键参数和采用相应的方法。首先，了解土体的压缩特性是至关重要的，涉及实验室测试和现场勘察，以获取土体的压缩模量、固结指数等关键参数。其次，考虑土体的含水量和排水性能，以确定土体的水分对沉陷的影响。在实际设计中，采用常规的地基处理方法，如预压、加固和排水等，来降低土体的沉陷性能。此外，可以采用沉陷监测系统，实时监测桥梁结构的沉陷情况，及时采取补救措施。

3. 填土基础的沉陷问题与应对措施

在土质地质条件下，桥梁结构通常需要建在填土基础上。填土的沉陷问题是土质地区桥梁设计中一个普遍存在的挑战。填土沉陷通常是因为填土本身的沉陷、水分变化引起的沉陷以及地基固结引起的沉陷等多种因素共同作用。为了解决填土基础的沉陷问题，需要采用适当的加固和处理方法。常见的方法包括采用轻质填料、采用加筋土墙进行支护、进行地基加固等，以降低填土沉陷的影响。

4. 沉陷对桥梁结构安全性的考虑

沉陷对桥梁结构的安全性有着直接影响。大幅度的沉陷可能导致结构的不均匀沉降，引发裂缝、倾斜等问题，从而影响结构的稳定性和安全性。在进行桥梁设计时，需要充分考虑土质地质条件下的沉陷风险，采用适当的设计和监测手段，确保桥梁在服务期内具有足够的稳定性和安全性。同时，制订详细的维护计划，对已经发生沉陷的桥梁及时采取加固和修复措施，以延长其使用寿命。

在土质地质条件下，桥梁结构的抗沉陷设计是确保结构安全可靠运行的重要环节。通过深入的地质勘察、合理的设计参数选取和采用有效的地基处理技术，可以最大限度地减小沉陷对桥梁结构的影响，确保其在长期使用中具有良好的性能。

（三）饱和土地质对桥梁结构的影响与设计方法

1. 饱和土地质对桥梁基础的挑战

饱和土地质条件对桥梁基础构成了独特的挑战。饱和土体中充满水分，其抗剪强度和刚度相对较低，容易发生流变变形。在这种情况下，桥梁基础可能会受到较大的水平和垂直荷载的影响，引起不均匀沉降和变形。因此，在基础设计中，必须采取适合的措施来应对饱和土地质的挑战。常见的设计方法包括增加基础的面积以降低荷载密度、采用深基础以减小基础承载压力、采用抗浮筏基础以减小浮升等。

2. 地下水位对饱和土地质桥梁结构的影响

饱和土地质中地下水位的高低对桥梁结构具有显著的影响。高地下水位会使土体处于饱和状态，增加土体的流变性和压缩性，同时对桥梁基础和结构的稳定性产生不利影响。在设计中，需要充分考虑地下水位的波动范围，选择适合的排水系统以确保土体的排水通畅，减小水分对结构的不利影响。同时，可以通过采用防水措施，如挡墙、防水层等，有效隔离地下水，减小其桥梁结构的作用。

3. 桥梁结构材料的选择与抗饱和性能

饱和土地质条件下，桥梁结构材料的选择至关重要。由于土体中含有大量水分，选择抗饱和性能较好的材料对确保结构的长期稳定性至关重要。混凝土、沥青和防水材料等抗饱和性能较好的材料可在潮湿环境中保持稳定性，减小水分对结构的侵蚀。此外，对于地基土体可以考虑采用较为耐久的材料，以防止材料在饱和状态下的过早老化和疲劳。

4. 抗饱和设计方法与地下水调控技术

抗饱和设计是在饱和土地质条件下确保桥梁结构安全可靠运行的重要手段。在进行抗饱和设计时，需要采用适合的方法来降低土体的流变性，增加土体的抗剪强度。常见的设计方法包括采用地下挡墙、加固土体、采用抗浮筏基础等。地下水调控技术也是抗饱和设计的重要一环，通过合理的排水系统、沉降监测系统等手段，实现对地下水位的有效控制，减小饱和土地质对桥梁结构的不利影响。

在面对饱和土地质条件时，桥梁结构的设计需要全面考虑基础、地下水位、结构材料等多个方面的因素。通过综合应用抗饱和设计方法和地下水调控技术，可以有效降低饱和土地质对桥梁结构的影响，确保结构在不同工况下具有足够的稳定性和抗震性能。

第二节　弯矩、剪力与扭矩的分析与设计

一、弯矩在山区桥梁结构中的影响

（一）弯矩对不同结构类型的影响

1. 梁结构中的弯矩分析与设计考虑

梁是最常见的结构类型之一，弯矩对梁结构的影响尤为显著。弯矩是由外部荷载引起的结构内部的弯曲力矩，其大小和分布对梁的强度和刚度有着直接影响。在梁的设计中，需要通过详细的弯矩分析，考虑外部荷载的大小和分布，以确定梁的截面尺寸和所需材料的强度。不同梁结构，如简支梁、连续梁、悬臂梁等，其受弯矩的分布和变化规律也各异，因此在设计中需要根据具体的工程要求和条件进行合理选择。

2. 弯矩在框架结构中的传递与分析

框架结构是由柱和梁组成的三维结构，弯矩在框架结构中的传递具有复杂性。在框架结构中，弯矩不仅通过梁传递，还可能通过柱传递到其他梁和柱。这种结构的弯矩传递路径需要综合考虑结构的几何形状、材料特性和外部荷载等因素。在框架结构的设计中，需要进行弯矩分析，确定结构中各个部位的弯矩大小和方向，以确保结构在不同工作状态下具有足够的稳定性和承载能力。

3. 刚构架结构中的弯矩控制与抗侧移设计

刚构架结构是由刚性节点和弹性梁组成的结构，弯矩对其控制和设计具有重要意义。在刚构架结构中，弯矩的大小和分布直接影响节点的位移和结构的整体刚度。为了控制结构的侧移，设计中需要合理设置节点和梁的刚度，以确保结构在外部荷载作

用下不会发生过大的位移。此外，弯矩的大小也影响着刚构架结构的承载能力，因此需要通过合理的弯矩控制来满足结构的设计要求。

4.弯矩在悬索桥和拱桥中的特殊考虑

在悬索桥和拱桥等特殊结构中，弯矩的影响表现得更为独特。在悬索桥中，主要通过索力来传递荷载，弯矩对塔和锚固点的影响需要特殊考虑。在拱桥中，弯矩的分布与桥墩和拱体的几何形状密切相关，需要通过细致地分析来确定结构的设计。这些特殊结构的设计中，除了考虑弯矩对结构的静力影响外，还需要充分考虑动力效应，确保结构在不同工况下的安全性和稳定性。

总体而言，弯矩在不同结构类型中的影响涉及结构的强度、刚度、稳定性等多个方面。在结构设计中，通过详细的弯矩分析和合理的设计考虑，可以确保结构在实际工作中具有良好的性能，满足工程的安全和经济要求。

（二）不同地质条件下弯矩的分析与设计原则

1.地质条件对桥梁弯矩分布的影响

不同地质条件下，桥梁结构的弯矩分布会受到地质特性的显著影响。在软弱地质条件下，如泥土或沙质土，由于其较差的承载能力，桥梁可能面临较大的基础沉陷和变形，导致结构发生不均匀的弯矩分布。相反，在坚硬地质条件下，如岩石地质，基础可能较为坚硬，弯矩分布相对均匀。因此，地质条件的差异将在弯矩分布上产生明显影响，需要在设计中充分考虑地质对结构荷载传递的影响。

2.地质条件对桥梁基础设计的挑战

不同地质条件下，桥梁基础的设计面临不同的挑战。在软弱地质中，可能需要采用较大面积的扩底基础或深基础，以提供足够的承载能力。此外，软弱地质通常伴随地基沉降问题，需要采用预压或其他加固措施来减小沉降对基础的影响。相反，在坚硬地质中，可能需要应对较高的基础反力和复杂的地下岩层结构，需要采用适当的加固手段来确保基础的稳定性。因此，地质条件的差异将对桥梁基础设计提出独特的要求，需要结合详细的地质勘察和工程测试制订相应的设计方案。

3.地质条件对桥梁材料选择的考虑

地质条件对桥梁的材料选择也具有显著影响。在软弱地质中，由于地基土壤的不稳定性，需要选择具有较好变形性能的材料，如高强度混凝土和柔性支座，以适应地基的沉降和变形。在坚硬地质中，可以选择更具刚性的材料，如高强度钢材或高强度混凝土，以应对较大的弯矩和基础反力。因此，在桥梁设计中，必须充分考虑地质条件对材料性能的要求，选择适用于具体地质条件的结构材料，以确保结构的长期稳定性。

4. 地质条件对桥梁动力响应的影响

地质条件对桥梁的动力响应也具有重要影响。在软弱地质中，由于土体的柔软性，桥梁可能更容易受到地震波的影响，产生较大的振动位移。相反，在坚硬地质中，由于地质的刚性，结构的振动较小。因此，在进行桥梁的抗震设计时，需要根据地质条件合理选择结构的抗震设计参数，以确保结构在地震中具有良好的稳定性。

总体而言，不同地质条件下，桥梁结构在弯矩分布、基础设计、材料选择和动力响应等方面都会有所不同。通过全面考虑地质条件的特点，结合详细的地质勘察和工程测试，可以制订科学合理的设计和施工方案，确保桥梁在不同地质条件下具有良好的稳定性和抗震性能。

（三）弯矩与桥梁承载能力的关系

1. 弯矩对桥梁结构的影响

弯矩是桥梁结构中一种常见的内力，是由外部荷载和支座反力引起的。弯矩对桥梁结构的影响是多方面的。首先，弯矩决定了桥梁中不同截面的受力状态，直接影响结构的变形和变位。大的弯矩会引起截面的弯曲和变形，因此在设计中需要充分考虑结构的强度和变形限制，以确保结构在使用过程中满足设计要求。其次，弯矩也与桥梁的抗震性能有密切关系。在地震或其他外部扰动的作用下，弯矩可能会导致结构的振动，因此需要在设计中考虑结构的抗震能力，采取适当的抗震措施，以保障桥梁在地震等极端情况下的安全性。

2. 桥梁承载能力与截面形状的关系

桥梁的截面形状直接影响其承载能力。在设计中，通过合理选择截面形状，可以使桥梁更好地承受弯矩荷载。例如，采用 T 形截面或 I 形截面的梁，可以提高梁的抗弯强度和刚度，使其更适合承受较大的弯矩。此外，截面形状的选择还与桥梁结构的空间布局和功能需求密切相关。通过合理设计截面形状，可以在不影响结构整体性能的前提下，提高桥梁的承载能力，满足工程实际要求。

3. 材料强度与桥梁的抗弯性能

桥梁的材料强度是决定其抗弯性能的重要因素。不同的建筑材料具有不同的抗弯强度和刚度。在桥梁设计中，需要根据结构要求和使用环境选择适当的材料，确保结构在受到弯矩作用时具有足够的强度和稳定性。高强度混凝土、钢材等先进材料的应用，可以有效提高桥梁的抗弯性能，降低结构的自重，从而提高整体承载能力。合理选择材料，并进行材料性能的全面考虑，对桥梁的安全可靠运行至关重要。

4. 桥梁结构的综合性能与承载能力

桥梁的综合性能是由多种因素综合作用的结果，其中包括弯矩的影响。综合性能不仅包括结构的强度和刚度，还包括变形能力、抗震性能、耐久性等多个方面。在设计中，需要充分考虑这些因素的相互关系，通过优化设计，使得桥梁在整体上具有更好的综合性能。合理的弯矩分配、截面形状设计、材料选择等因素的协调作用，可以有效提高桥梁的承载能力，满足实际使用和安全要求。

总体而言，弯矩与桥梁的承载能力密切相关，通过在设计中综合考虑弯矩的影响，合理选择截面形状、材料强度等设计参数，可以有效提高桥梁的抗弯性能，确保其在使用过程中具有足够的稳定性和安全性。

二、剪力在山区桥梁结构中的分析与设计

（一）剪力分析在地震作用下的特殊要求

1.地震剪力的非均匀分布

地震作用下，结构往往会受到不均匀的水平地震力分布，导致剪力在结构中的分布变得复杂。这是由于地震波在穿过地质层时的反射、透射和散射等现象，使得不同部位受到的地震力不一致。因此，剪力的非均匀分布成为地震荷载下结构分析与设计中需要特别关注的问题。在剪力分析中，需要充分考虑结构不同部位受到的地震力，采用相应的方法，如模态超静定组合、地震波传递函数等，以准确反映地震剪力的非均匀分布。

2.结构的非线性行为与剪力

地震作用下，结构可能发生非线性行为，如塑性铰的形成、材料的非弹性变形等。这使结构的剪力分析更为复杂，因为结构的刚度、强度等参数在地震作用下会发生变化。在地震剪力分析中，需要考虑结构的非线性行为，采用适当的非线性分析方法，如时程分析、Pushover分析等，以获取结构在地震下的真实响应。此外，还需综合考虑结构在不同振动模态下的非线性效应，以全面了解结构的地震性能。

3.剪力墙结构的特殊要求

对于剪力墙结构，地震作用下的特殊要求更为显著。剪力墙作为结构的主要抗震构件，其地震剪力的传递、分布及墙体非线性行为对结构整体的地震性能起着关键作用。在剪力墙结构的地震剪力分析中，需要考虑剪力墙的空间分布、相互作用以及非线性效应。通过使用专门的剪力墙分析方法，如等效框架法、位移法等，可以更精确地预测剪力墙结构在地震作用下的剪力分布和整体性能。

4.考虑周期变化对剪力的影响

地震荷载引起的结构振动往往具有周期性，即结构振动的周期可能随着时间变化。这种周期变化会对剪力分布和结构的响应产生显著影响。在地震剪力分析中，需要综

合考虑结构在不同振动周期的剪力变化，采用时程分析等方法，以更准确地预测结构的地震响应。特别是对于高层建筑等结构，其周期可能与地震波的周期相近，结构在共振时剪力可能会显著增大，因此需要特别关注结构的周期变化对剪力的影响。

在地震作用下，剪力分析需要更多地考虑结构的非均匀性、非线性行为、特殊结构类型（如剪力墙结构）和周期变化等因素。通过采用适当的分析方法和结构设计手段，可以更准确地评估结构在地震荷载下的剪力分布，确保结构在地震中具有良好的抗震性能。

（二）不同剪力传递方式对桥梁结构的影响

1. 梁式结构的剪力传递方式

梁式结构是桥梁中常见的结构形式，其剪力传递主要通过横梁（梁）来实现。在梁式结构中，横梁承担着横向地震荷载的传递和分配任务。横梁通过剪力传递给桥墩，最终由桥墩通过桥台传递至基础。梁式结构的剪力传递方式相对简单，但需要考虑横梁和桥墩之间的剪力传递效果，以及横梁的刚度和强度对结构整体性能的影响。通过合理设计横梁截面形状和加强剪力传递路径，可以提高梁式结构的抗震性能。

2. 拱桥结构的剪力传递方式

拱桥是一种采用拱形构件来承受荷载的结构形式，其剪力传递方式与梁式结构有所不同。拱桥的荷载主要通过拱腿传递给桥墩，再由桥墩传递至基础。拱桥的剪力传递路径相对独特，可以形成稳定的弓形结构，有效抵抗地震荷载。拱桥在剪力传递方面的特殊性使其在地震作用下具有良好的性能，但需要注意拱腿和桥墩之间的相互作用，以确保剪力传递的有效性。

3. 悬索桥结构的剪力传递方式

悬索桥是一种以悬索为主要结构构件的桥梁形式，其剪力传递方式较为独特。在悬索桥中，主悬索和斜拉索起到了关键的作用，承担了横向地震荷载的传递。悬索桥通过悬索和主塔的相互作用来实现剪力传递，而不同于传统的梁式结构。悬索桥的剪力传递路径相对直接，但需要考虑悬索的刚度和主塔的变形对结构整体性能的影响。通过调整悬索的预张力和优化主塔形式，可以提高悬索桥的地震抗力。

4. 斜拉桥结构的剪力传递方式

斜拉桥是一种以斜拉索为主要结构构件的桥梁形式，其剪力传递方式较为独特。在斜拉桥中，斜拉索通过斜拉桥塔传递地震荷载，最终由桥塔传递至基础。斜拉桥的剪力传递路径相对直接，但需要考虑斜拉索和桥塔之间的相互作用。调整斜拉索的预张力和优化桥塔的设计，可以提高斜拉桥的地震抗力。此外，斜拉桥的非对称结构也会影响剪力传递，因此在设计中需要综合考虑结构的几何形态和荷载特性。

不同剪力传递方式对桥梁结构的影响取决于结构的几何形态、材料特性和荷载条件。通过合理设计和优化结构，可以提高桥梁的剪力传递效果，使其在地震作用下具有更好的抗震性能。在实际工程中，根据桥梁的具体类型和使用要求，选择适当的剪力传递方式是确保结构安全可靠运行的关键一环。

（三）剪力与桥梁横向稳定性的关联

1. 桥梁横向稳定性的基本概念

桥梁横向稳定性是指桥梁在横向方向上的整体稳定性和抗侧向荷载能力。横向稳定性问题主要涉及桥梁的侧向荷载引起的整体平衡和结构的稳定性。在考虑桥梁横向稳定性时，需要关注桥梁横向结构体系的设计、荷载传递和支座条件等方面的问题。

2. 剪力对桥梁横向稳定性的作用

剪力在桥梁横向稳定性中发挥着关键作用。在横向地震、风荷载或其他侧向荷载作用下，桥梁结构会受到横向剪力的作用。这些剪力主要通过桥墩和横梁传递，直接影响桥梁的横向稳定性。剪力的引入导致了横向位移和变形，进而影响了桥梁的整体稳定性。因此，在桥梁设计中，必须充分考虑横向剪力对结构的影响，以确保桥梁在横向荷载作用下具有足够的稳定性。

3. 剪力引起的横向荷载分布

剪力的作用会引起横向荷载在桥梁结构中的分布。桥梁结构在横向方向上的刚度和强度会影响横向剪力的传递和分布。当横向荷载作用于桥梁结构时，剪力会引起结构的弯曲和变形，导致横向荷载在结构中的集中或分散。因此，在桥梁设计中，需要通过合理的横向结构布置、剪力墙的设置及横向荷载分配的优化，来提高桥梁的横向稳定性。

4. 剪力墙在桥梁横向稳定性中的应用

剪力墙是用于提高桥梁横向稳定性的重要构件。在桥梁结构中设置适当位置的剪力墙可以有效地抵抗横向荷载引起的剪力，提高结构的整体刚度。剪力墙通过承担横向剪力，减小了结构的位移响应，提高了结构的整体稳定性。合理设置和设计剪力墙的位置和尺寸，可以明显改善桥梁在横向方向上的性能，确保其在横向荷载作用下具有足够的稳定性。

总体而言，剪力与桥梁横向稳定性密切相关。在桥梁设计中，需要充分考虑横向荷载对结构的剪力引起的影响，通过合理的结构布置、剪力墙设置及横向荷载分配的优化，来提高桥梁的横向稳定性。通过全面的横向稳定性分析和设计手段，可以确保桥梁在横向荷载作用下具有良好的整体性能和稳定性。

三、扭矩的考虑与设计方法

（一）扭矩对不同结构的影响与分析

1. 扭矩对梁结构的影响

扭矩是指围绕结构轴线的旋转力矩，对梁结构的影响主要体现在梁的截面变形和整体扭转效应上。梁在受到扭矩作用时，横截面会发生形变，呈现出扭曲的形态。这导致了梁结构的非对称性，增加了横向位移。在设计梁结构时，需要考虑扭矩对横向位移和整体变形的影响，以保证结构的稳定性和安全性。采用适当的截面形状和加强措施，如设置抗扭剪力墙或加强横向连接，可以有效抵抗扭矩引起的变形。

2. 扭矩对框架结构的影响

框架结构在承受扭矩作用时，会出现整体的扭转效应。扭矩引起的结构扭转可能导致各个楼层之间的相对位移，进而影响结构的整体稳定性。在分析框架结构的扭矩影响时，需要考虑结构的刚度分布和柱-梁连接的扭转刚度。通过合理设置结构剪力墙、加强梁柱节点，或采用横梁-纵梁连接等措施，可以有效提高框架结构的抗扭能力。

3. 扭矩对剪力墙结构的特殊影响

剪力墙结构在扭矩作用下表现出特殊的响应。扭矩引起了剪力墙的整体扭转效应，同时也使剪力墙的截面发生变形。在设计剪力墙结构时，需要充分考虑扭矩对剪力墙整体性能的影响，特别是在高层建筑中，扭矩可能对结构的稳定性产生显著影响。通过合理设计剪力墙的位置、截面形状和加强措施，可以提高剪力墙结构的扭矩抗力，确保其在复杂荷载下的整体稳定性。

4. 扭矩对悬索桥和斜拉桥的挑战

在悬索桥和斜拉桥等特殊结构中，扭矩的影响更为显著。悬索桥主塔和斜拉桥塔受到扭矩的作用，可能引起整体结构的扭转。在这些结构中，扭矩对塔身和主悬索的影响需要特别关注，因为这会影响桥梁的整体几何形态和稳定性。在设计中，需要通过优化结构形状、设置适当的支座和采用抗扭加固措施，来提高悬索桥和斜拉桥在扭矩作用下的整体性能。

综合而言，扭矩对不同结构的影响因结构类型而异。在设计中，需要充分考虑扭矩引起的变形和整体扭转效应，采取适合的设计手段和加固措施，以确保结构在扭矩作用下具有良好的稳定性和安全性。

（二）桥梁结构中扭矩的传递与分布

1. 扭矩的来源与传递机制

在桥梁结构中，扭矩的主要来源分为外部荷载和结构非对称性两方面。外部荷载如风荷载、地震荷载等，都能引起桥梁结构的扭矩。结构非对称性包括桥梁截面形状、材料性质不均匀等因素，也会导致结构受到扭矩的作用。扭矩通过桥梁结构的不同部位传递，主要传递路径包括梁、桥墩、桥台等，具体传递机制取决于桥梁的几何形态和结构类型。

2. 桥梁结构中扭矩的分布特点

桥梁结构中扭矩的分布特点受到多方面因素的影响。首先，结构的几何形状和荷载分布是决定扭矩分布的关键因素。例如，当外部荷载不均匀作用于桥梁时，会导致结构产生扭矩。其次，结构的截面形状和材料性质也对扭矩分布产生影响。不同形状的截面在受到相同扭矩时，其扭转效应可能不同，进而影响扭矩在结构中的分布。另外，支座条件和结构的支撑情况也会影响扭矩的传递和分布，特别是在悬索桥和斜拉桥等特殊结构中，扭矩分布更为复杂。

3. 扭矩对桥梁结构各部位的影响

• 梁部分的影响

扭矩作用下，梁部分的横截面会发生扭转形变。梁的截面形状和尺寸对扭矩影响较大，扭转角度随截面的形状和尺寸而变化。合理设计梁截面形状，如加设抗扭剪力墙，可以减小扭转效应，提高梁的抗扭性能。

• 桥墩和桥台的影响

扭矩通过梁传递至桥墩和桥台。桥墩和桥台在受到扭矩作用时，也会发生扭转变形。合理设计桥墩和桥台的几何形状和剖面，以及采用适当的材料，可以减小扭矩对桥墩和桥台的影响，确保其在扭矩作用下具有足够的稳定性。

• 支座的影响

结构的支座条件对扭矩传递和分布也有显著影响。合理设计和设置支座，采用适当的支座摩擦系数和水平支座刚度，可以有效地减小扭矩的传递，降低结构的扭转效应，提高桥梁的整体稳定性。

4. 桥梁设计中的抗扭矩措施

在桥梁设计中，为了提高结构的抗扭性能，采取了一系列抗扭矩的措施。首先，合理选择梁的截面形状和尺寸，加设抗扭剪力墙或抗扭梁，以增加梁的抗扭刚度。其次，通过采用适当的剪力墙布置和设置，增加结构的整体刚度，提高桥墩和桥台的抗扭性能。此外，采用先进的结构材料和建筑技术，如高强度混凝土、预应力技术等，也能有效提高桥梁的整体抗扭性能。

总体而言，桥梁结构中扭矩的传递与分布受到多方面因素的影响。在设计中，需要综合考虑结构的几何形状、荷载条件、材料性质和支座情况等因素，通过采取合理的结构形式和加固措施，提高桥梁在扭矩作用下的整体性能和稳定性。

（三）扭矩对桥梁材料选择的指导作用

1. 材料的扭转刚度和强度

不同材料在受到扭矩作用下表现出不同的扭转刚度和强度。对桥梁结构而言，选择合适的材料是确保结构抗扭性能的关键一环。钢材通常具有较高的扭转刚度和强度，适用于梁、框架等需要承受大扭矩的部位。而混凝土虽然扭转刚度相对较低，但通过采用纤维增强混凝土等高性能材料，可以提高其抗扭性能。因此，在材料选择时，需要综合考虑材料的扭转刚度和强度，以满足桥梁结构对扭矩的要求。

2. 材料的抗疲劳性能

桥梁结构在运行过程中会受到交变荷载的作用，可能引起结构的疲劳破坏，包括扭转疲劳。不同材料对疲劳性能的响应有所差异，而且在受到扭矩作用时，材料的抗疲劳性能至关重要。例如，钢材通常具有较好的疲劳抗性，适用于需要经受循环扭转荷载的部位。在选择桥梁材料时，必须考虑结构的使用寿命和抗疲劳要求，以确保结构在长期运行中的可靠性。

3. 材料的可加工性和连接性

桥梁结构往往需要通过焊接、螺栓连接等方式进行组装，因此，材料的可加工性和连接性也是材料选择的重要考虑因素。在承受扭矩作用的结构中，尤其需要注意材料的可加工性，以确保结构的连接部位具有足够的强度和稳定性。钢材由于其可塑性好、易于焊接等特点，在桥梁结构中应用广泛，特别是在需要承受大扭矩的关键部位。

4. 环境和耐久性考虑

桥梁往往需要面对各种恶劣的环境条件，包括潮湿、高温、化学腐蚀等。不同材料对环境的适应性和耐久性表现也不同。在扭矩作用下，材料的耐久性尤为重要，以保障结构在长期运行中的稳定性和安全性。例如，耐腐蚀性能较好的不锈钢适用于潮湿和腐蚀环境，而具有较好耐久性的纤维增强混凝土可用于提高混凝土结构的抗环境侵蚀性能。

在桥梁材料的选择中，扭矩作用是一个至关重要的考虑因素。通过综合考虑材料的扭转刚度、强度、抗疲劳性能、可加工性和耐久性等因素，可以为桥梁结构提供合适的材料，确保结构在扭矩作用下具有优越的性能和可靠性。

第三节　预制小箱梁、T梁的优越性与设计方法

一、预制小箱梁的设计与应用

（一）预制小箱梁的制造工艺与优越性

1. 制造工艺概述

（1）模具设计与制作

预制小箱梁的制造过程始于模具的设计与制作。模具的设计需要考虑梁的几何形状、截面尺寸及预留浇筑缝等因素。采用计算机辅助设计（CAD）技术，可实现模具的精确制作，确保梁的生产过程中形状尺寸的准确性。

（2）配料与混凝土搅拌

梁的制造材料主要包括水泥、骨料、粉煤灰等。预制小箱梁采用混凝土浇注工艺，通过搅拌设备将各种原材料充分混合，形成均匀的混凝土浆体。在搅拌过程中，可以根据需要添加掺合料以改善混凝土的性能。

（3）钢筋加工与配置

在混凝土搅拌过程中，需要将预先加工好的钢筋布置在模具内，以提高梁的抗弯和抗拉性能。钢筋的配置需按照设计要求，通过精确地定位和安装，确保混凝土能够有效地包裹和保护钢筋。

（4）浇筑与养护

混凝土搅拌完成后，将混凝土浆体倒入模具中，确保充填完整之后，进行振捣以排除混凝土中的气泡，保证梁的密实性。养护阶段是混凝土强度发展的关键，通常需要在模具中进行一段时间的养护，以确保混凝土能够获得足够的强度。

2. 预制小箱梁的优越性

（1）质量控制与一致性

预制小箱梁通过标准化的模具和精确的生产工艺，能够实现批量生产且质量稳定。相比现场浇筑，预制小箱梁在质量控制上更加可靠，具有更高的一致性，减少了施工过程中可能出现的质量问题。

（2）施工周期缩短

预制小箱梁的制造和现场施工可以同时进行，由于预制工厂通常配备先进的生产

设备，生产周期相对较短。一旦到达施工现场，梁可以直接安装，大大缩短了整体施工周期，提高了施工效率。

（3）减少对现场劳动力的依赖

预制小箱梁的生产工艺主要在工厂内完成，相比现场浇筑，对现场劳动力的需求较少。这不仅降低了劳动力成本，还减少了现场工程的复杂性和不稳定因素，提高了施工的可控性。

（4）环境友好与资源节约

预制小箱梁生产过程中可以有效控制废弃物的产生，减少对周围环境的影响。由于采用标准化生产，可以更好地利用原材料，避免浪费，从而达到资源节约和环境友好的效果。

综合而言，预制小箱梁通过先进的制造工艺和优越性能，为桥梁工程提供了一种高效、可控、质量可靠的结构元件，推动了桥梁施工行业的发展。

（二）不同地质条件下预制小箱梁的适用性

1. 地质条件对预制小箱梁的影响

地质条件是桥梁工程设计中至关重要的因素之一，不同地质条件会对预制小箱梁的适用性产生显著影响。在软弱地基、沉积层较深或地下水位较高的地区，地基沉陷和土壤液化等地质问题可能引起桥梁结构变形和沉降，从而影响预制小箱梁的稳定性。因此，在不同地质条件下使用预制小箱梁时，需要通过详细的地质勘测和工程地质分析，制订相应的设计和施工方案，以确保结构的安全性和稳定性。

2. 预制小箱梁在软弱地基的适用性

在软弱地基条件下，传统的桥梁结构可能会受到较大的挑战，而预制小箱梁由于其整体性好、构造简单、易于控制质量等优势，在软弱地基中展现出较好的适用性。预制小箱梁可以通过合理设置基础和增加桥墩数量来分散荷载，减小地基承载压力，从而降低对软弱地基的不利影响。此外，预制小箱梁的模块化施工也有助于减少对施工现场的地基干扰，保护地基的稳定性。

3. 沉积层深厚地区的适用性

在沉积层深厚地区，地基的变形和沉降问题可能会对桥梁结构产生影响。预制小箱梁由于采用了模块化、预制加工的工艺，可以在较短的时间内完成桥梁的搭建，从而减小了对地基的持续性干扰。此外，预制小箱梁的整体性设计有助于减小结构变形，提高了桥梁对地基沉降的适应能力。在沉积层深厚地区，通过合理的基础设计和施工措施，可以更好地适应预制小箱梁的使用。

4.地下水位较高地区的适用性

地下水位较高可能导致桥梁基础受水位影响，引起桩基承载力降低、腐蚀问题等。预制小箱梁由于采用了预制工厂生产的方式，可以在受水位影响较小的环境中进行制造，减少了基础施工中水位对混凝土浇筑的不利影响。此外，预制小箱梁的密封性较好，有助于减少水分对结构的侵蚀，提高桥梁的耐久性。在地下水位较高的地区，预制小箱梁具有较好的适用性，但仍需要通过合理设计防水措施来确保结构的长期稳定。

在不同地质条件下，预制小箱梁凭借其整体性设计、模块化施工、预制工厂加工等优势，展现出较好的适用性。然而，在具体工程中，仍需充分考虑地质条件对结构的影响，采取相应的设计和施工措施，确保预制小箱梁在不同地质环境中的稳定性和安全性。

（三）预制小箱梁的桥梁性能分析

1.结构刚度和稳定性

预制小箱梁在桥梁性能中的一个关键方面是其结构刚度和稳定性。小箱梁的预制制造过程通常能够保证更加一致的截面尺寸和材料质量，从而提高结构刚度。此外，由于小箱梁是整体预制的，搭接缝的设计和施工质量也能影响结构的刚度。通过采用适当的截面形状、优化搭接缝设计和提高施工精度，可以进一步提高预制小箱梁的整体刚度和稳定性。

2.耐久性和抗腐蚀性

预制小箱梁的材料选择和制造工艺对其耐久性和抗腐蚀性至关重要。常用的预制小箱梁材料包括高强混凝土和预应力混凝土，这些材料具有较好的耐久性。制造过程中的充分浸泡养护和高质量的混凝土配合比可以提高小箱梁的耐久性。此外，对于在潮湿或腐蚀性环境中使用的小箱梁，可以采用防腐蚀措施，如表面涂层或添加防腐蚀材料，以延长其使用寿命。

3.抗震性能

预制小箱梁在抗震性能方面具有一定优势。由于其整体预制的特性，小箱梁能够更好地保持结构的整体性，提高桥梁的整体稳定性。在地震作用下，合理设计预制小箱梁的截面形状、设置抗震构件（如剪力墙）和采用适当的预应力布置，可以有效提高其抗震性能。此外，预制小箱梁的过程中，还可以通过质量控制手段来确保结构的一致性和耐震性。

4.施工效率和缩短工期

预制小箱梁具有较高的施工效率和缩短工期的优势。由于小箱梁在工厂内进行预制，可以同时进行其他现场施工工作，如桥墩和桥台的基础施工。这样可以显著减少施工现场的拥堵和影响，提高整体工程的进度。在不同地质条件下，预制小箱梁的这一优势在缩短工期和降低施工风险方面都具有积极的作用。

综合而言，预制小箱梁的桥梁性能分析需要从结构刚度和稳定性、耐久性和抗腐蚀性、抗震性能及施工效率和工期缩短等多个方面进行综合考虑。在实际工程中，合理的材料选择、精细的制造工艺和科学的施工管理将有助于确保预制小箱梁在不同地质条件下具有良好的桥梁性能。

二、T梁在山区桥梁中的设计原则

（一）T梁的力学特性与优劣势

1. 力学特性

（1）弯曲性能

T梁作为一种常见的横截面形式，具有良好的弯曲性能。其横截面形状使得T梁在受到垂直于横截面的力矩作用时，能够有效抵抗弯曲变形。这种特性使得T梁广泛应用于桥梁、建筑和其他结构工程中。

（2）剪切性能

T梁的横截面形状使其在剪切方向上具有较好的抗剪性能。这对承受横向荷载或地震荷载的结构来说至关重要。合理设计T梁的剖面形状和尺寸，可以进一步提高其剪切性能。

（3）抗扭性能

T梁的截面形状有助于提高结构的抗扭性能。在桥梁和建筑结构中，扭矩作用是常见的，T梁能够相对有效地抵抗这种扭转效应。这使T梁在多种结构中都具备良好的抗扭性能。

2. 优势

（1）施工便利性

T梁的横截面形状简单，易于加工和制造。这种简单性使T梁的施工相对便利，特别适用于批量生产和预制构件的制造。在桥梁和建筑工程中，采用T梁可以有效缩短施工周期，提高工程进度。

（2）适应性强

T梁的设计灵活，可以适应不同的工程需求。通过调整横截面的尺寸和形状，可以满足不同工程的荷载和空间要求。这种适应性使得T梁在桥梁和建筑设计中得到广泛应用。

（3）良好的抗震性能

由于T梁的横截面形状和结构布局，使其在抗震性能方面表现较好。T梁能够有效地分担地震荷载，减小结构的变形和损伤，提高整体抗震性能。

（4）高效的重量-强度比

T梁具有较高的重量-强度比，能够在保证结构强度的前提下，尽量减小结构自重。这对大跨度桥梁和高层建筑结构来说非常重要，有助于降低结构成本。

3.劣势

（1）需要横向支撑

T梁的横截面形状决定了其在横向上相对较薄，因此在某些情况下需要额外的横向支撑来保证其稳定性。这可能会增加一些复杂性，从而增加成本。

（2）限制了横截面布局

T梁的横截面形状相对固定，这在某些需要特殊横截面布局的工程中可能不够灵活。在这些情况下，可能需要考虑其他更为灵活的横截面形式。

T梁作为一种常见的结构元素，在桥梁和建筑工程中具有广泛的应用。其良好的力学性能、施工便利性和适应性使得T梁成为工程设计的一种重要选择。在实际应用中，工程师需要根据具体工程要求和条件，综合考虑T梁的优势和劣势，灵活运用在工程中，以取得最佳的结构性能和经济效益。

（二）T梁在山区地质条件下的适用性

山区地质条件下，T梁作为一种常见的桥梁结构元素，具有独特的适应性和优势。下面对T梁在山区地质条件下的适用性进行详细地探讨。

1.横截面形状适应地形变化

山区地质条件常常伴随着复杂的地形和变化多端的地质情况。T梁由于其横截面形状的灵活性，能够相对容易地适应不同坡度、高差和曲线等地形变化。这种灵活性使得T梁在山区地质条件下更容易设计和施工，能够有效解决山地路线中因地势复杂而导致的桥梁布置的挑战。

2.抗震性能优越

山区地震频发，因此桥梁结构在设计时必须考虑地震荷载的影响。T梁由于其横截面形状和结构特点，能够提供较好的抗震性能。在地震作用下，T梁能够有效地分担和传递地震力，减小结构的变形和损伤，提高桥梁在地震中的安全性，适应山区地质条件下的地震风险。

3.施工便利性和工期缩短

山区地质条件复杂，交通不便，而T梁的预制和施工相对简便，有利于提高工程的施工效率和工期控制。预制T梁可以在工厂环境下进行制造，减小了对复杂地质条件下施工现场的依赖。这有助于缩短整个工程的建设周期，降低施工风险。

4.负荷分布均匀性

T 梁的横截面形状使得荷载在其上分布相对均匀。在山区地质条件下，桥梁往往需要跨越激烈的地形起伏，荷载分布的均匀性对减小结构在不同地形下的变形和应力集中具有重要意义。T 梁能够有效地分散荷载，降低桥梁结构对地质条件变化的敏感性。

综合而言，T 梁在山区地质条件下展现出显著的适应性和优势。其灵活的横截面形状、抗震性能、施工便利性以及负荷分布均匀性，使得 T 梁成为设计师在山区地质条件下考虑的理想选择，能够更好地满足山区复杂地质环境下桥梁工程的要求。

（三）T 梁在大跨度桥梁中的设计与施工方法

大跨度桥梁的设计和施工是结构工程中的重要挑战之一，而 T 梁作为一种常见的桥梁结构形式，在大跨度桥梁中的应用日益广泛。下面是对 T 梁在大跨度桥梁中设计与施工方法的详细讨论。

1.结构设计

（1）横截面形状与尺寸设计

在大跨度桥梁设计中，T 梁的横截面形状和尺寸设计至关重要。合理的横截面形状既要满足结构的强度和刚度需求，又要考虑桥梁自重和荷载的分布。设计师需要通过有限元分析等手段，优化 T 梁的横截面形状，以提高结构的整体性能。

（2）预应力设计

大跨度桥梁通常需要考虑预应力技术以提高结构的承载能力和抗震性能。在 T 梁设计中，预应力可以通过设置预应力筋或采用预应力混凝土等方式实现。预应力的合理设计有助于减小结构的变形，增加结构的整体稳定性。

（3）抗风设计

大跨度桥梁容易受到风荷载的影响，因此抗风设计是设计过程中的关键因素。T 梁的横截面形状和几何特性对其抗风性能有直接影响。通过合理设计横截面、设置抗风构件及采用风洞试验等手段，可以提高 T 梁在大跨度桥梁中的抗风性能。

2.施工方法

（1）预制施工

大跨度桥梁中 T 梁的预制制造是提高施工效率和质量的重要手段。通过在工厂内进行 T 梁的预制制造，可以保证梁的尺寸和质量一致性，降低施工现场的不确定性。预制 T 梁的工厂生产还有利于缩短工程总体施工周期，减少对施工现场的依赖。

（2）梁体吊装和安装

大跨度桥梁中 T 梁的梁体吊装和安装是一个复杂而关键的施工环节。通常采用大型起重机进行吊装，梁体的准确定位和安全吊装是保证施工成功的关键。在梁体安装阶段，需要协调好各项施工参数，确保梁体能够精确地落在设计位置上。

（3）梁体连接与拼装

大跨度桥梁中，T梁通常需要进行梁体的连接与拼装。连接方式的选择和拼装过程的设计直接影响整个桥梁的稳定性和承载能力。采用先进的连接技术，如螺栓连接、预应力拉筋连接等，可以有效提高T梁的连接强度和整体性能。

（4）现场质量控制

在T梁的设计与施工中，现场质量控制是确保工程质量的关键一环。通过采用高精度的测量设备，对梁体尺寸、位置和形状等进行实时监测和调整，以保证T梁在大跨度桥梁中的安装和使用的质量和稳定性。

3. 材料选择与环保考虑

在大跨度桥梁的设计中，T梁的材料选择对结构的性能和耐久性至关重要。优质的高强度混凝土和预应力混凝土常常是首选材料，以保证梁体的承载能力和抗震性能。此外，在现代桥梁设计中，对环保性能的考虑也变得越来越重要，因此可选择环保型混凝土和可再生材料，以减小对环境的影响。

4. 维护与监测体系

大跨度桥梁的维护与监测体系对保障其长期稳定运行至关重要。在T梁的设计中，要充分考虑桥梁的可维护性，采用方便维护的连接和构造方式。建立健全的桥梁结构健康监测系统，通过传感器和监测设备对桥梁的结构变化、荷载响应等进行实时监测，确保桥梁长期稳定运行。

第四节　连续刚构桥的优越性与设计方法

一、连续刚构桥的设计考虑

（一）连续刚构桥的结构形式与特点

1. 结构形式

（1）连续梁的基本结构

连续刚构桥是一种横跨河流、峡谷或其他地物的桥梁结构，其基本结构是由多个支座固定的梁段组成。这些梁段之间没有明显的支座分隔，形成一个连续的结构体系。每个梁段之间通过支座或铰链连接，使得整个桥梁能够形成一个连续的刚性体系。

（2）连续刚构桥的变种

连续刚构桥可以有多种变种形式，包括简支连续梁、悬臂连续梁等。简支连续梁在两端支承，中间梁段通过铰链连接，形成一个简支连续结构。悬臂连续梁的一端悬臂在支座上，另一端通过支座或铰链连接，形成一个悬臂连续结构。

2. 特点

（1）大跨度能力

连续刚构桥具有较强的大跨度能力，适用于需要跨越宽阔河谷或其他地物的场景。由于结构的连续性，连续刚构桥能够充分利用梁的整体刚度，减小结构的挠度和变形，从而实现大跨度结构的设计和施工。

（2）刚度和稳定性优越

连续刚构桥在横向和纵向上均具有较高的刚度，能够有效分散荷载，减小结构变形。这种优越的刚度使得连续刚构桥具有良好的稳定性，尤其适用于地形复杂、地震频发等工程环境。

（3）减少伸缩缝

由于连续刚构桥采用连续的梁段，中间没有伸缩缝，因此可以减小维护和管理的难度。相对于其他桥梁结构，这也意味着在桥梁上减少了伸缩缝的数量，降低了维护成本，提高了桥梁的使用寿命。

（4）适应不规则地形

连续刚构桥能够更好地适应不规则地形。由于结构的连续性，可以更灵活地设计桥梁的纵横断面，使得桥梁更好地融入复杂的地形，同时保持结构的稳定性。

3. 适用场景

（1）高速公路和铁路桥梁

连续刚构桥适用于高速公路和铁路等需要大跨度和高刚度的场景。其大跨度能力和稳定性优越使得其成为跨越河谷和山区的理想选择。

（2）城市大型交叉口桥梁

在城市交通枢纽的建设中，由于连续刚构桥能够实现大跨度且不占用过多的基础空间，因此常被选用用于跨越繁忙的交叉口和城市地域。

（3）地震频发地区

由于连续刚构桥具有良好的刚度和稳定性，因此在地震频繁的地区更为适用。其能够有效地分散和吸收地震力，提高桥梁的抗震性能。

4. 设计与施工注意事项

（1）考虑温度效应

由于连续刚构桥中没有明显的伸缩缝，需要在设计中充分考虑温度效应对结构的影响。通过采用适当的伸缩装置或考虑混凝土材料的膨胀系数等手段，减小温度效应带来的影响。

（2）合理设置支座

在支座的设置上需要合理选择支座类型，以确保结构能够得到良好的支承和变形控制。支座的选择需要充分考虑土壤承载能力和地震作用，确保连续刚构桥在各种工况下的稳定性。

（3）考虑施工阶段的影响

在连续刚构桥的施工阶段，需要考虑梁段的制造、运输和拼装等因素。合理的梁段制造工艺、运输计划和现场拼装方案，能够有效保障施工的顺利进行，确保连续刚构桥结构的完整性和稳定性。

（4）监测与维护

由于连续刚构桥结构的特殊性，需要建立完善的监测与维护体系。定期的结构健康监测，包括变形监测、裂缝监测等，有助于及时发现潜在问题，采取有效的维护措施，确保连续刚构桥的安全运营。

连续刚构桥作为一种特殊的桥梁结构，具有独特的结构形式和优越的特点。其大跨度能力、刚度和稳定性优越、适应不规则地形等特点，使得它在大跨度桥梁工程中得到广泛应用。然而，在设计和施工中，需要充分考虑温度效应、支座设置、施工阶段的因素等，以确保连续刚构桥的安全性和稳定性。

（二）连续刚构桥在地震区的适应性考虑

1.地震作用下的结构响应分析

（1）结构地震反应计算

在地震区，连续刚构桥在设计阶段需要进行结构地震反应的详细计算。这包括地震荷载的确定、结构的地震响应分析等。采用先进的结构分析方法，如有限元分析，考虑各种地震因素的综合影响，以确保桥梁在地震作用下的结构安全性。

（2）考虑地震波的特性

地震波的特性会对桥梁结构产生影响，因此在设计时需要充分考虑地震波的频率、振形和幅值等因素。通过合理的地震波分析，可以更准确地了解结构在地震作用下的动态响应，从而有针对性地进行结构设计和抗震设防。

2.结构抗震设计原则

（1）结构抗震性能等级

在地震区设计中，需要确定结构的抗震性能等级。对于连续刚构桥这样的大型结构，通常会采用较高的抗震性能等级，以确保其在地震发生时能够保持一定的稳定性和完整性。这需要根据桥梁的用途、重要性及地震区位等因素进行合理评估。

（2）采用抗震构造形式

设计中应采用一定的抗震构造形式，如设置抗震支座、设置剪力墙、加强节点区域等。这些抗震构造形式能够提高桥梁结构的整体抗震能力，减小地震作用对结构的影响。

3. 土壤 - 结构相互作用分析

（1）考虑土壤特性

地震区的土壤特性对结构的地震反应有着重要的影响。在设计中需要充分考虑桥梁基础与土壤的相互作用，采用适合的基础形式，以确保结构能够在地震发生时有足够的稳定性。

（2）确定适合的基础类型

适合的基础类型选择直接影响桥梁在地震发生时的稳定性。通常情况下，采用深基础形式，如桩基础，以确保结构的固定性和整体稳定性。

4. 结构监测与维护体系

（1）结构健康监测系统

在地震区,需要建立完善的结构健康监测体系,实时监测桥梁的变形、裂缝情况等。通过监测体系，可以及时发现潜在的结构问题，为维护提供科学依据。

（2）定期维护与检测

定期进行结构的维护与检测是确保桥梁长期安全运行的重要手段。特别是在发生地震后，需要对桥梁进行详细的检测，确保结构没有受到破坏或者隐患，有针对性地进行维护。

连续刚构桥在地震区的设计与施工需要综合考虑结构的地震反应、抗震设计原则、土壤 - 结构相互作用分析以及结构监测与维护体系等多个方面。通过科学的设计和合理的抗震设防，可以确保连续刚构桥在地震发生时能够保持良好的结构稳定性和安全性。

（三）连续刚构桥在山区地质条件下的设计原则

1. 地形地貌与桥梁布局

（1）地形分析

在山区地质条件下设计连续刚构桥时，首先需要进行详细的地形分析。考虑山脉的起伏、沟壑、悬崖等地貌特征，以确定最佳的桥梁布局。对于大跨度桥梁，可以选择横跨沟谷，以减小对地形的影响。

（2）桥梁位置选择

结合地形地貌，选择桥梁的最佳位置，考虑不同位置对于地形的影响以及桥梁的可行性。在设计过程中，要尽量避免对山体的过度开挖和破坏，减小对环境的影响。

2. 地质条件与基础设计

（1）地质勘察

进行详细的地质勘察，了解山区地质条件，包括岩石的类型、地层的分布、地下水情况等。根据地质勘察结果，采取相应的基础设计措施，确保桥梁基础在不同地质条件下的稳定性。

（2）岩石锚固

考虑在桥梁基础设计中采用岩石锚固技术，利用山体中的坚固岩石作为桥梁基础的牢固支撑。通过岩石锚固，可以提高桥梁的稳定性和抗震性能，适应山区地质条件的特殊性。

3. 抗震设计与减灾措施

（1）抗震设计原则

考虑山区地质条件下地震频发的特点，进行合理的抗震设计。采用适当的减震和隔震措施，以降低地震对桥梁结构的影响。合理设置抗震构件，提高桥梁的整体抗震性能。

（2）灾害应对预案

制订山区地质条件下的桥梁灾害应对预案，考虑地质灾害（如滑坡、泥石流等）对桥梁的影响。通过合理的设计和灾害预警系统，提高桥梁在灾害发生时的抗灾能力，减小损失。

4. 环境保护与生态平衡

（1）生态环境保护

在山区设计连续刚构桥时，要充分考虑生态环境保护。采取有效的措施，减少对山区植被和野生动植物的影响。保留原有的生态系统，通过合理的桥梁设计和建设，促进生态平衡的维持。

（2）水资源管理

山区地质条件下，水资源可能较为丰富，因此在桥梁设计中需要合理考虑水资源管理。采取措施防范山洪、泥石流等自然灾害，确保桥梁在极端气候条件下的安全运行。

在山区地质条件下设计连续刚构桥时，需要综合考虑地形地貌、地质条件、抗震设计、环境保护等因素。通过科学的勘察和设计，合理考虑山区地质的复杂性，能够使连续刚构桥更好地适应山区地质条件，保障桥梁的安全性和可持续发展。

二、连续刚构桥的施工技术

（一）连续刚构桥的施工工序与难点

连续刚构桥的施工是一项复杂而精密的工程，涉及多个工序和各种技术难点。下面是关于连续刚构桥施工的工序和难点的详细讨论。

1. 桥梁设计和方案制定

（1）结构方案设计

在施工前，需要进行详细的桥梁设计和方案制订。这包括结构的荷载分析、梁段的尺寸计算、支座设置、预应力策略等。合理的结构设计和方案制订对于后续的施工工序至关重要，影响着整个工程的质量和安全。

（2）施工工艺规划

在设计完成后，需要进行施工工艺规划。这包括梁段的制造工艺、吊装方案、支座安装计划等。合理的施工工艺规划有助于提高施工效率，减少施工过程中的问题。

2. 梁段的制造和预应力施工

（1）钢模制作

梁段的制造通常使用钢模，需要在制造过程中确保模具的精度和稳定性。精确的模具有助于保证梁段的尺寸准确，从而保证整个连续刚构桥的结构一致性。

（2）预应力筋的张拉与锚固

梁段中的预应力筋需要在制造过程中进行张拉和锚固。这一工序需要严格控制预应力筋的张拉力，确保在整个梁段中预应力的均匀分布。同时，预应力筋的锚固需要牢固可靠，以保证整个结构的安全性。

3. 梁段的吊装和拼装

（1）吊装计划

梁段的吊装是整个连续刚构桥施工中的关键环节。需要制订合理的吊装计划，考虑吊装设备的选择、吊装点的设置、梁段的调整等。在山区或地形复杂的地方，吊装计划更需谨慎，以确保吊装过程的安全性。

（2）梁段的准确拼装

梁段的吊装和拼装需要高度精密的操作。在梁段的拼装过程中，需要确保梁段的连接点准确匹配，避免因拼装不准确导致的结构变形和安全隐患。

4. 支座的安装与调整

（1）支座的准确定位

支座的安装是整个连续刚构桥施工的最后阶段。需要确保支座的准确定位，使得梁段在支座上能够得到合适的支承。支座的准确安装对整个桥梁结构的稳定性和安全性至关重要。

（2）支座的调整

支座的调整包括水平和垂直方向的调整，以及横向和纵向的倾斜调整。这一工序需要高精度地测量和调整设备，确保支座的调整符合设计要求。

5. 施工难点及应对措施

（1）地质条件考虑

在山区地质条件下，施工中可能会面临复杂的地形和地质条件。需要通过合理的地质勘察和施工方案调整，减小地质因素对施工的影响。

（2）梁段的精确加工

梁段的制造需要高精度的加工工艺，确保梁段的尺寸和形状满足设计要求。采用先进的数控加工设备和质量控制手段，提高梁段的加工精度。

（3）吊装和拼装的风险管理

吊装和拼装是施工中的高风险环节。需要建立严格的安全管理制度，确保吊装设备的合理选择和梁段的准确拼装，防范吊装事故的发生。

（4）支座调整的技术难题

支座的准确定位和调整是施工中的技术难题。采用高精度的测量设备和自动化调整工具，提高支座调整的精确性，确保支座满足设计要求。

综合而言，连续刚构桥的施工涉及多个工序和复杂的技术难点。通过合理的设计和施工规划、精密的梁段制造和吊装拼装，以及高度准确的支座安装和调整，可以有效应对施工过程中的各种挑战，确保连续刚构桥的质量和安全。

（二）连续刚构桥的浇筑与拼装技术

1. 浇筑工艺与材料选择

（1）混凝土配合比设计

连续刚构桥的梁段通常采用高强度混凝土，以满足其在大跨度、高刚度工况下的强度要求。混凝土的配合比设计需考虑到施工性能、耐久性和抗裂性等方面，确保梁段具有优异的力学性能。

（2）浇筑工艺控制

浇筑连续刚构桥梁段的工艺控制十分关键。合理的浇筑工艺能够确保混凝土的均匀性、密实性和充分振实。考虑到梁段的复杂形状和大体积，通常采用逐段浇筑的方式，结合振捣、振动棒等设备，以确保混凝土的质量和强度。

2. 拼装技术与工序

（1）梁段制造与调试

在连续刚构桥的施工中，梁段通常在工厂预制完成。在梁段制造过程中，需要控制好混凝土的浇筑工艺、预应力筋的张拉工艺等。梁段制造完成后，进行预应力筋的调试和张拉，确保梁段的预应力效果。

（2）运输与吊装

梁段在制造完成后需要进行运输，运输过程中需要注意避免碰撞和振动对梁段结构的影响。在现场，采用大型起重机械进行梁段的吊装。吊装过程需要严格控制吊点位置、吊装速度，确保梁段的平稳吊装和准确定位。

（3）梁段拼装

梁段拼装是整个连续刚构桥施工的重要环节。在拼装过程中，需要保证梁段的准确定位和连接质量。通常采用临时支撑或者大型模板进行梁段的拼装，同时确保梁段之间的伸缩缝设置得当。

3. 质量与安全控制

（1）质量控制体系

为确保连续刚构桥的施工质量，需要建立完善的质量控制体系，包括对混凝土、预应力筋、模板等原材料的质量检测，对浇筑、拼装等工序的质量监控，以及对梁段的预应力调试等环节的全程控制。

（2）安全管理

在连续刚构桥施工过程中，安全管理至关重要。需要对吊装、高空作业、混凝土浇筑等高风险作业进行全面的安全评估和控制。同时，工地人员需要接受严格的安全培训，遵循相关的施工规范和操作规程，确保施工过程的安全性。

4. 工程经验总结与优化

（1）经验总结

在连续刚构桥的施工中，需要总结和积累经验，包括对不同梁段形状的浇筑工艺、拼装工艺的总结，对预应力调试和张拉的经验积累，以及对梁段运输和吊装的经验总结。

（2）技术优化

不断引入先进的施工技术，如自动化梁段浇筑设备、数字化的预应力调试系统等，以提高施工效率和质量。同时，通过对施工过程中出现的问题进行深入分析，不断优化施工方案，提高连续刚构桥施工的技术水平。

综上所述，连续刚构桥的浇筑与拼装技术是整个工程中的关键环节，其质量和安全直接影响整个桥梁的性能和使用寿命。通过合理的工艺控制、质量控制、安全管理以及不断优化技术手段，可以确保连续刚构桥施工高效、安全和稳定的进行。

（三）连续刚构桥施工中的质量控制与安全考虑

连续刚构桥是一种在桥梁结构中应用广泛的形式，它具有结构刚度高、荷载分担均匀等优点。在连续刚构桥的施工过程中，质量控制和安全考虑至关重要。以下是连续刚构桥施工中的质量控制与安全考虑的四个主要方面：

1. 设计审查与施工方案制定

在连续刚构桥施工前，首先需要对设计文件进行仔细审查，确保设计方案满足相关标准和规范。设计审查过程中要关注各种荷载条件、桥墩和桥梁的几何参数、梁段连接方式等关键设计要素。

在设计审查的基础上，制订施工方案是确保施工过程顺利进行的重要步骤。施工方案应考虑到不同工序之间的协调、安全性、质量控制等方面。合理的施工方案能够最大限度地减小施工中的风险，并确保施工的高效性和质量。

2. 质量控制与检测技术

• 混凝土浇筑质量

连续刚构桥中的主要构件是混凝土，因此混凝土浇筑质量是质量控制的关键点。需要确保混凝土的配合比符合设计要求，浇筑过程中要采用适当的振捣工艺，以确保混凝土的均匀性和密实性。

• 预应力张拉与锚固

连续刚构桥中通常采用预应力技术，对预应力钢筋的张拉和锚固过程进行质量控制至关重要。应确保预应力筋的张拉力和锚固长度符合设计要求，并通过现代的监测技术，如应变计和超声波检测，进行实时监测。

• 梁段拼装

连续刚构桥通常由多个梁段组成，梁段之间的拼装质量直接关系到整个桥梁的稳定性。在拼装过程中需要确保对梁段的几何尺寸、轴线位置、连接件的质量等方面的控制。

3. 安全管理与作业规范

• 高空作业安全

连续刚构桥的施工中可能涉及高空作业，特别是在桥梁梁段的架设和拼装过程中。因此，要严格遵循高空作业的安全规范，采取有效的防护措施，确保作业人员的安全。

• 交叉工程协同安全

在连续刚构桥的施工现场，可能同时进行多个工序，如桥墩的建设、梁段的制造、预应力张拉等。需要合理安排施工进度，确保各个工序的交叉协同，减小施工现场的混乱度，提高整体的安全性。

· 紧急应对预案

制订紧急应对预案是安全管理的一项重要内容。在施工现场设置合适的安全警示标志、安全通道，并培训作业人员熟悉应对突发事件的方法，以最大程限度减小事故发生时的损失。

4.环境保护与社会责任

· 材料与资源利用

连续刚构桥施工中应注重对材料和资源的合理利用，减少浪费。采用环保型建材和施工工艺，减少对环境的不良影响。

· 降低噪声与震动

在连续刚构桥施工中，由于预应力张拉等作业可能产生较大的噪声和震动。需要采取有效措施，如隔音墙、降噪设备等，以减少对周边环境和居民的影响。

· 社会责任履行

施工单位需要履行社会责任，确保施工过程中对周边居民的生活和环境造成的影响最小化。与当地政府和居民进行沟通，及时解决他们的合理诉求，建立和谐的施工环境。

综合考虑以上因素，能够确保连续刚构桥的施工过程安全、高效，并且最终得到具有高质量和长寿命的桥梁结构。

第五节 拱式桥在山区的优势与应用

一、拱式桥的结构形式与设计特点

（一）拱桥在山区地质条件下的适应性考虑

在山区地质条件下，拱桥作为一种常见的桥梁结构，其适应性受到地形、地质、气候等多个方面因素的影响。下面将从地形特点、地质条件、抗震设计及施工技术四个方面详细探讨拱桥在山区地质条件下的适应性考虑。

1.地形特点

（1）高差变化

山区地形通常具有较大的高差变化，拱桥作为一种能够跨越较大高差的结构形式，适应性较强。其优势在于能够采用相对较小的水平跨度，同时通过弧形结构将桥面与地形相协调，减少对地形的破坏。

（2）曲线线形

由于山区地形的曲线、起伏，拱桥的曲线线形更易适应地形特点。拱桥的弯曲结构可以更好地贴合山脉的曲线，减小桥梁与地形之间的不匹配，降低对地基的影响，有助于保护山区的生态环境。

2. 地质条件

（1）岩石地质

山区地质主要以岩石为主，这对拱桥的基础稳定性提出了较高的要求。在岩石地质条件下，可以通过深基础设计或者直接将桥墩设置在岩石上，提高桥梁的承载能力和稳定性。

（2）崩塌和滑坡

山区地质容易发生崩塌和滑坡现象，这对桥梁结构的稳定性构成威胁。拱桥的结构形式有助于减小地基的荷载，同时通过良好的桥墩设计和基础处理，可以有效减少桥梁对地基的影响，降低发生崩塌和滑坡的风险。

3. 抗震设计

（1）地震带

山区地区通常处于地震带，抗震设计是拱桥在山区地质条件下的重要考虑因素。采用弯曲结构的拱桥可以提供较好的抗震性能，通过在设计中引入减震装置等技术手段，提高桥梁的整体抗震能力。

（2）桥梁柔度

拱桥相对于其他刚构桥梁具有一定的柔度，这有助于在地震发生时减小对结构的冲击力。通过灵活的结构形式，拱桥能够更好地吸收和分散地震的力，提高了桥梁的整体抗震性。

4. 施工技术

（1）登高架桥

在山区地质条件下，登高架桥技术是一种常见的施工方法。通过临时支撑结构，可以将拱桥的各个部分逐渐升高至设计高程，减小对山体的破坏，同时减少对当地生态环境的干扰。

（2）交通组织

山区通常交通不便，施工期间需要合理组织交通，确保山区居民的出行和生活。采用模块化、预制化构件等技术，可以缩短施工周期，减少对交通的影响。

综合考虑地形、地质、抗震设计以及施工技术等多方面因素，拱桥在山区地质条件下具有较强的适应性。通过科学合理的设计和施工手段，可以更好地保护山区的自然环境，提高桥梁的稳定性和安全性，促进山区交通建设的可持续发展。

（二）拱式桥的地震设计原则

拱式桥是一种古老而经典的桥梁设计，其独特的结构使其在地震发生时具有一定的抗震性能。在进行拱式桥的地震设计时，需要考虑多个因素，以确保桥梁在地震中能够保持稳定并减小结构损伤。以下是拱式桥地震设计的四个主要原则：

1. 结构强度与刚度的平衡

拱式桥在地震中的抗震性能首先取决于其结构的强度和刚度。结构必须具有足够的强度，以承受地震引起的水平和垂直荷载，同时必须具备适当的刚度，以确保在地震中不会发生过度的变形。通过在设计中平衡这两个因素，可以提高拱式桥的整体抗震能力。

在实际设计中，工程师需要考虑拱的几何形状、材料强度及支座的布置等因素，以满足结构的整体要求。采用合适的几何形状和材料，可以在结构中实现所需的刚度和强度，使得拱式桥在地震中能够更好地保持稳定。

2. 非线性分析与地震效应的考虑

在拱式桥的地震设计中，传统的线性分析可能无法全面考虑地震引起的非线性效应。因此，采用非线性分析方法对拱式桥进行地震响应分析是至关重要的。包括考虑材料的非线性行为、支座的非线性效应及结构在地震中的非线性变形等。

通过进行详细的非线性分析，工程师可以更准确地评估拱式桥在地震中的性能，识别潜在的破坏机制，并采取适当的措施来提高结构的韧性。这有助于预测地震加载下的结构行为，并为优化设计提供参考。

3. 韧性设计与延性要求

拱式桥的韧性设计是确保结构在地震中具有延性的关键因素。延性是指结构在发生变形时能够吸收能量，并在一定程度上保持弹性。在地震中，拱式桥的延性能力可以减小结构的刚性，从而降低地震引起的荷载。

通过采用韧性设计原则，工程师可以选择合适的材料、结构形式和构造细节，以确保拱式桥具有足够的延性。包括使用高性能材料、适当的支座设计以及考虑结构在地震中的变形能力。韧性设计有助于减小结构损伤，并提高拱式桥的抗震性能。

4. 疲劳与损伤累积的考虑

除了地震瞬时荷载外，拱式桥还需要考虑长期的疲劳效应和损伤累积。地震可能引起结构的瞬时变形，而长期的交通荷载和环境因素也可能导致结构的逐渐损伤。

在拱式桥的地震设计中，需要综合考虑这两种荷载的影响，采取适当的措施来减缓结构的疲劳和损伤累积过程。包括定期的结构健康监测、维护和修复计划，以确保拱式桥的长期可靠性。

综合来说，拱式桥的地震设计需要在结构强度、刚度、非线性分析、韧性设计和损伤累积等方面综合考虑多个因素。通过合理平衡这些因素，可以提高拱式桥的整体抗震性能，确保其在地震中能够安全可靠地运行。

二、拱式桥的建造技术

（一）拱式桥的施工前准备工作

拱式桥是一种优雅而复杂的桥梁结构，其施工前准备工作至关重要，直接影响到整个工程的顺利进行和最终质量。在进行拱式桥的施工前，需要进行一系列的准备工作，包括勘察设计、材料准备、施工组织和安全保障等方面。下面将详细介绍拱式桥施工前的准备工作，共四个方面的内容，每个方面将从勘察设计、材料准备、施工组织和安全保障四个方面展开，以确保拱式桥的施工能够高效、安全、质量可控地进行。

1. 勘察设计

在拱式桥的施工前，充分的勘察设计是确保工程成功的第一步。勘察设计需要考虑以下几个方面：

（1）地质勘察

进行地质勘察是为了了解施工地点的地质条件，包括土质、地下水情况、地下岩石分布等。地质勘察结果将影响桥梁的基础设计，确保桥梁基础的稳定性。

（2）水文勘察

对施工地点的水文条件进行详细的勘察，包括河流水位、流速、洪水位等，以确保桥梁的设计能够适应各种水文条件。

（3）环境影响评价

进行环境影响评价，分析施工对周边环境的影响，制定相应的环保措施，确保工程施工过程中对周边环境的影响降到最低。

（4）结构设计

根据勘察结果，进行桥梁的结构设计，包括拱形结构的形状、支座位置、材料选用等。结构设计需要充分考虑施工的可行性和后期的使用安全。

2. 材料准备

材料准备是拱式桥施工前的另一个关键步骤。在这个阶段，需要确保所有的施工材料都满足设计要求，并且有足够的数量供应。

（1）桥梁材料

根据结构设计，选择合适的材料，包括拱形结构的构件、桥墩、支座等。这些材料需要经过质量检测，确保其符合国家和地方的标准。

（2）施工设备

需要准备各种施工设备，包括吊车、混凝土搅拌机、钢筋加工机械等。这些设备的性能和质量直接关系到施工的效率和质量。

（3）施工工具

针对拱式桥施工的特殊性，准备适用的施工工具，如拱模、支撑架等，以确保施工过程中的安全和顺利进行。

（4）施工材料

这些材料需要按照设计要求准备，包括混凝土、沥青、防腐涂料等，并确保其质量和数量满足施工需要。

3. 施工组织

在进行拱式桥施工前，合理的施工组织是确保施工高效进行的关键。施工组织包括以下几个方面：

（1）施工方案的制定

根据结构设计和勘察结果，制订合理的施工方案，包括施工的顺序、方法、工期等。施工方案需要考虑到地形、气象等各种因素，确保施工的可行性。

（2）人员组织

组织专业的施工团队，包括工程师、技术人员、施工工人等，确保施工人员的素质和数量足够。

（3）安全管理

制订详细的安全管理方案，包括施工过程中的安全措施、紧急救援预案等，确保施工过程中不发生安全事故。

（4）质量控制

建立严格的质量控制体系，包括对材料、施工工艺等方面的质量检测，确保施工质量达到设计要求。

4. 安全保障

在拱式桥施工前，安全是最重要的考虑因素之一。需要采取一系列措施来保障施工过程中的安全性。

（1）安全培训

对所有参与施工的人员进行必要的安全培训，确保他们了解施工现场的危险因素，并知晓应对突发情况的方法。

（2）安全设施

在施工现场设置必要的安全设施，包括警示标志、防护栏杆、应急设备等，确保在施工现场的各个关键位置有充足的安全设施，以提供必要的保护和警示。

（3）安全监测

建立完善的安全监测体系，通过监测施工现场的各项指标，及时发现并纠正潜在的安全隐患。这包括地质监测、结构监测、气象监测等方面的工作。

（4）应急预案

制订详细的应急预案，包括火灾、自然灾害、意外事故等多种情况下的紧急处理措施。确保施工团队在发生紧急情况时能够迅速、有序地应对，最大限度地减少损失。

5.安全文化建设

培养施工团队的安全意识，通过定期的安全会议、培训活动等方式加强施工人员对安全的认识。形成积极向上的安全文化，使每个施工人员都能主动遵守安全规定和操作规程。

在拱式桥施工前准备工作中，以上四个方面的内容相互交织、相辅相成。只有通过系统的勘察设计、科学的材料准备、合理的施工组织和全面的安全保障，才能够确保拱式桥施工的成功进行。每一个细节的考虑和落实，都是为了保障整个施工过程的高效、安全和质量可控。通过综合考虑各方面的因素将为整个工程的顺利进行奠定坚实的基础。

（二）拱式桥的浇筑与拼装技术

拱式桥作为一种独特的桥梁结构，在其施工过程中，浇筑与拼装技术起着至关重要的作用。这些技术涵盖混凝土的浇筑、拱形构件的拼装以及整体结构的组装，对确保拱式桥的稳定性、耐久性和美观性至关重要。下面将详细探讨拱式桥的浇筑与拼装技术，共四个方面的内容，每个方面将从混凝土浇筑、构件拼装、施工工艺、质量控制等多个层面展开，以确保拱式桥施工的高效、安全和质量可控。

1.混凝土浇筑技术

混凝土作为拱式桥的主要结构材料，其浇筑技术直接关系到整个桥梁的强度和耐久性。在进行混凝土浇筑时，需要注意以下几个方面：

（1）配合比与原材料选择

制定合理的混凝土配合比，根据设计要求和施工条件选择原材料，确保混凝土的性能满足桥梁结构的要求。同时，进行原材料的质量检测，确保其符合国家和地方的标准。

（2）浇筑工艺

制定详细的混凝土浇筑工艺，包括浇筑的顺序、层次、浇筑方式等。根据拱形结构的特点，合理安排浇筑顺序，确保混凝土的均匀性和整体性。

（3）浇筑温度控制

控制混凝土的浇筑温度，避免因温度过高或过低而引起的裂缝和强度不足问题。可以采用降温剂、覆盖保温层等措施，确保混凝土的质量和性能。

（4）浇筑质量检测

在混凝土浇筑过程中，进行质量检测，包括浇筑后的混凝土强度检测、密实性检测等。通过及时的检测，发现问题并采取措施加以修正，确保浇筑质量符合设计要求。

2. 构件拼装技术

拱形结构通常由多个构件组成，其拼装技术直接关系到整个拱式桥的形状和稳定性。在进行构件拼装时，需要注意以下几个方面：

（1）精准测量与标定

在进行构件拼装前，进行精准的测量与标定工作，确保每个构件的尺寸和形状都符合设计要求。采用先进的测量技术，如全站仪、激光测距仪等，提高测量的精度。

（2）拼装工艺规划

制订详细的构件拼装工艺规划，包括拼装的顺序、方法、工具等。考虑到拱形结构的复杂性，合理规划拼装工序，确保每个构件能够准确、稳定地拼装在一起。

（3）预制构件质量控制

对预制构件进行质量控制，包括材料的检测、制作工艺的检验等。确保每个构件在拼装时都具有一致的质量标准，避免因为构件质量问题导致拼装困难或结构不稳定。

（4）精细调整与连接

在构件拼装的过程中，进行精细的调整与连接工作，确保构件之间的连接紧密、无缝，形成一个整体的拱形结构。可以采用千分尺、液压千斤顶等工具进行精细调整，以保证拱形的几何形状和稳定性。

3. 施工工艺

在整个拱式桥的施工过程中，合理的施工工艺是确保施工高效进行的关键。施工工艺包括浇筑与拼装的各个环节，需要注意以下几个方面：

（1）工序合理安排

制订合理的施工工序，考虑到拱形结构的特点，确保每个工序都能够顺利进行，不影响其他工序的进行。合理安排工序可以提高施工的效率，缩短工期。

（2）施工人员培训

对参与施工的人员进行培训，确保他们熟悉施工工艺和操作规程。特别是对于拱形结构的施工，需要确保施工人员具备相关的技术和经验。

（3）施工设备选用

选择适用的施工设备，确保其性能和可靠性满足拱式桥施工的需要。比如，对于混凝土的浇筑，需要搅拌机、输送泵等设备；对于构件的拼装，可能需要吊装设备、支撑架等。确保施工设备的选择符合工程的要求，以提高工程的施工效率。

（4）现场管理与协调

建立严格的现场管理制度，包括施工队伍的协调、材料的调度、设备的维护等方面。通过有效的现场管理，确保施工各项工作协调有序，提高整体的工程管理水平。

4. 质量控制

质量控制是拱式桥施工中的重要环节，涉及混凝土浇筑、构件拼装等多个方面。在质量控制方面，需要注意以下几个方面：

（1）施工质量检测

在施工过程中，进行施工质量检测，包括混凝土的强度、构件的尺寸、拼装的稳定性等。通过检测数据，及时发现并解决潜在问题，确保施工质量符合设计要求。

（2）材料质量控制

对施工所使用的材料进行质量控制，确保原材料的质量达到设计标准。对混凝土原材料、构件制作材料等进行检测，防止因材料质量问题导致的工程质量不达标。

（3）施工工艺监控

对施工工艺进行监控，包括混凝土浇筑工艺、构件拼装工艺等。通过监控施工工艺，发现施工过程中的问题，及时采取措施予以解决，确保整个施工过程的稳定性和一致性。

（4）现场巡检与记录

建立现场巡检制度，定期对施工现场进行巡检，记录施工过程中的关键信息。通过巡检记录，能够及时了解施工的实际情况，为后续的施工提供参考和借鉴经验。

在拱式桥的浇筑与拼装技术中，混凝土浇筑、构件拼装、施工工艺和质量控制是相互关联、相辅相成的。只有在每个环节都确保技术的可行性、合理性和安全性，才能够顺利完成拱式桥的施工，确保其结构的牢固性、稳定性和整体美观。通过科学的技术手段和严格的管理制度，拱式桥的施工可以更加高效、安全、质量可控。

（三）拱式桥施工中的质量控制与安全注意事项

在拱式桥的施工过程中，质量控制与安全注意事项是至关重要的环节。高质量的施工和严格的安全管理直接影响着桥梁的使用寿命和运行安全。下面将详细探讨拱式桥施工中的质量控制与安全注意事项，共四个方面的内容，每个方面将从质量控制的要点、安全管理的原则、监测手段和培训措施等多个层面展开，以确保拱式桥的施工能够达到高标准的质量和安全要求。

1. 质量控制的要点

在拱式桥施工中，质量控制是保障桥梁结构强度、耐久性和稳定性的重要手段。以下是质量控制的四个要点：

（1）结构设计的合理性

质量控制的第一步是确保拱式桥的结构设计是合理的。结构设计要符合国家和地方的相关标准，确保桥梁在设计寿命内能够安全运行。

（2）施工材料的质量

严格控制施工所使用的材料，包括混凝土、钢材、支座等。对原材料进行质量检测，确保其符合设计和规范的要求，防止因材料问题导致的结构质量不达标。

（3）施工工艺的规范

制定详细的施工工艺规范，确保施工过程中的每个环节都按照规范进行。要特别注意拱形结构施工的特殊要求，合理安排浇筑、拼装、连接等工序，保证整体施工的顺利进行。

（4）质量检测与监测

进行质量检测和监测，包括对混凝土强度、构件尺寸、支座变位等进行实时监测。通过定期的检测，及时发现问题并采取修复措施，确保施工质量符合设计要求。

2. 安全注意事项的原则

安全是拱式桥施工中最为重要的考虑因素之一。以下是安全注意事项的四项原则：

（1）安全文化建设

建立积极的安全文化，使每个施工人员都树立起安全第一的理念。通过定期的安全培训、宣传教育等方式，提高施工人员对安全的认识和重视程度。

（2）现场管理与协调

建立严格的现场管理制度，确保施工现场的秩序井然。实行有效的施工区域划分、安全通道设置，以及设立安全标识，减少安全隐患。

（3）安全设施的设置

在施工现场设置必要的安全设施，包括防护栏杆、警示标识、应急设备等。特别是在高空、深坑等危险区域，要设置防护措施，确保施工人员的人身安全。

（4）安全监测与应急预案

建立完善的安全监测体系，通过监测施工现场的安全状况，及时发现并解决潜在的安全隐患。制订详细的应急预案，对可能发生的紧急情况进行充分的预判和准备。

3. 监测手段的应用

为了实现对质量和安全的全面监测，使用先进的监测手段是必不可少的。以下是四种常用的监测手段：

（1）结构变位监测

使用全站仪、激光测距仪等工具对拱式桥的结构变位进行实时监测。通过监测数据分析，判断结构是否符合设计要求，及时采取调整措施。

（2）混凝土强度监测

在混凝土浇筑过程中，通过嵌入式传感器或无损检测技术，实时监测混凝土的强度变化，保证混凝土达到设计要求的强度水平。

（3）环境监测

对施工现场的环境因素进行监测，包括气象因素、土壤条件等。通过环境监测数据，预防自然因素对施工过程的不利影响。

（4）安全监控系统

建立安全监控系统，使用摄像头、传感器等设备对施工现场进行实时监控。对违规行为、危险因素进行及时发现和处理，确保施工安全。

4. 培训措施的实施

为提高施工人员的安全意识和技能水平，实施培训措施是确保拱式桥施工安全的重要手段。以下是实施培训措施的四项内容：

（1）安全培训计划

制订详细的安全培训计划，包括新员工培训、定期复训等。确保所有施工人员都接受到系统的安全培训，了解工程的安全风险、预防措施以及应急处理方法。

（2）实地演练

定期组织实地演练，模拟可能发生的安全事故，培训施工人员的应急处理能力。通过演练，提高施工人员在紧急情况下的应对能力，增强他们的安全防范意识。

（3）技术培训

针对拱式桥施工的特殊性，进行技术培训，使施工人员熟悉拱形结构的施工工艺和操作规程，确保施工人员在实际施工中能够熟练掌握相关技术。

（4）安全意识宣传

制订宣传计划，通过多种方式宣传安全意识，包括安全标语、宣传册、安全演讲等。通过不断地宣传，提高施工人员的安全责任感和自我保护意识。

在实施质量控制与安全注意事项时，需要形成一个完整的管理体系，确保各个环节的质量和安全问题能够得到及时发现和解决。通过科学、系统的管理手段和监测手段，可以提高拱式桥施工的整体质量和安全水平，确保桥梁的安全运营和服务寿命。

第六节 悬索桥在山区的设计考虑

一、悬索桥的设计特点与结构形式

（一）悬索桥的基本结构组成

悬索桥是一种通过悬挂在主塔之间的主缆来支撑桥面荷载的桥梁结构。它具有独特的设计和优越的承载能力，常见于跨越大河、峡谷或城市的重要交通枢纽。悬索桥的基本结构包括主塔、主缆、桥面和锚固系统等要素，每个部分都发挥着关键的作用。下面将详细介绍悬索桥的基本结构组成。

1. 主塔的设计与功能

主塔是悬索桥的支撑结构，通常位于桥梁两端。主塔的设计不仅影响悬索桥的外观，还直接关系到桥梁的稳定性和整体性能。主塔的高度、形状和材料选择都是关键因素。一般来说，主塔会采用钢结构或混凝土结构，具有足够的刚性和强度以承受悬索桥的荷载。

主塔的主要功能包括以下几种：

• 承受主缆的张力：主塔通过锚固系统固定主缆，同时承受主缆的张力，确保桥梁的稳定性。

• 提供垂直支持：主塔向上延伸，为主缆提供垂直的支持，使其能够有效地承担桥面荷载。

• 确保结构平衡：主塔的对称性和合理的布局有助于保持悬索桥的平衡，减小挠度和变形。

2. 主缆的构造与作用

主缆是悬索桥的核心组成部分，通过连接主塔来支撑桥面。主缆一般由大量的高强度钢缆组成，这些钢缆经过复杂的预张力调整，形成整体的悬挂结构。主缆的构造和设计直接决定了悬索桥的荷载承受能力和结构稳定性。

主缆的作用包括以下几种：

• 承受桥面荷载：主缆通过悬挂在主塔之间，有效地将桥面荷载传递给主塔，使其能够稳定地支撑桥梁。

• 分担桥梁自重：主缆在预张力的作用下，能够分担桥梁自身的重量，减轻主塔的荷载。

• 提供结构弹性：主缆的材料和构造使其具有一定的弹性，能够缓解外部荷载对桥梁的冲击和变形。

3. 桥面结构及吊杆系统

桥面是悬索桥上供行车和行人通行的平台，其结构设计需要考虑荷载分布、桥面自重和风荷载等因素。吊杆系统是将桥面与主缆连接的关键部分，通过吊杆将桥面悬挂在主缆下方。桥面结构和吊杆系统的设计直接影响了悬索桥的使用安全和舒适性。

桥面结构及吊杆系统的特点如下：

• 桥面材料选择：桥面通常采用轻质但强度高的材料，如钢桥面或混凝土桥面，以确保结构轻量化和耐久性。

• 吊杆长度和布置：吊杆的长度和布置需要根据桥面的几何形状和荷载要求进行合理设计，以保证桥面的平衡和稳定。

• 防风措施：由于悬索桥容易受到风荷载的影响，桥面结构和吊杆系统的设计通常包括防风措施，如风淋板和防风索。

4. 锚固系统的重要性

锚固系统是将主缆牢固地连接到主塔上的结构，它直接影响着悬索桥的整体稳定性和安全性。锚固系统的设计必须考虑主塔的结构特点和主缆的张力要求，以确保桥梁在使用中不会发生松动或脱落。

锚固系统的要素包括以下两点：

• 锚固点选择：确定合适的锚固点是关键，通常需要考虑主塔的强度、稳定性和周围土壤的承载能力。

• 锚固结构设计：锚固系统的设计需要考虑主缆的张力分布，采用合适的锚固结构和方法，确保主缆能够安全可靠地连接到主塔上。

通过深入了解悬索桥的主塔、主缆、桥面结构及吊杆系统、锚固系统等基本结构组成，我们能够更好地理解悬索桥的工作原理和设计原则，从而为未来的桥梁工程提供有效的参考和指导。

（二）悬索桥在大跨度山区桥梁中的应用

悬索桥在大跨度山区桥梁中的应用展现了其独特的设计和卓越的性能，有效地解决了山区地形复杂、河谷陡峭等挑战。在这个主题下，我们将深入探讨悬索桥在大跨度山区桥梁中的应用，重点涵盖地形适应性、技术优势、工程实施和环境影响等方面。

1. 地形适应性

大跨度山区桥梁往往需要跨越陡峭的河谷、深邃的峡谷或者起伏的山脊，这些地形特点对桥梁的设计提出了严峻的挑战。悬索桥凭借其独特的结构特点在这些地形中表现出色。主塔可以被灵活设计，以适应不同的地形高差，同时，通过巧妙调整主缆的高度和角度，可以实现更大的跨越范围，从而更好地适应山区地形。

悬索桥的地形适应性体现在以下三个方面：

• 高差适应性

主塔的灵活设计使悬索桥能够适应不同高差的地形，实现更大范围的跨越。

• 河谷跨越

主缆的悬挂结构使悬索桥能够高悬于河谷之上，减少对地面的影响，同时确保桥梁的稳定性。

• 山脊穿越

悬索桥可以通过调整主缆的高度和吊杆系统，穿越起伏的山脊，实现连续的桥梁跨越。

2. 技术优势

悬索桥在大跨度山区桥梁中的技术优势主要体现在结构性能、建设效率和维护方面。这些优势使得悬索桥成为解决大跨度山区桥梁挑战的理想选择。

技术优势表现在以下四个方面：

• 轻量化设计

悬索桥采用轻质材料和结构设计，减轻了桥梁自身的重量，降低了对支撑结构的要求，适应了山区复杂的地形。

• 快速建设

悬索桥的建设过程相对较短，可以通过在主塔两侧逐步伸展主缆，快速完成整个桥梁的搭建，缩短了工程周期。

• 结构灵活性

主塔和主缆的设计能够适应不同的地形和地质条件，提高了桥梁的整体稳定性和安全性。

• 经济性

虽然悬索桥的建设成本相对较高，但考虑到其在大跨度山区桥梁中的技术优势，其长期运营和维护成本相对较低。

3. 工程实施挑战与解决方案

在大跨度山区桥梁的实际工程实施中，悬索桥面临一系列挑战，如地质条件的不确定性、气象影响、施工设备的运输等。解决这些挑战需要精密的工程规划和创新的技术手段。

工程实施挑战与解决方案包括以下三个方面：

• 地质勘察

在山区地形中，地质条件复杂多变。悬索桥的工程实施前需要进行详尽的地质勘察，采取相应的加固措施，确保桥梁基础的稳固性。

• 气象影响

强风、降雨等气象因素可能对悬索桥的建设产生影响。通过合理的施工计划、预警系统和风速监测，可以最大限度减小气象因素的不利影响。

• 施工设备运输

山区地形复杂，施工设备的运输可能面临困难。采用先进的运输技术和设备，以及合理的施工路线规划，能够有效解决这一问题。

4.环境影响与可持续性考虑

悬索桥在大跨度山区桥梁中的应用也需要综合考虑环境影响和可持续性因素。在设计和建设过程中，需要采取措施最大限度地减小对自然环境的干扰，并确保桥梁的可持续性发展。

环境影响与可持续性考虑包括以下四个方面：

• 生态保护

在设计悬索桥时，要充分考虑周围生态环境，采取措施保护植被、野生动物和水域，减小对生态系统的影响。

• 材料选择

选择环保友好的建筑材料，减少对自然资源的消耗，对于悬索桥的可持续性至关重要。使用可回收的材料、降低能源消耗的材料以及采用环保型施工工艺都是考虑的重点。

• 水资源管理

在山区，水资源通常是一个关键问题。在悬索桥建设过程中，需要采取措施防止施工对附近水域的污染，同时考虑降雨对施工进度的影响。在运营阶段，定期维护和监测桥梁，防止可能的水资源污染。

• 社会影响

悬索桥的建设往往伴随着对当地社区的影响，包括交通、土地使用和社会经济。在设计和施工过程中，需要进行充分的社会影响评估，制订合理的社区参与计划，以确保悬索桥的建设与当地居民的需求和利益相协调。

总的来说，悬索桥在大跨度山区桥梁中的应用充分展现了其地形适应性、技术优势、工程实施创新以及对环境和可持续性的关注。通过科学合理的设计、精密的工程规划和社区参与，悬索桥能够为山区提供可靠、安全且环保的交通解决方案。

（三）悬索桥对地质条件的适应性考虑

悬索桥作为一种跨越大跨度的桥梁结构，其对地质条件的适应性考虑至关重要。

地质条件的复杂性直接影响了悬索桥的安全性和稳定性，因此在设计、建设和维护悬索桥时，必须充分考虑地质条件的各个方面。下面将详细探讨悬索桥对地质条件的适应性考虑。

1. 地质勘察与基础设计

地质勘察是悬索桥设计的起点，通过对桥址附近地质条件的详尽调查，工程师能够了解地下地层、岩性、土质等信息，为基础设计提供关键数据。在悬索桥的地质适应性考虑中，基础设计至关重要，主要包括桥墩基础设计和主塔基础设计。

• 桥墩基础设计

根据地质勘察结果，工程师需要确定桥墩基础的类型，如扩底基础、桩基础等，以适应不同地质条件。对于弱土层，可能需要采用加固措施，如土石桩或地下连续墙，确保基础的稳固性。

• 主塔基础设计

主塔是悬索桥的支撑结构，其基础设计直接影响桥梁的整体稳定性。在地质适应性的考虑下，主塔基础通常采用深基础，以确保在复杂地质条件下获得足够的承载能力。

2. 地震影响与抗震设计

悬索桥建设地区可能位于地震活跃带，因此对地震的适应性是至关重要的。悬索桥在设计中需要考虑地震荷载的作用，并进行相应的抗震设计。

• 地震影响评估

工程师需要通过地震影响评估，了解地震对悬索桥的可能影响，包括水平荷载、地震波传播路径等。这有助于更好地确定地震荷载下的结构变形和承载能力。

• 抗震设计措施

悬索桥的抗震设计需要考虑到各个部分，包括主塔、主缆、吊杆和桥面结构。通过采用合适的抗震技术，如减震装置、阻尼器和裂缝控制技术，可以提高悬索桥的抗震能力，减小地震对桥梁结构的影响。

3. 地下水与防渗设计

地下水的存在对悬索桥的基础和结构稳定性有着重要影响。在山区等地质条件复杂的区域，地下水的流动和变化可能导致土壤的液化和基础沉降。

• 防渗设计

悬索桥的基础和桥墩需要采用防渗措施，以防止地下水对土壤的冲刷和侵蚀。这包括使用防渗材料和合理的防渗结构设计，确保地下水不会对桥梁结构造成危害。

• 排水系统

设计合理的排水系统对减小地下水对悬索桥的不利影响至关重要。通过设计排水沟、收水井等结构，确保降雨水能够迅速排出，减小水文因素对桥梁的影响。

4.岩土体稳定性与边坡防护

悬索桥所在地区的岩土体稳定性直接关系到桥梁的安全性。山区地形复杂，岩土体可能存在边坡稳定性的问题，需要进行全面的岩土工程分析。

• 边坡稳定性分析

通过对周边岩土体进行稳定性分析，确定可能存在的边坡稳定性问题。采用合理的边坡支护和加固措施，确保悬索桥所在区域的地质条件不会对桥梁的稳定性造成威胁。

• 边坡防护

对于悬索桥周边存在较大坡度的地质条件，可能需要采用边坡防护措施，如挡土墙、护坡网等，以降低坡体的崩塌风险。

综合考虑以上因素，悬索桥对地质条件的适应性设计不仅关系到桥梁的安全和稳定，也关系到对周边环境的保护。通过科学合理的地质勘察、基础设计、抗震设计、防渗设计和岩土工程分析，悬索桥能够在复杂的地质条件下安全可靠地运行。

二、悬索桥的施工与维护技术

（一）悬索桥的主塔与桥面的建造技术

1.主塔的建造技术

悬索桥的主塔是桥梁结构的支撑点，其设计和建造技术直接关系到桥梁的稳定性和整体性能。主塔建造涉及多个关键步骤和技术要点，其具体内容如下：

• 基础施工

主塔的建造始于基础施工阶段。在选择主塔基址之前，需要进行详尽的地质勘察，确定合适的地基条件。基础一般采用混凝土桩基或扩底基础，以确保主塔的稳定性。

• 主塔结构设计

主塔的结构设计需兼顾强度、刚度和稳定性。通常，主塔会采用钢结构或混凝土结构，具体选用哪种材料取决于地方条件、技术要求和经济因素。设计中要考虑到主塔的外形，使其既能够满足结构要求，又具备一定的美学效果。

• 浇筑技术

主塔的浇筑是主塔建造的重要环节。对于混凝土主塔，采用滑模法或者自爬模等高空浇筑技术。而对于钢结构主塔，可以采用吊装和拼装的方式，通过吊车和塔吊等设备逐段拼装，确保结构的准确性和安全性。

• 主塔的施工监控

主塔建造过程中需要实施严格的施工监控，包括对混凝土的搅拌和浇筑过程进行质量监测，以及对结构的尺寸、倾斜度等进行实时监控。这有助于及时发现和纠正潜在的施工缺陷，确保主塔的建造质量。

2. 桥面结构的建造技术

桥面是悬索桥上供车辆和行人通行的平台，其建造技术涉及材料选择、结构设计、吊杆系统和施工方法等多个方面。

• 材料选择

桥面的材料通常选择轻质但强度高的材料，如钢桥面板或混凝土桥面。这些材料能够满足结构强度的要求，同时减轻桥梁自身的重量，有利于整体结构的稳定性。

• 结构设计

桥面结构的设计需满足荷载分布、挠度和变形等要求。通常，悬索桥的桥面会采用梁板结构，其中横梁由主缆悬挂，纵梁和桥面板共同承担荷载。设计中要考虑到桥面的水平和纵向刚度，以及抗风性能等因素。

• 吊杆系统

吊杆是连接桥面和主缆的关键部分，其设计和施工直接影响桥面的悬挂和稳定性。吊杆通常由高强度的钢材制成，长度和角度需要精确控制，以确保桥面悬挂在主缆下方并能够均匀承载荷载。

• 施工方法

桥面的施工过程需要综合考虑安全性、质量和进度。施工时通常采用模块化的方法，逐段完成桥面的搭建。对于钢桥面，可以采用拼装和焊接的方式，而混凝土桥面则需要进行浇筑和养护。

3. 主塔与桥面的一体化施工技术

悬索桥的主塔和桥面是相互关联、相互作用的关键部分，一体化施工技术对确保整体结构的稳定性和安全性至关重要。

• 一体化设计

主塔和桥面的设计应该是一体化的，确保它们之间有良好的结构协调和负荷传递。这需要在设计阶段就充分考虑主塔和桥面的连接方式和结构形式，以确保整个悬索桥具备良好的协同作用。

• 联合施工

主塔和桥面的施工通常是联合进行的，以确保两者之间的协调和一致性。主塔的建造和桥面的搭建在时间上需要相互配合，有时会采用平行施工的方式，以提高整个工程的进度效率。

• 监测与调整

在施工过程中，需要进行实时监测和调整。通过使用先进的测量和监测技术，可以确保主塔和桥面的尺寸、位置和形状等参数在施工过程中始终满足设计要求，提高整体结构的稳定性。

4. 安全与环保考虑

在主塔和桥面的建造过程中，安全性和环保性是至关重要的考虑因素。

• 施工安全性：悬索桥的主塔和桥面建造涉及高空、深基础等复杂工程环境，因此施工安全是首要考虑的问题。在施工前，需要制订详细的安全计划，包括防坠落措施、高处作业规范、设备安全使用等方面。工程人员需要配备适当的安全装备，如安全带、头盔等，以降低事故风险。

• 环保考虑

主塔和桥面的建造过程会涉及材料的使用、土方开挖、水泥混凝土的制备等，需要综合考虑环境保护。采用环保材料、合理控制施工噪声和扬尘，以及对施工过程中产生的废弃物进行妥善处理，是保障工程环保的关键措施。

除此之外，工程的可持续性和社会责任也是需要考虑的两个重要因素。

• 可持续性设计

在主塔和桥面建造技术中，可持续性设计理念也需要得到体现。选择环保材料、优化结构设计以降低资源消耗、提高能源利用效率等措施，有助于减小悬索桥对环境的负面影响，使其在长期运营中更加可持续。

• 社会责任

主塔和桥面建造涉及当地社区、居民的利益，因此在施工过程中需要考虑社会责任。与当地居民进行充分沟通，减小施工对周边环境和生活的干扰，确保悬索桥建设过程中产生的影响最小化。

综合而言，悬索桥的主塔与桥面的建造技术需要全面考虑工程的安全性、环保性、可持续性以及社会责任等多方面因素。通过科学规划、先进技术应用以及有效的管理措施，可以确保主塔和桥面的建造既满足设计和工程要求，又符合可持续发展的理念，为悬索桥的长期使用奠定坚实的基础。

（二）悬索桥索缆的安装与调整

1. 索缆的选材与制造

悬索桥的索缆是连接主塔与桥面的关键组成部分，其选材与制造直接关系到桥梁的承载能力、耐久性和整体性能。下面是关于悬索桥索缆的安装与调整中的首要方面即索缆的选材与制造的详细介绍。

• 高强度钢材选择

索缆通常采用高强度的钢材，以确保足够的承载能力和抗风荷载能力。常见的钢材包括高强度碳素钢和合金钢，其优异的抗拉强度和弹性模量使得索缆能够承受复杂的荷载并保持结构的稳定性。

• 预应力处理

为了提高索缆的抗弯曲和挠度性能，通常会采用预应力处理。这可以通过在制造过程中施加一定的张力，使索缆在负荷作用下更为稳定，减小挠度，确保其在长期使用中保持结构的刚性。

• 防腐涂层

由于悬索桥经常处于恶劣的环境条件下，索缆表面通常需要施加防腐涂层，以防止腐蚀和氧化。常见的防腐涂层包括热浸镀锌、喷涂防腐漆等，这些涂层能够提高索缆的耐候性和使用寿命。

• 制造工艺与检测

制造索缆的过程中需要精密的工艺控制和质量检测。制造工艺中包括钢丝绳的编织、缠绕等步骤，而质量检测则包括对钢丝的拉伸测试、金相分析等，以确保索缆的质量符合设计要求。

2. 索缆的安装与固定

索缆的安装是悬索桥建设中的关键环节，它涉及与主塔的连接、桥面的悬挂以及对索缆的张拉和固定等多个步骤。

• 与主塔连接

索缆与主塔的连接通常通过吊杆系统实现。在安装阶段，吊杆需要精确调整，以确保索缆的连接位置与设计要求一致。这一过程通常需要在高空进行，需要严格的安全措施。

• 桥面悬挂

索缆与桥面的悬挂是悬索桥建设中的另一个关键步骤。在这一过程中，需要精确控制吊杆的长度和角度，以确保桥面能够平稳悬挂在主缆之下。悬挂的过程中需要小心操作，以防止对索缆和桥梁结构造成损坏。

• 索缆张拉

在安装阶段，索缆通常需要进行张拉，以达到设计要求的预应力状态。这一过程涉及张拉设备的使用，通过逐步施加张力，使索缆逐渐达到设计要求的预应力水平。

• 固定与校调

张拉完成后，索缆需要进行固定，通常通过固定装置或锚固系统实现。这一过程需要确保索缆能够牢固地固定在主塔和桥面上，以保证结构的整体稳定性。同时，可能需要进行校调，对索缆的张拉力和位置进行微调，确保整个悬索桥的平衡性和垂直度。

3. 索缆的调整与监测

悬索桥建成后，索缆的调整和监测是确保桥梁长期运行安全的重要环节。这一阶段需要采取一系列措施，以应对桥梁在使用过程中可能发生的变形和变化。

• 索缆张拉力调整

随着时间的推移，索缆的张拉力可能会发生变化。定期进行索缆张拉力的监测和调整，以保持桥梁的设计预应力状态，确保索缆的稳定性和结构的整体性能。

• 变形监测与调整

对悬索桥的整体结构来说，包括主塔、索缆和桥面的变形都需要进行监测。通过使用先进的传感器技术，可以实时监测悬索桥的变形情况，及时发现问题并进行调整。

• 振动与风荷载调整

风荷载是悬索桥设计中需要特别考虑的因素。通过对风荷载的监测，可以采取相应的措施，如调整索缆的张拉力、增加阻尼器等，以减小风振效应，确保悬索桥的安全性。

• 维护保养

在索缆调整和监测过程中，需要进行定期的维护保养工作。这包括对索缆进行定期的维护保养工作：对索缆表面的防腐涂层进行检查和修复，确保其抗腐蚀性能；对索缆张拉设备和固定装置进行检测和校准，以确保其正常工作；对吊杆和连接部件进行紧固和更换，以防止松动或腐蚀引起的问题。

• 红外线测温技术

使用红外线测温技术对索缆进行监测，可以检测出潜在的问题，如温度异常，可能表明索缆受到了外部压力或摩擦。这种非接触式的测温技术能够在不影响索缆表面的情况下进行监测。

• 振动传感器监测

安装振动传感器用于监测悬索桥的振动状况。振动传感器能够检测到异常的振动频率和幅度，特别是在强风或其他外部因素作用下，有助于及时发现潜在的结构问题。

• 摄像监控系统

在悬索桥关键部位设置摄像监控系统，用于实时监测索缆的状态。这些监控系统能够捕捉到索缆的变形、振动等情况，为工程人员提供实时的视觉信息，方便对悬索桥的安全状态进行评估。

4. 索缆的维护与更换

悬索桥索缆在长时间的使用过程中会受到各种环境和荷载的影响，因此定期的维护和可能的更换工作是必不可少的。这一阶段需要科学的方法和先进的技术来确保索缆和整个桥梁结构的安全性和稳定性。

• 定期检查与保养

对索缆进行定期的检查和保养是维持其性能的重要手段。这包括清理索缆表面的污垢和盐分，修复防腐涂层，检查索缆的整体状态，确保吊杆和连接部件的牢固性。

• 疏通索缆孔道

索缆内部的孔道可能会因为灰尘、腐蚀产物等物质的积聚而影响通风和排水。定期使用高压空气或其他清理装置，清理索缆孔道，确保其内部通畅，有助于减轻索缆的自重和提高整体结构的稳定性。

• 超声波检测

使用超声波技术对索缆的内部进行检测。这种无损检测方法能够探测到索缆内部的腐蚀、裂纹等问题，为及时维修和更换提供依据。

• 定期更换

索缆的使用寿命是有限的，一旦达到设计寿命或发现严重的损伤和腐蚀，需要考虑更换。更换索缆是一项复杂而精密的工程，需要精确的计划和高水平的技术。

通过科学的索缆选材、合理的安装与固定、精准地调整与监测以及定期的维护与更换，可以确保悬索桥索缆系统在长期使用中保持良好的工作状态，延长桥梁的寿命，保障交通运输的安全与畅通。

（三）悬索桥维护中的常见问题与解决方法

1. 钢缆老化与断裂

悬索桥作为一种特殊结构，其关键组成部分之一就是悬索。随着时间的推移，悬索中的钢缆可能会受到自然力和运行负荷的影响而老化、腐蚀，甚至出现断裂。这种问题一旦发生，不仅会影响桥梁的结构完整性，还可能对通行安全产生严重威胁。

解决方法：

首先，定期进行悬索检测和监测是至关重要的。采用先进的无损检测技术，如超声波检测、磁粉检测等，对悬索内部的钢缆进行全面的评估。其次，对于已经老化或出现裂纹的钢缆，及时更换是必不可少的。最后，加强防腐措施，包括定期的涂层维护和防锈处理，可以延缓钢缆的老化过程。

2. 主缆索调整与平衡

悬索桥的主缆索在运行中可能出现张力不均匀或调整不当的情况，这可能导致桥梁整体的不稳定性，甚至影响通行的安全性。

解决方法：

定期进行主缆索的调整和平衡是维护的必要步骤。通过专业的调整设备和技术人员，对主缆索的张力进行均匀分配，确保整个悬索桥结构的稳定性。在调整过程中，需要谨慎操作，确保桥梁在维护过程中不受到不必要的振动和变形。

3. 主塔结构的腐蚀与磨损

悬索桥的主塔通常是支撑整个结构的重要组成部分。然而，由于气候、空气污染和其他自然因素的影响，主塔结构可能会出现腐蚀和磨损，降低了其承载能力和稳定性。

解决方法：

采用先进的材料和涂层技术对主塔进行防腐处理，提高其抗腐蚀能力。定期进行主塔的结构检测，使用无损检测技术发现潜在问题，并及时修复。此外，加强周围环境的治理，减少空气中的腐蚀因素，也是维护主塔结构的重要手段。

4. 风振与桥梁稳定性

悬索桥在强风环境下容易产生风振现象，可能导致桥梁的振动过大，影响通行安全。

解决方法：

采用先进的风洞模拟技术，对悬索桥在不同风速下的响应进行模拟和分析。根据模拟结果，可以采取一系列的风振控制措施，如安装风挡、调整悬索的阻尼系统等，以减缓风振对桥梁稳定性的影响。此外，及时发布风力预警，限制或暂停桥梁的通行，也是在极端天气条件下保障交通安全的有效手段。

悬索桥的维护涉及多个方面，从钢缆的老化到主塔的防腐，都需要系统而全面的措施。通过定期的检测、调整和采用先进的技术手段，可以确保悬索桥长期安全、稳定地运行。同时，及时的维护工作也能延长悬索桥的使用寿命，为社会交通提供可靠的保障。

第五章　山区公路桥梁抗震设计

第一节　地震特征与桥梁的抗震要求

一、地震特征分析

（一）地震发生机制

地震是地球内部能量释放的结果，其发生机制主要与板块运动、地壳变形以及断裂带等地质活动有关。地震的主要发生机制包括构造地震和火山地震。

构造地震是由于板块之间相对运动引起的地壳应力积累和释放。当板块边界处的地壳受到巨大的压力，最终无法保持这种应力平衡时，就会发生构造地震。这类地震通常伴随着断层的滑动，释放出大量的地质能量，产生强烈的地震波。

火山地震则是由于岩浆活动引起的地震。在火山喷发前，岩浆在地下蓄积，施加压力于周围的岩石，当压力达到一定程度时，就会导致火山地震。这些地震往往是火山喷发的前兆，对火山活动的监测和预测具有重要意义。

（二）地震波传播与地形影响

地震波是地震释放能量后在地球内部传播的波动。主要有纵波（P 波）和横波（S 波）两种类型。P 波是一种纵波，沿地球内部传播的方向和速度与波的传播方向一致；而 S 波是一种横波，传播方向垂直于波的振动方向。地震波的传播受到地球内部材料的物理特性影响，包括密度、弹性模量等。

地形对地震波的传播也有显著影响。地形的不规则性会导致地震波在传播过程中发生折射、反射等现象，使得地震波的能量分布不均匀。山脉、河流等地形特征会对地震波的传播路径产生阻挡和影响，使得地震波在某些地区的振幅增强，而在另一些地区减弱。

（三）地震震级与频谱特性

地震的震级是衡量地震强度的重要指标，通常用地震矩震级（Moment Magnitude Scale，简称 Mw）进行描述。震级的计算涉及地震矩、震源深度等因素，是对地震能量释放量的一种度量。

频谱特性则描述了地震波在不同频率下的振幅分布。地震波的频谱特性受到地质介质的影响，可以通过记录地震波形并进行频谱分析来获取。不同类型的地震在频谱上会表现出特定的特征，这对地震研究和监测具有重要的意义。

综合考虑地震发生机制、地震波传播与地形影响以及地震震级与频谱特性，我们能够更全面地了解地震的特征。这对地震监测、风险评估以及震后救援等都提供了重要的科学依据，有助于提高社会对地震的应对和减灾能力。

二、桥梁地震荷载特性

（一）地震荷载产生的原因

地震荷载是由地球内部的构造运动引起的地壳运动所产生的动力荷载。地震的产生主要是因为地球内部岩石的应力积累超过其承受能力，导致地质断层瞬间释放能量。这种释放的能量以地震波的形式传播，对桥梁等结构施加动荷载。

地震荷载的强度和频率取决于地震的震级、震源距离及地质条件。较大的地震会产生更强烈的荷载，而地震波在不同类型的地质中传播会受到不同的影响，这进一步影响了地震荷载的性质。

（二）桥梁在地震中的荷载响应

桥梁在地震中的荷载响应是一个复杂的过程，涉及结构的动力学响应和地震波的传播特性。在地震作用下，桥梁结构可能经历水平和垂直方向的振动、扭转及变形。这些响应会导致桥梁构件受到不同方向的力和位移，进而影响桥梁的整体稳定性。

桥梁的几何形状、材料特性以及基础约束等因素都会影响其对地震荷载的响应。为了评估桥梁的抗震性能，工程师需要进行详细的地震荷载响应分析，考虑结构的刚度、阻尼和质量等参数。

（三）荷载时程分析的方法

荷载时程分析是研究结构在一段时间内对地震荷载的响应的方法之一。这种方法通过将地震波形表示为时间函数，并考虑结构的动态特性，来模拟结构在不同时间点的荷载响应。荷载时程分析通常包括以下四个步骤：

1.地震波形选取

选择代表地震特性的地震波形，通常使用历史地震记录或合成地震波。

2.结构建模

将桥梁结构建模为有限元模型，考虑其几何形状、材料性质和约束条件。

3.动力学分析

进行结构的动力学分析，考虑结构在地震作用下的振动响应。

4.时程分析

将地震波形与结构的动力学响应相耦合，得出结构在不同时间点的位移、速度和加速度等参数。

通过荷载时程分析，工程师可以更全面地了解桥梁结构在地震中的行为，评估其抗震性能，并采取必要的设计措施以提高结构的抗震能力。

在桥梁设计中，综合考虑地震荷载的产生原因、结构响应特性及荷载时程分析方法，是确保桥梁抗震性能的关键步骤。通过科学合理的设计和工程手段，可以有效减小地震对桥梁结构的影响，确保其在地震中的安全运行。

三、抗震性能要求

（一）结构抗震性能等级

结构抗震性能等级是评估结构在地震作用下表现的一个重要指标。通常，结构抗震性能等级分为几个级别，如一般性能、较好性能、优越性能等。这些等级反映了结构在地震中的稳定性、变形能力和可修复性等方面的表现。

在桥梁设计中，抗震性能等级的确定需要综合考虑桥梁的用途、地理位置、设计寿命等因素。例如，对于承载交通重要性高、地震频发地区的桥梁，可能需要更高的抗震性能等级，以确保其在地震中能够保持结构完整性和功能。

（二）桥梁在地震中的位移、速度、加速度要求

桥梁在地震中的位移、速度和加速度是直接反映结构动力响应的关键参数。根据不同的设计标准和抗震性能等级，通常会规定桥梁在地震中的最大允许位移、速度和加速度。

•位移要求

位移是结构在地震中发生的位移变化，其限制主要考虑结构的变形能力和对连接件的影响。设计中通常会规定不同部位的最大允许位移。

• 速度要求

结构的速度响应直接关系到结构的动能，因此在地震中的最大速度应受到控制。这有助于减小结构因速度引起的损伤。

• 加速度要求

加速度是结构在地震中的加速度变化，直接关系到结构所受的地震力。设计中通常规定不同部位的最大允许加速度。

（三）抗震性能评估与设计指标

抗震性能评估是确保结构在地震中表现良好的重要手段。评估指标通常包括但不限于以下几个方面：

• 可修复性

结构在地震中发生损伤后，应具备较好的修复能力，以最短的时间和成本实现结构的恢复。

• 耐久性

结构在地震中应具备足够的抗震强度，以保证结构在其设计寿命内不发生严重的破坏。

• 安全性

结构在地震中应保持基本的安全性，避免因地震而导致人员伤亡或其他重大安全事故。

抗震性能设计指标需要结合当地地震危险性、设计用途及工程经济等因素进行科学确定。通过采用合理的设计手段和先进的分析方法，工程师能够有效提高桥梁的抗震性能，确保其在地震中能够安全稳定地运行。

第二节 抗震设计原则与规范

一、抗震设计基本原则

（一）结构整体性与强度要求

抗震设计的基本原则之一是注重结构的整体性和强度。结构的整体性强调结构各部分之间的协调和相互作用，以确保在地震作用下整个结构能够协同工作，而不是出现某一部分的失效导致整体破坏。为实现整体性，需要结构具有足够的连接性和一体性，采用合理的结构形式和配置。

强度要求是指结构在地震荷载作用下能够保持足够的刚度和强度，以抵抗地震引起的位移和力的作用。结构的材料选择、截面尺寸、连接方式等方面应符合相关的抗震设计标准，确保结构在地震中具有足够的抵抗力。

（二）柔韧性与刚性的平衡

抗震设计需要在柔韧性与刚性之间取得平衡。柔韧性是指结构对地震振动的适度变形能力，而刚性则是指结构在地震中的抵抗能力。柔韧性过大可能导致结构过度变形，影响使用安全性，而刚性过大则可能使结构过于脆弱，容易发生破坏。

平衡柔韧性与刚性的方法包括采用适当的结构形式、合理的材料选用和良好的连接方式。通过在结构中引入适度的变形能力和能量耗散机制，可以提高结构的柔韧性，降低结构在地震中的刚性，从而减小结构所受的地震作用。

（三）多层次抗震设计原则

多层次抗震设计原则强调在不同层次上综合考虑结构的抗震性能。包括从整体结构层面到构件层面的抗震设计。在整体结构层面，要考虑结构的全局稳定性和变形能力；在构件层面，要关注各个构件的抗震性能，确保其能够协同工作，不成为结构的薄弱环节。

多层次抗震设计还包括结构与基础的协同设计，以确保整个结构体系能够有效地传递地震作用。此外，该原则还强调在结构的各个层次上使用适当的分析和设计方法，如有限元分析、模态分析等，以全面了解结构在地震中的响应。

通过多层次抗震设计，能够更全面、精细地考虑结构的抗震性能，使结构在地震中能够更为可靠地发挥其抗震潜力。

综合来看，抗震设计基本原则强调整体性、柔韧性与刚性的平衡及多层次的设计考虑。通过遵循这些原则，工程师可以更好地设计出具有良好抗震性能的结构，提高结构的安全性和稳定性，确保在地震中能够有效地保护人员生命安全和财产安全。

二、相关抗震规范概述

（一）国家抗震规范体系

1. 我国抗震规范体系的框架

我国的抗震规范体系是由一系列相关的国家标准和规范构成的，形成了系统完备的框架。其中，最核心的抗震规范为《建筑抗震设计规范》（GB 50011），它主要涵盖了建筑工程的抗震设计要求。此外，还包括《桥梁抗震设计规范》《港口与码头工程抗震设计规范》等专业领域的抗震规范。

2. 地方性抗震规范与标准

在我国，一些地区还会制定地方性的抗震规范，以适应地方的地质、地震活动特点。这些规范通常对一些特殊工程类型或局部区域提出更为具体和严格的要求。例如，地方性城市抗震规范、特殊工程抗震规范等。

（二）地方性抗震规范与标准

1. 地方性抗震规范的特点

除了国家级的抗震规范外，一些地方也会根据当地地质和地震情况发布地方性抗震规范。这些规范通常会强调当地特有的地震风险，对当地建筑和基础设施的抗震性能提出更为具体的要求。例如，地方性抗震规范可能会对建筑物的基础设计、土壤特性等进行更为详细的规定。

2. 地方性抗震标准的协调与对接

地方性抗震规范与国家级规范之间通常需要进行协调与对接，确保其在整个国家抗震规范体系中的一致性。这也有助于保障在地方性标准中的经验和特殊要求得到更广泛的认可和应用。

（三）国际通用的抗震规范

1. 国际抗震规范的普遍性

在国际上，一些通用的抗震规范也得到了广泛的应用。例如，美国地震工程协会（Earthquake Engineering Research Institute，EERI）和国际抗震规范委员会（International Code Council，ICC）发布的一系列抗震规范，如美国《建筑抗震规范》（ASCE 7）和《国际建筑规范》（International Building Code，IBC）等，被广泛用于全球抗震设计。

2. 国际抗震规范的参考与借鉴

我国的抗震设计标准和规范在制定过程中也经常参考和借鉴国际上先进的抗震理论、方法和经验。通过与国际接轨，我国的抗震规范得以不断完善，从而更好地适应全球范围内的抗震要求。

总体而言，相关抗震规范构成了一个完整的、跨层次的体系，旨在确保各类建筑和基础设施在地震发生时能够达到预期的抗震性能，保障人们的生命、财产安全。

三、地震影响下桥梁设计考虑因素

（一）地震对桥梁结构的影响

1. 结构受力及位移影响

地震作用下，桥梁结构受到水平和垂直方向的地震力，导致结构变形。这种变形可能表现为水平位移、垂直位移、扭转等，对桥梁各部分产生不同的受力影响。

2. 结构破坏机制

地震作用可能引起桥梁各构件的破坏，如弯曲、剪切、压缩等破坏机制。了解不同构件的抗震性能，考虑其在地震中可能发生的破坏是设计的关键。

3. 结构动力响应

地震波的传播对桥梁结构的动力响应产生影响，因此需要进行地震动力学分析，考虑结构在不同频率下的响应，以更好地了解结构在地震中的行为。

（二）地震下桥梁荷载及其动力特性

1. 地震荷载影响

地震产生的水平和垂直地震荷载对桥梁结构施加动力作用，需要考虑这些荷载的大小、方向和时间变化等因素。合理的地震荷载模型对准确评估桥梁结构的抗震性能至关重要。

2. 地震时程分析

通过地震时程分析，可以更详细地了解桥梁结构在不同时刻受到的地震荷载，包括位移、速度、加速度等参数。这有助于全面评估结构在地震中的响应。

（三）地震影响下桥梁基础设计的特殊考虑

1. 土壤 - 结构相互作用

地震会引起土壤的液化、沉降等变化，从而影响桥梁基础的稳定性。在桥梁基础设计中，需要考虑地震时土壤 - 结构相互作用的特殊性，采用适当的基础形式和土壤改良措施。

2. 涌泉效应

在地震中，桥梁基础下可能发生涌泉效应，即地下水位上升导致土壤的失稳。这对桥梁基础的稳定性有着重要影响，需要在设计中特别考虑。

3. 灾后可维修性

考虑到地震可能造成的损伤，桥梁设计应该注重结构的可维修性，使得在地震后能够迅速进行修复和恢复正常使用。

地震影响下的桥梁设计需要全面考虑结构受力、动力响应、地震荷载及基础特殊性等因素。通过科学合理的设计手段和工程方法，可以提高桥梁在地震中的安全性和抗震能力，确保其在地震中能够安全运行。

第三节　地震荷载计算与分析

一、地震荷载计算方法

（一）地震荷载计算基本原理

地震荷载计算是结构工程中的关键步骤，其基本原理涉及结构与地震波之间的相互作用。以下是地震荷载计算的三个基本原理：

1.地震波传播

地震波是由地震源释放的能量引起的，它在地球内部传播并到达结构。了解地震波的传播路径、波速和波形对地震荷载计算至关重要。

2.结构响应分析

地震波传播到结构后，结构会产生动态响应。结构的响应包括位移、速度和加速度等参数，需要进行动力学分析以获取这些响应。

3.地震力的计算

通过结构的质量、刚度和加速度等参数，可以计算出结构所受的地震力。这些力分为静力和动力两部分，其中静力考虑结构的静态变形，而动力考虑结构的动态响应。

（二）地震荷载计算规程与公式

1.中国抗震规范

中国抗震规范中，地震荷载计算基于地震作用的峰值地震加速度，计算公式如下：

$$F_{seismic} = Ca \times S \times \frac{W}{g}$$

其中，$F_{seismic}$ 是结构所受地震力，Ca 是加速反应系数，S 是结构的等效静力弯矩，W 是结构的有效重力，g 是重力加速度。

2. 美国规范

美国规范通常采用地震加速度谱与结构响应谱的卷积来计算地震力。地震加速度谱是地震波速度与时间的关系，而结构响应谱描述结构在不同频率下的响应。

3. 欧洲规范

欧洲规范常使用地震作用下的等效静力法，通过考虑结构的周期和阻尼等参数，计算结构所受的地震力。

（三）地震荷载计算实例

为了更好地理解地震荷载计算的实际应用，考虑一个简单的框架结构。假设该结构的质量为 M，刚度为 K，地震波的加速度谱为 Sa（ω）。根据卷积积分的原理，结构所受地震力可用以下公式表示：

$$\mathrm{F}_{seismic}\left(t\right) = M \times \ddot{u}_{seismic}\left(t\right)$$

其中，$\ddot{u}_{seismic}\left(t\right)$ 表示结构的地震加速度响应，可通过地震波与结构响应谱的卷积得到。这个简单的实例突显了地震荷载计算的基本原理和复杂性。

在实际工程中，地震荷载计算需要考虑更多的因素，如土壤 - 结构相互作用、结构的几何形状和质量分布等。细致的动力学分析和结构响应计算是确保地震荷载计算准确性的关键步骤。

二、结构地震响应分析

（一）结构地震响应的基本理论

地震响应分析是研究结构在地震作用下的动态响应的重要方法，其基本理论涵盖以下几个方面：

1. 结构动力学模型

结构动力学模型是描述结构在地震作用下的行为的基础。通常采用有限元模型，将结构离散为一系列节点和单元，考虑结构的质量、刚度和阻尼等参数。

2. 地震波传播与激励

地震波是地震能量传播的形式，其传播路径、频谱和振幅对结构产生不同的激励。地震波的传播与结构的动力响应密切相关。

3. 结构振形与频谱分析

结构振型是结构在固有振动频率下的振动形式，频谱分析用于研究结构在不同频率下的响应。结构的动态响应可通过对结构振形和地震波的相互作用进行频域分析获得。

4. 动力响应参数

结构的动力响应参数包括位移、速度、加速度等，这些参数描述了结构在地震作用下的运动情况。通过分析这些参数，可以评估结构的稳定性和安全性。

（二）地震响应分析的数值模拟方法

1. 时程分析法

时程分析是基于地震波时程进行的动力响应分析方法。通过采用数值积分或数值解法，可以得到结构在不同时间点的位移、速度和加速度等参数，从而揭示结构在地震作用下的详细响应过程。

2. 模态分析法

模态分析是将结构的振形和频谱考虑在内的一种分析方法。通过计算结构的模态参数，如振动模态、频率和阻尼比，可以得到结构在不同振动模态下的响应，并以此综合得到结构整体的动力响应。

3. 响应谱分析法

响应谱分析是一种通过结构的动力响应谱来研究结构在地震激励下的响应的方法。这种分析方法可以得到结构在不同频率下的最大响应，为结构设计提供了有针对性的信息。

（三）结构地震响应分析案例

考虑一个简化的桥梁结构，采用有限元模型进行时程分析。通过选取地震波时程，进行数值模拟，得到结构在地震作用下的动力响应。通过分析结构的位移、速度和加速度，可以得出结构的动态性能。

在分析过程中，可以考虑结构的弹性和非线性特性，如材料的非线性、支座的非线性等，以更真实地反映结构的行为。通过模拟不同地震波和结构参数的情况，设计工程师可以评估结构的抗震性能，并根据需要进行结构的调整和加固。

这样的分析案例有助于工程师深入了解结构在地震作用下的动态响应，为结构的抗震设计提供有力支持。同时，结合实际案例进行分析也能够积累宝贵的经验，为未来的工程设计提供参考。

三、桥梁地震荷载下的结构破坏机理

（一）地震荷载下桥梁结构破坏模式

在地震荷载作用下，桥梁结构可能经历多种破坏模式，这些模式通常与地震波的特性、桥梁结构的设计、材料使用等因素密切相关。以下是一些常见的桥梁结构破坏模式：

1. 弯曲破坏

地震作用下，桥梁梁体可能发生弯曲变形，导致主要受力构件（如梁、板）出现裂缝、压溃等破坏。

2. 剪切破坏

地震引起的水平地震力可能导致桥墩或支座区域产生剪切破坏，表现为剪切开裂、剪切摩擦、支座错位等。

3. 局部失稳

桥梁柱、墩等垂直构件可能由于地震引起的轴向压力或扭转而发生局部失稳，表现为屈曲、侧移等。

4. 液化效应

桥梁基础区域的土壤可能由于地震引起的震动而发生液化，降低基础支持能力，导致结构下沉或倾斜。

（二）破坏机理与结构演变规律

1. 动力特性与共振效应

地震荷载可能导致桥梁结构与地震波的共振效应，使结构的振幅大幅度增加，加剧结构的破坏。

2. 强度、刚度和耐久性

结构在地震中的强度、刚度和耐久性等性能会直接影响其破坏机理。强度不足可能导致弯曲、剪切等破坏，而刚度不足可能导致结构失稳。

3. 结构非线性响应

高强度地震下，结构通常会表现出非线性响应，包括材料非线性、几何非线性等，这些非线性因素将影响结构的破坏模式。

（三）破坏后的恢复与修复策略

1. 紧急恢复措施

一旦桥梁发生地震破坏，需要立即采取紧急恢复措施，确保桥梁的基本安全性。这包括紧急支撑、加固、交通管制等。

2. 损伤评估

进行桥梁损伤评估，通过对破坏程度和结构剩余强度的评估，制定后续修复策略。

3. 结构修复与加固

根据损伤评估结果，采取相应的结构修复和加固措施。包括替换损坏构件、加固梁柱节点、修复裂缝等。

4. 可维修性考虑

在设计和修复过程中，考虑桥梁的可维修性，使其在未来发生地震等灾害时能够更容易恢复和维修。

5. 监测与预警

安装结构健康监测系统，实时监测桥梁的变形、振动等参数，提前预警可能的破坏，以采取适时的措施。

综合考虑破坏机理、结构演变规律和修复策略，可以更有效地保障桥梁在地震荷载下的抗震性能，降低结构破坏的风险，确保其在地震中的安全性。

第四节　山区桥梁减、隔震构造措施

一、减震构造的分类与原理

（一）减震构造分类概述

减震构造是为了减小结构在地震中受到的动力响应而设计的一类结构工程措施。根据其工作原理和形式的不同，减震构造主要包括以下几种类型：

1. 摆钟减震器

摆钟减震器通过在结构上安装一定形式的摆钟，利用摆钟的摆动来吸收和减小地震作用下的结构振动。

2. 摩擦减震器

摩擦减震器通过引入可控制的摩擦力，实现结构在地震中的能量耗散和减震效果。

3. 液体阻尼器

液体阻尼器通过在结构中引入流体阻尼，消耗结构的振动能量，达到减小结构响应的效果。

4. 弹簧隔震器

弹簧隔震器利用弹簧的弹性来隔离结构，使结构在地震中能够相对自由地振动，减小地震作用。

（二）减震原理与机制

1. 质点隔离原理

减震构造通过引入质点隔离，将结构的上层与下层隔离开来，使得上层在地震作用下能够相对自由地振动，从而减小结构受到的地震力。

2. 能量耗散原理

减震构造利用能量耗散机制，如摩擦、液体阻尼等，将结构振动产生的能量转化为热能，从而减小结构的振动幅度。

3. 相位控制原理

通过调节减震构造的参数，可以控制结构振动的相位，使结构在地震中达到最优的减震效果。

（三）不同减震构造的适用场景

1. 摆钟减震器适用场景

摆钟减震器适用于较小振幅的结构，如桥梁、楼宇等。其优势在于简单、稳定，适用范围广泛。

2. 摩擦减震器适用场景

摩擦减震器适用于需要可控减震的结构，如高层建筑、桥梁等。它具有较强的耗能能力和可调节性。

3. 液体阻尼器适用场景

液体阻尼器适用于需要高阻尼的结构，如地铁隧道、高耸建筑等。其特点是能够在较短时间内吸收大量能量。

4. 弹簧隔震器适用场景

弹簧隔震器适用于需要隔离结构的场合，如实验室、重要文物建筑等。它可以在地震中减小结构的位移。

不同类型的减震构造具有各自的特点和适用场景，工程师在实际设计中需要根据具体的工程要求和地震环境选择合适的减震方案。通过合理应用减震构造，可以显著提高结构的抗震性能，降低地震带来的破坏程度。

二、山区桥梁隔震设计实施要点

（一）山区地形对隔震设计的影响

1.地震动力学参数的变化

山区地形的不规则性和地形起伏使得地震波在传播过程中受到多次反射、折射，导致地震波的能量分布复杂，频谱特性变化大。这对隔震设计中地震动力学参数的确定提出了挑战，需要更加精确地考虑地形的影响。

2.土壤条件的多样性

山区地形通常伴随着多样的土壤类型和地质条件，这对结构的动力响应产生显著影响。不同的土壤条件会导致不同的地震波传播速度、阻尼特性，因此需要根据实际情况调整隔震系统的设计参数。

3.基础设计的复杂性

山区地形中地基的不均匀性和复杂性增加了基础设计的难度。对隔震系统而言，其性能不仅受到结构自身的影响，还受到基础土壤的特性影响。因此，在山区地形中，需要更加细致地考虑基础设计的复杂性，确保隔震系统的稳定性和可靠性。

4.隔震系统的适应性

山区地形的地震响应相对复杂，对结构的振动幅度和频率提出了更高的要求。因此，隔震系统需要具备更强的适应性，能够在不同地形和地震条件下保持良好的抗震性能。隔震系统的设计和选型应该充分考虑山区地形的特殊性，确保其适应复杂的地震环境。

综合考虑以上四个方面的因素，山区地形对隔震设计提出了更高的要求，需要工程师在设计过程中更加关注地形的影响，通过合理的设计手段和先进的分析方法，确保隔震系统在山区地形中能够发挥最佳的抗震性能。

（二）施工阶段的隔震技术实施

施工阶段的隔震技术实施是确保隔震系统有效运作的关键阶段。在这个阶段，工程团队需要仔细执行设计方案，合理选择施工方法，并确保所有隔震元件的正确安装。以下是施工阶段隔震技术实施的四个关键方面：

1.材料和元件的准备

在施工阶段，首先需要确保所有隔震系统的材料和元件都符合设计要求。这包括隔震装置、支座、连接件等。工程团队需要仔细检查每个元件的规格、质量和性能参数，确保其符合相关标准和规范。此外，需要保证隔震系统的运动部件（如摆钟、摩擦减震器等）在运输和安装过程中不受损坏。

2.安装过程的控制

隔震系统的性能直接受到安装质量的影响。在进行安装时，工程团队需要根据设计方案严格控制每个隔震元件的位置、方向和连接方式。对于摆钟减震器等运动部件，需要确保其能够自由摆动而不受到外部阻碍。在连接隔震元件与结构的过程中，需要使用高强度、合适规格的螺栓和连接件，确保连接的牢固性和可靠性。

3.现场监测与调整

在隔震系统安装完成后，进行现场监测是非常重要的一步。通过实时监测隔震系统的性能参数，包括位移、速度、加速度等，可以确保隔震系统在实际使用中符合设计预期。在实施现场监测的同时，需要根据监测结果对隔震系统进行调整，确保其在地震发生时能够发挥最佳的减震效果。这涉及调整摆钟的摆长、调整摩擦减震器的阻尼力等操作。

4.施工团队的培训和安全措施

隔震系统的施工需要经验丰富的工程团队进行操作。在施工阶段，需要对施工人员进行专业的培训，使其了解隔震系统的工作原理、安装方法和注意事项。此外，需要采取必要的安全措施，确保施工过程中人员的安全。这包括使用合适的安全设备、遵循相关的安全操作规程，以及对可能存在的风险进行充分评估和控制。

施工阶段的隔震技术实施需要高度的专业知识和操作技能，同时也需要团队协作和良好的沟通，以确保每个环节都按照设计要求和标准进行。只有在施工阶段严格遵循设计方案，实现了有效的隔震技术实施，才能最终保障结构在地震中的安全性。

三、隔震技术在山区公路桥梁中的应用案例

（一）隔震技术成功案例介绍

1.Kobe 大地震后的 Hyogo 地方法院建筑

1995 年阪神·淡路大地震（Kobe 大地震）后，日本政府为了提高建筑结构的抗震性能，对 Hyogo 地方法院进行了重建，并首次引入了基于隔震技术的结构设计。该项目采用了基础隔震技术，通过在建筑底部安装隔震支座，使建筑能够在地震中相对自由地摆动，减小地震作用。这一创新的设计在 1999 年完工，并在 2003 年再次经历地震时表现出色，成功保护了建筑结构和内部设备。这个案例标志着隔震技术在地震多发国家中的成功应用，为其他地区的隔震设计提供了宝贵经验。

2.圣弗朗西斯科大地震纪念馆

圣弗朗西斯科大地震纪念馆（Loma Prieta Earthquake Memorial Museum）位于美

国加利福尼亚州圣塔克鲁兹，是为纪念 1989 年洛马普里塔地震而兴建的。这座博物馆采用了摆钟减震器技术，通过在建筑底部安装摆钟装置，使建筑能够在地震中摆动，减小结构的震动幅度。该项目在设计中充分考虑了地震作用下的结构性能，通过隔震技术成功地保护了博物馆的安全性和展品的完整性。这个案例体现了隔震技术在文化遗产保护中的成功应用。

3. 台湾中兴大楼

台湾中兴大楼是一座高层建筑，曾于 1999 年 "9.21" 大地震中受到严重损坏。为了提高建筑的抗震能力，中兴大楼进行了全面的结构改造，引入了液体阻尼器和摆钟减震器等隔震技术。在这次改造后，中兴大楼成功通过 2008 年汶川地震，其隔震系统发挥了显著的减震效果。这个案例展示了隔震技术在对已有建筑进行抗震改造时的成功实践。

4. 新西兰基督城公共医院

新西兰基督城公共医院进行了一次大规模的扩建和改造项目，为了提高医院的抗震性能，引入了摩擦减震器技术。这些减震器被安装在医院的支柱和梁上，通过可控制的摩擦力减小地震作用下的结构位移。该项目的隔震设计成功减小了医院结构的地震响应，保障了医院的正常运作。这个案例强调了在医疗设施中使用隔震技术的可行性，提高了医疗服务的持续性和可靠性。

这些成功案例展示了隔震技术在不同地区和类型建筑中的广泛应用，为提高结构的抗震性能和保护人们的生命财产安全提供了有力的支持。

（二）桥梁隔震效果评估与监测

桥梁隔震技术的成功实施离不开对其效果进行全面评估和实时监测。以下是桥梁隔震效果评估与监测的四个关键方面：

1. 动力学分析与模拟评估

在桥梁隔震系统的设计阶段，进行动力学分析和模拟评估是必不可少的步骤。通过数学建模和计算机模拟，工程师可以预测隔震系统在不同地震作用下的性能，包括结构的位移、速度、加速度等动力响应参数。这些分析结果有助于优化隔震系统的设计，并为后续的施工和监测提供基准。

2. 实验室试验与振动台模拟

在桥梁隔震系统设计的早期阶段，进行实验室试验和振动台模拟有助于验证理论模型的准确性。通过在实验室中模拟地震作用，可以直观地观察隔震系统的性能，并获取真实结构在地震中的响应数据。这些试验结果为实际工程的隔震效果提供了重要的参考，也为后续的监测工作奠定了基础。

3. 实时监测系统的应用

隔震桥梁的实时监测系统是评估隔震效果的重要手段。通过在桥梁结构上安装传感器，监测结构在地震或其他振动作用下的实际响应。这些传感器通常包括加速度计、位移传感器、应变计等，能够提供全面的结构动力学参数。实时监测系统不仅能够记录地震发生时的结构响应，还能够对平时的桥梁运行状态进行监控，确保隔震系统的长期可靠性。

4. 实际工程案例分析

评估桥梁隔震效果需要结合实际工程案例进行深入分析。通过对实际隔震桥梁的运行数据进行收集和整理，工程师可以评估隔震系统的长期性能，发现可能存在的问题并进行优化。实际工程案例的分析不仅有助于改进未来的设计方案，还为其他桥梁隔震项目提供了宝贵的经验教训。

通过上述的动力学分析、实验室试验、实时监测系统和实际工程案例分析，桥梁隔震效果的评估与监测工作能够全面而系统地检验隔震系统的性能，确保其在地震发生时发挥最佳的减震效果，提高桥梁结构的抗震能力。

（三）隔震技术在山区公路桥梁中的前景与发展趋势

隔震技术作为提高公路桥梁抗震能力的一种重要手段，在山区地区具有广阔的前景和发展空间。以下是隔震技术在山区公路桥梁中的前景与发展趋势的四个关键方面：

1. 提高山区桥梁抗震能力

山区地形通常伴随着更加复杂的地震波传播路径、土壤条件和地形特征，因此，山区公路桥梁更容易受到地震的影响。隔震技术通过引入各种减震装置，如摆钟减震器、摩擦减震器等，可以显著减小结构在地震中的振动幅度，提高桥梁的整体抗震能力。未来，随着隔震技术的不断创新和完善，山区公路桥梁的抗震性能将得到更大程度的提升。

2. 适应多样化地质和地形条件

山区地质和地形条件的多样性是挑战隔震技术应用的重要因素。未来的发展趋势将着重于研究和设计适应不同地质和地形条件的隔震系统。例如，在软弱土层地区，可以采用更加灵活的隔震方案，如弹簧隔震器；而在岩石地区，可能更适合摆钟减震器等方案。随着地震工程技术的进步，隔震系统将更加智能化，能够根据具体地质条件进行自适应调整。

3. 综合考虑隔震与整体工程设计

隔震技术的应用需要综合考虑整体桥梁工程的设计和施工。未来的发展趋势将更加强调隔震技术与其他结构设计要素的协同作用，包括桥梁的承载能力、运营安全性、经济性等方面。同时，工程师需要考虑隔震系统的可维护性和耐久性，以确保系统在长期运行中保持稳定和可靠。

4. 应用信息技术和大数据分析

随着信息技术的飞速发展，未来的隔震技术将更加依赖于大数据分析和实时监测系统。通过在桥梁结构中嵌入传感器和监测设备，可以实时获取桥梁在地震中的响应数据，并通过大数据分析，提供更加精准的结构健康状况评估。这不仅有助于实时监控桥梁的抗震性能，还为后续的隔震技术研究和设计提供了丰富的实验数据。

综合来看，隔震技术在山区公路桥梁中具有广泛的前景与发展趋势。通过不断创新和综合考虑工程设计的多方面要素，隔震技术将显著提升山区桥梁的安全性、稳定性和可维护性。

第六章　山区公路桥梁的施工技术

第一节　山区公路桥梁施工的特殊性

一、山区地形对施工的影响

（一）地形复杂性与施工难度

地形复杂性是在建设工程中经常面临的挑战之一，尤其在山区、丘陵和河谷等地形复杂的区域。这种复杂性给工程施工带来了一系列的难题，需要仔细考虑并找到有效解决的办法。

1. 地质条件的多样性

山区地形通常伴随着多样的地质条件，包括不同类型的岩石、土壤、泥石流等。这种多样性使得工程施工过程中需要根据具体的地质情况采取不同的处理措施。例如，在岩石地区可能需要采用爆破技术进行基础开挖，而在土质较软的地区可能需要考虑地基加固措施。地形的多样性增加了工程设计和实施的复杂性，需要工程师根据具体情况精确调整施工方案。

2. 交通运输困难

复杂的地形往往伴随着交通运输的困难，尤其是在山区和偏远地区。施工材料、设备和工人的运输都受到地形的限制，增加了施工的物流成本和时间。有时候，需要修建临时性的道路或者采用直升机等特殊工具来解决运输问题，这进一步增加了施工的复杂性和成本。

3. 土石方施工的技术难度

地形复杂的地区，土石方工程往往面临更高的技术难度。地势的不规则性使得挖填方施工更加复杂，可能需要在悬崖、陡坡等地形条件下进行工程作业。这涉及对边坡稳定性的评估和加固，以及合理的挖填方施工方法。对于河谷地区，还需要考虑河床的稳定性和水流对土石方施工的影响，增加了工程的技术难度。

4.环境保护和生态平衡

在复杂地形的环境中，施工活动可能对生态环境产生显著影响。植被的破坏、水体污染及动植物栖息地的破坏都可能引发环境保护方面的问题。因此，在施工前需要进行全面的环境影响评估，并采取有效的环保措施。这增加了施工项目的管理和监管难度，需要更加细致地规划和执行，以保持生态平衡。

总的来说，地形复杂性给施工带来的挑战主要体现在地质多样性、交通运输困难、土石方施工技术难度和环境保护等方面。解决这些问题需要综合考虑地形特征，科学规划施工方案，并在整个施工过程中进行有效的监测和管理，以确保工程能够顺利实施且对环境影响降到最低。

（二）气候变化对施工的影响

气候变化给施工行业带来了新的挑战，从极端天气事件到气温的升高，都可能对工程项目的安全性、进度和成本产生重大影响。以下是气候变化对施工影响的四个主要方面：

1.极端天气事件增多

随着气候变化，极端天气事件（如强风、洪水、暴雨等）的频率和强度逐渐增加。这对施工项目的安全性构成直接威胁。强风可能导致塔吊、脚手架等临时结构物的倾倒，洪水和暴雨可能导致工地内的积水和泥石流，增加了土石方工程的复杂性。施工团队必须采取相应的防护措施，同时合理规划工程进度，以减小极端天气事件对施工的不利影响。

2.气温升高影响工程材料和设备性能

气温升高对工程材料和设备的性能有着直接的影响。例如，高温可能导致沥青混凝土和沥青路面的软化，减弱其承载能力。建筑材料如混凝土的凝固时间可能因温度升高而缩短，需要调整施工计划。同时，高温还可能影响工程设备的正常运行，如挖掘机、起重机等机械设备的散热效果可能下降，需要更频繁地维护和冷却。

3.海平面上升和沿海侵蚀

气候变化导致的海平面上升和沿海侵蚀对沿海地区的施工项目有着直接的影响。沿海基础设施项目，如码头、桥梁和堤坝，面临更大的风险。海平面上升可能导致工程项目的淹没，而沿海侵蚀可能损害海岸线上的结构。在规划和设计阶段，工程师需要考虑未来可能发生的海平面上升和沿海侵蚀的情况，采取相应的防护措施。

4.水资源管理和林火风险

气候变化对水资源的分布和利用产生影响，可能导致水资源短缺或洪涝等问题。

这对施工工地的水资源管理提出更高的要求，涉及排水系统、水源供应等方面的规划。此外，气候变化还可能导致干旱和高温，增加了林火的风险。林火不仅会对自然环境造成破坏，还可能对附近的建筑和基础设施产生影响。施工项目需要采取有效的防火措施，确保人员和设备的安全。

综合来看，气候变化对施工行业的影响是多方面的，从工程安全到材料和设备性能，再到水资源管理和林火风险等，都需要施工团队在规划、设计和实施阶段采取相应的应对措施，以确保工程项目的顺利进行。

（三）地质条件与施工风险

地质条件是施工项目中至关重要的因素之一，对工程的安全性、稳定性和经济性产生深远的影响。以下是地质条件与施工风险的四个主要方面：

1. 岩土特性与基础设计

地质条件直接影响基础设计和施工方案的选择。不同地区的岩土特性差异巨大，可能包括坚硬的岩石、松软的土壤、黏性的黏土等。施工团队在进行基础设计时需要充分了解地层的物理和力学性质，以确定合适的基础类型，如扩展基础、灌注桩、桩基等。错误的基础设计可能导致沉降、倾斜等问题，增加工程风险和修复成本。

2. 地层不稳定性与边坡工程

地层的不稳定性是导致边坡滑坡、崩塌等问题的重要原因。在山区和河谷等地，边坡工程面临的风险更为显著。地质条件对边坡的稳定性产生直接影响，包括土层的坡度、土体的保水性以及可能的地下水位变化。施工前的地质勘察和边坡稳定性分析是关键步骤，以制定合理的边坡保护措施，减小滑坡、塌方等地质灾害的风险。

3. 地下水位对基坑工程的影响

地下水位的高低对基坑工程和地下结构施工有重要影响。高地下水位可能导致基坑工程的排水难度增加，增加了工程成本；而低地下水位可能导致基坑墙体失稳，增加了坍塌的风险。地下水位的季节性变化也需要考虑，特别是在降雨季节。施工团队需要采取相应的水文地质调查和排水设计，以确保基坑工程的稳定性和安全性。

4. 地质灾害的预防与治理

地质灾害如泥石流、滑坡、地裂缝等可能对施工项目产生严重的威胁。在地质条件复杂的地区，施工团队需要制订地质灾害防治方案，包括对潜在危险区域的监测、预警体系的建立以及防治措施的实施。采取预防性措施，如植被覆盖、坡面加固、泥石流拦挡结构等，有助于减轻地质灾害对施工项目的危害。

综合来看，地质条件对施工风险有着深刻的影响。科学的地质勘察和分析、合理的基础设计和防治方案制订，都是确保施工项目安全、稳定进行的重要手段。在地质条件复杂的环境中，施工团队需要充分了解地质背景，灵活应对，降低地质因素带来的不确定性和风险。

二、特殊材料的应用

（一）山区特有材料的选用

在山区的工程项目中，选择合适的材料至关重要，因为山区地域特殊，其地质、气候和生态环境等因素可能对材料性能产生显著影响。以下是选用山区特有材料考虑的四个主要因素：

1. 地质适应性

山区地质条件多种多样，包括岩石、泥土、松软的土层等。在选择材料时，必须考虑地质条件对材料性能的影响。例如，对于山区土石方工程，选择能够适应各种地质条件的填土材料至关重要。此外，如果地质条件较差，需要选择具有较好抗风化、抗侵蚀性能的材料，以确保工程的长期稳定性。

2. 气候适应性

山区气候变化多端，可能面临强风、寒冷、高温等极端天气条件。因此，在选择材料时必须考虑其对极端气候的适应性。例如，在寒冷的山区，需要选用能够耐寒的混凝土和钢材，以防止由于低温导致的材料脆化。对于极端温度差异大的地区，还需要考虑材料的热膨胀系数，以避免因温差引起的结构损伤。

3. 生态友好性

山区通常是生态脆弱地区，选择生态友好的材料对维护山区的生态平衡至关重要。在建筑和基础设施工程中，可以考虑采用可再生材料、回收材料或本地材料，以减少对自然资源的依赖，降低对环境的影响。此外，一些具有生物降解性的材料在山区的使用也更为适宜，能够减缓对生态环境的干扰。

4. 抗灾性和抗自然灾害性

山区常常面临地质灾害，如滑坡、泥石流等。在材料的选择上，需要考虑其抗灾性和抗自然灾害性能。例如，防滑抗冲击的路面材料可以减少山区道路在雨季发生泥石流的风险。对于房屋建筑，可以选用具有较好抗震性能的结构材料，以提高建筑在地震发生时的抗灾能力。

综合来看，山区特有材料的选用需要综合考虑地质、气候、生态和自然灾害等多方面因素。科学合理的材料选择不仅有助于工程项目的顺利进行，还能够减轻对山区环境的负面影响，实现工程与自然环境的协调共生。

（二）材料运输与保管的特殊性

在山区工程项目中，材料运输和保管面临着一系列独特的挑战和特殊性，这涉及复杂的地形、气候变化及交通运输的限制。以下是在山区项目中材料运输与保管的四个特殊性：

1. 复杂的地形与交通运输限制

山区地形复杂，道路曲折且崎岖，给材料运输带来了巨大的挑战。货车可能需要穿越陡峭的山路和狭窄的道路，增加了运输风险。在选择适当的交通运输工具时，需要考虑到山区的地形特征，可能需要采用越野车辆、特殊的运输工具或者进行细致的路况勘测。此外，交通运输的不确定性也可能影响工程进度，需要合理规划物资的运输时间。

2. 气候变化对材料的影响

山区气候多变，可能面临降雨、雪灾等极端天气条件。这对于一些敏感的建筑材料，如木材、金属等，可能造成损害。在运输和保管过程中，需要特别注意防雨、防潮、防冻等措施，确保材料不受气候的影响而质量受损。另外，在高海拔山区，气温有时较低，对液体材料的运输和保管也提出了更高的要求。

3. 保管设施的合理设计

由于山区环境的特殊性，保管设施的合理设计显得尤为重要。这包括选择合适的仓库位置，避免设在易发生地质灾害的区域；设置有效的通风和排水系统，防止湿气对材料的侵蚀；考虑保温设施，避免低温对材料的影响。同时，需要对保管设施进行定期检查和维护，确保设施的安全和稳定。

4. 物资管理和远程监控技术的应用

由于山区工程项目可能较为偏远，物资管理面临一定的困难。采用远程监控技术，包括物联网、卫星定位等，可以实时追踪物资的运输情况和仓储状况。这有助于及时发现问题并进行调整，提高物资管理的效率。同时，物资的分类、标记和登记也需要更加细致，以确保在山区环境中能够准确快捷地找到所需的材料。

综合而言，山区工程项目中材料运输与保管的特殊性主要体现在复杂的地形、多变的气候、合理的保管设施设计及物资管理和监控技术的应用等方面。在实际操作中，施工团队需要认真分析山区环境的特点，采取科学有效的措施，以确保材料的运输和保管能够适应山区的复杂条件，保障工程的正常进行。

三、施工人员的培训与适应

（一）山区施工人员的技能要求

在山区进行施工工作需要具备一系列特殊的技能，以应对复杂的地形、气候变化和交通限制等挑战。以下是山区施工人员的七项技能要求：

1. **地形适应能力**

山区地形复杂，施工人员需要具备良好的地形适应能力。这包括对陡峭山路、悬崖峭壁、河流等不同地形的熟悉和应对能力。施工人员应具备在高海拔、崎岖地形中工作的经验，熟练掌握山区特有的交通运输和导航技能，确保安全高效地到达工程现场。

2. **环境安全意识**

山区环境具有一定的危险性，如地质灾害、气象突变等。施工人员需具备辨别危险源、应急避险的能力，并时刻保持环境安全意识。培养员工对气象变化的敏感性，提前预警、采取措施，确保施工过程中的安全。

3. **机械设备操作技能**

山区施工通常需要使用各种机械设备，如越野车辆、吊装设备、爆破设备等。施工人员应熟练掌握这些机械设备的操作技能，确保设备在复杂地形中的安全高效运行。特别是对于需要在高海拔地区作业的机械设备，要注意气压、温度等环境参数对操作的影响。

4. **野外生存技能**

在山区施工，可能需要施工人员在野外工作较长时间，因此具备一定的野外生存技能尤为重要。这包括野外取水、搭建简易防护结构、识别野生植物和动物等基本野外生存技能，以应对紧急情况。

5. **地质认知与防范意识**

山区地质灾害的风险较高，施工人员需要具备基本的地质认知能力，能够识别潜在的地质隐患。建立地质防范意识，采取预防措施，如加固边坡、定期检查潜在滑坡点等，以减小地质灾害对施工的影响。

6. **团队合作与沟通能力**

在山区施工中，团队合作尤为关键。施工人员需要具备良好的沟通能力，能够有效协调各个岗位之间的工作。同时，团队成员之间要相互协助、互相照应，形成高效配合的工作氛围。

7. 紧急救援与急救知识

由于山区环境较为偏远，紧急情况的发生可能导致救援难度较大。施工人员需要具备基本的急救知识，能够在发生意外事故时迅速采取紧急救援措施，保障伤员的生命安全。

通过培训和实践，使山区施工人员具备上述技能，不仅可以提高工程的顺利进行，还能有效保障施工人员的安全，适应山区特殊环境下的工作需求。

（二）紧急情况处理与团队协作

在山区桥梁施工中，可能会面临各种紧急情况，如地质灾害、交通事故等。有效的紧急情况处理和团队协作至关重要，能够保障工程的安全、高效进行。以下是在山区桥梁施工中紧急情况处理与团队协作的四个关键方面的内容：

1. 紧急情况应急预案的制定与演练

在山区桥梁施工前，必须制订详细的紧急情况应急预案，并进行定期演练。这包括各类可能发生的紧急情况，如地质滑坡、桥梁结构事故、交通事故等。应急预案需要明确各个阶段的责任分工、紧急疏散路线、急救措施等。团队成员应该熟悉紧急预案，能够在紧急情况下迅速、有序地采取行动。

2. 实时监测与信息共享系统的建立

在山区桥梁施工中，建立实时监测系统是至关重要的。通过使用先进的监测设备，如地质监测仪器、结构健康监测系统等，能够实时监测地质状况和桥梁结构状态。同时，建立信息共享系统，确保团队成员之间能够及时获取关键信息，提高对紧急情况的响应速度。这样的系统可以帮助团队更好地了解实时情况，准确判断是否需要采取紧急行动。

3. 团队协作与沟通机制的强化

团队协作是应对紧急情况的关键。在山区桥梁施工中，团队成员可能分散在不同的工作点，因此需要建立高效的沟通机制。使用无线通信设备、应急通信系统等工具，确保团队成员能够及时、畅通地进行沟通。团队成员之间的协作默契也需要通过定期的培训和演练来增强，以提高应对紧急情况的协同能力。

4. 紧急救援队伍的培训与配备

在山区桥梁施工现场，紧急救援队伍是必不可少的。团队成员需要接受相应的急救培训，了解基本的急救知识和技能。此外，紧急救援队伍需要配备必要的急救设备和救援工具，以便在发生事故时能够迅速进行救援。针对山区地形，可能需要特殊的救援工具，如搜救装备、登山工具等。

综合而言，山区桥梁施工中的紧急情况处理与团队协作需要系统而全面的准备。

通过科学制订应急预案、建立实时监测系统、强化团队沟通机制和培训紧急救援队伍，能够提高团队的紧急情况应对能力，确保在紧急情况下能够做出迅速而有效的反应。

第二节 施工方法与工艺的选择

一、土建工程施工方法

（一）开挖与支护技术

在山区桥梁施工中，开挖与支护是关键的施工阶段，涉及地质复杂、地形险峻等特殊条件。以下是山区桥梁开挖与支护技术的四个关键方面的内容：

1. 地质勘察与分析

在山区桥梁开挖前，进行全面而细致的地质勘察是至关重要的。这包括对地质层位、岩土性质、地下水情况等方面的调查。通过综合分析地质数据，可以确定开挖的地质条件，预测可能遇到的地质问题，如岩层崩塌、泥石流等。这为制订合理的开挖与支护方案奠定了基础。

2. 开挖方式与工艺选择

山区桥梁的开挖方式需要根据地质条件和地形特点做出合理选择。对于岩石地质，可能采用爆破、钻孔拆除等方式；而对于松软土层，可能采用机械挖掘或者挖土机械辅助挖掘。在选择开挖方式时，需要充分考虑施工的安全性、效率以及对周边环境的影响。同时，根据实际情况，灵活调整开挖工艺，确保施工的顺利进行。

3. 支护结构的设计与施工

山区桥梁施工中，支护结构的设计对于确保开挖工程的安全至关重要。支护结构包括边坡支护、洞口支护等。边坡支护可以采用喷锚、挡土墙、梯形块石护坡等方式，确保施工过程中边坡的稳定性。对于洞口支护，可能需要采用钢架、混凝土喷射支护等方式，以防止洞口崩塌。支护结构的施工需要严格按照设计要求，确保施工质量。

4. 水文环境保护与治理

山区桥梁施工可能受到降雨等气象因素的影响，地下水位可能较高。因此，在开挖过程中需要采取有效的水文环境保护措施。包括设置排水系统、泵站设备，确保工程区域的排水通畅。此外，还需要采取防治水土流失的措施，避免雨水冲刷导致的环境问题。

综合而言，山区桥梁开挖与支护技术需要在充分了解地质情况的基础上，选择合适的开挖方式和工艺。同时，对于支护结构的设计与施工，以及水文环境保护与治理，都需要科学规划和合理执行，以确保桥梁施工的安全和顺利进行。

（二）基础处理与浇筑

在山区桥梁施工中，基础处理与浇筑是确保桥梁结构安全和稳定的重要环节。以下是山区桥梁基础处理与浇筑的四个关键方面的内容：

1. 地基处理与加固

山区地质条件复杂，因此在进行基础处理前，必须对地基进行详尽的勘察和分析。包括岩土层位、地下水位、地下构造等因素。根据地质勘察结果，采取相应的地基处理与加固措施，如挖土加固、灌注桩加固、钻孔灌浆等、提高地基的承载能力，确保基础稳固。

2. 基础浇筑技术选择

在山区桥梁基础浇筑时，需要选择适合地质和气候条件的浇筑技术。对于坚硬岩石地质，可以考虑采用爆破法或机械挖掘开挖基坑；对于较为松软的土壤，可以采用搅拌桩、钻孔灌浆等技术。此外，根据山区气候特点，选择适宜的浇筑季节和时间，防止气温过低或降雨对浇筑质量的影响。

3. 基础防水与抗冻措施

山区气候条件多变，可能出现降雨、雪灾等情况。因此，在桥梁基础浇筑过程中，必须考虑基础的防水与抗冻措施。这包括在基础底部设置防水层、选择抗渗混凝土、采用绝热材料等。对于可能遇到的冰冻天气，需要采取保温措施，避免混凝土在凝固过程中遭受冻害。

4. 质量监测与验收

在基础浇筑完成后，必须进行质量监测与验收。通过使用先进的测量仪器和设备，对基础的尺寸、强度、密实度等参数进行监测。同时，还需要进行混凝土抽芯检验，评估混凝土的质量。质量监测与验收的结果将直接影响后续的桥梁结构建设，确保基础浇筑质量达到设计要求。

综合而言，山区桥梁基础处理与浇筑需要在全面了解地质条件的基础上，采取科学合理的处理和浇筑技术。通过精心的地基处理、合适的浇筑技术选择、防水与抗冻措施的考虑以及质量监测与验收等措施，确保桥梁基础的牢固与稳定，为整个桥梁工程的成功奠定坚实的基础。

（三）结构物组装与拼装

在山区桥梁施工中，结构物的组装与拼装是一个复杂而关键的阶段。由于山区地形复杂、交通不便，施工过程中需要特别注意结构组件的运输、组装、调整等方面。以下是山区桥梁结构物组装与拼装的四个关键方面的内容：

1.结构物预制与标准化设计

在山区桥梁施工前，可以考虑采用结构物预制和标准化设计的方法。通过在工厂内预制构件，可以减少施工现场的加工和制作时间，提高构件的精度和质量。标准化设计能够保证构件的统一规格，降低施工难度。这种方法不仅可以减少对施工现场的依赖，还能够提高施工效率，缩短工期。

2.合理选择起重设备和运输工具

在山区施工中，道路可能狭窄且曲折，因此需要合理选择起重设备和运输工具。对于大型结构组件，可能需要使用起重机械，但必须确保其适应山区地形，并有足够的操作空间；对于小型结构组件，可以考虑使用轻型吊装设备，如手动葫芦、小型起重机等。此外，选择适合山区道路的运输工具，可能需要使用特殊的运输车辆，确保结构组件安全、稳定地运输到施工现场。

3.精密测量与调整

山区桥梁结构组件的组装需要高度精密的测量和调整。在组装过程中，使用先进的测量工具和设备，确保各个构件的尺寸、位置精准。在结构组件安装到位后，进行精密调整，保证整个结构的水平度、垂直度等要求。这不仅能够保证结构的稳定性和安全性，还有助于后续工程的进行。

4.安全作业与人员培训

山区施工环境复杂，组装与拼装过程中需要严格遵循安全操作规程。在进行结构组件的组装时，要确保作业人员有足够的安全防护措施，如安全帽、防护眼镜、防滑鞋等。在起重和运输过程中，要保证人员的安全距离，并进行必要的警示和引导。此外，对作业人员进行专业培训，使其熟练掌握组装操作流程，提高施工安全性。

综合而言，山区桥梁结构物组装与拼装需要充分考虑山区地形、道路条件等特殊因素。通过结构物的预制和标准化设计、合理选择起重设备和运输工具、精密测量与调整，以及强调安全作业和人员培训等措施，能够有效降低施工风险，确保结构物的质量和安全。

二、桥梁组装与架设

（一）预制桥墩与桥台的安装

山区预制桥墩与桥台的安装是桥梁工程中至关重要的一环。由于山区地形复杂，交通不便，因此需要采取一系列科学合理的措施，确保桥墩和桥台的安装过程安全、高效。以下是山区预制桥墩与桥台的安装的四个关键方面的内容：

1. 精准的基础准备工作

在进行预制桥墩和桥台的安装前，必须进行精准的基础准备工作。这包括地基的清理、平整，确保基础的承载力和稳定性。地基的准备需要充分考虑山区的地质特点，对于可能遇到的松软土层或岩石层，需要采取相应的加固措施。此外，在进行基础准备时，要确保安装区域的平整度和垂直度符合设计要求，为后续的预制桥墩和桥台安装奠定良好的基础。

2. 合理选择安装工艺与设备

在山区环境中，合理选择安装工艺和设备至关重要。预制桥墩和桥台的安装工艺包括起吊、定位、调整等步骤。在选择起重设备时，要充分考虑山区道路的狭窄和曲折，选择适用于山区环境的起重机械，并确保其具备足够的吨位和稳定性。此外，对于桥墩和桥台的定位和调整，可能需要使用精密的测量工具和调整设备，确保其准确度和垂直度。

3. 严格的安装流程控制

预制桥墩和桥台的安装过程需要进行严格的流程控制。首先，对于大型的结构组件，要确保其运输过程中没有损坏和变形。在安装时，按照设计要求和安装顺序进行，确保每个步骤的精确完成。在预制桥墩和桥台定位后，要进行调整，保证其水平度和垂直度。在整个安装过程中，要加强团队协作，确保每个环节的顺利进行。

4. 强调安全作业与应急预案

在山区预制桥墩和桥台的安装过程中，安全作业至关重要。工作人员必须佩戴适当的安全防护装备，作业现场要设置明显的警示标志，确保安全通道畅通。此外，制订详细的应急预案，应对可能发生的突发情况，如天气变化、机械故障等。预先培训工作人员的安全意识，提高应对紧急情况的能力，确保安全作业的进行。

综合而言，山区预制桥墩与桥台的安装需要在充分了解地质条件的基础上，采取科学合理的基础准备、设备选择、流程控制和安全作业等措施。通过精准的准备工作、合理选择工艺设备、严格控制安装流程以及强调安全作业与应急预案，能够有效确保预制桥墩和桥台的安全，完成高效安装。

（二）桥梁主体结构的吊装与架设

在山区桥梁建设中，主体结构的吊装与架设是一项复杂而关键的工程，涉及起吊设备的选择、安全措施的制定、结构物的精准定位等方面。以下是山区桥梁主体结构的吊装与架设的四个关键方面的内容：

1.起吊设备的选择与设计

在山区桥梁主体结构吊装中，首要任务是选择合适的起吊设备。考虑到山区地形的复杂性，需要根据具体情况选择适用于山区环境的起重机械。可能会采用吊车、塔吊、起重机等设备，而具体的选择要根据桥梁结构的形状、重量以及工地的地形来决定。同时，吊装设备的设计要考虑到施工现场的空间限制和作业环境的特殊性。

2.安全措施与工程预案

山区桥梁主体结构的吊装涉及高空作业，因此必须制订详细的安全措施和工程预案。在吊装前，要对吊装现场进行全面的安全检查，确保设备和场地符合吊装要求。工程预案要包括各种应急情况的处理措施，如恶劣天气、设备故障等情况的预案，确保施工过程的安全和顺利进行。

3.结构定位与调整

在进行主体结构吊装时，准确的结构定位和调整是至关重要的。使用精密的测量工具和设备，确保吊装的结构能够精准地定位到设计位置。如果在吊装过程中需要进行调整，要确保调整过程平稳、逐步，防止结构变形或损坏。在山区地形复杂的情况下，可能需要采用特殊的调整工艺，如局部支撑、调整吊装点等。

4.团队协作与沟通

吊装过程需要高度的团队协作和沟通。吊装操作人员、监理人员、工地管理人员等各方需要密切合作，保持通畅的沟通渠道。在高空作业中，沟通的准确性和及时性对安全至关重要。团队成员应具备高度的专业技能和紧急应对能力，确保在各种情况下都能够做出及时而正确的决策。

综合而言，山区桥梁主体结构的吊装与架设需要全面考虑地形、天气等因素，通过科学的设备选择、详细的安全措施、准确的结构定位与调整，以及协同有序的团队协作，确保主体结构的吊装过程顺利、安全、高效。

（三）桥面铺装与连接

在山区桥梁建设中，桥面铺装与连接是确保桥梁结构使用寿命和通行安全的重要环节。这一过程不仅涉及道路表面的铺装工作，还包括桥面与其他结构的连接，需要充分考虑山区地形、气候等特殊条件。以下是山区桥梁桥面铺装与连接的四个关键方面的内容：

1.铺装材料的选择与适应性

在选择桥面铺装材料时，需要考虑山区气候、地质条件和交通流量等因素。由于山区地形复杂，可能受到降雨、雪灾等气象条件的影响，因此选择具有较好抗水、抗冻融和抗滑性能的材料至关重要。适当选择防滑性能良好的铺装材料，能够提高桥梁通行的安全性，特别是在山区多雨或结冰的情况下尤为重要。

2.桥面平整度与排水设计

山区桥梁的道路平整度和排水设计对通行的舒适性和道路的耐久性至关重要。在桥面铺装过程中，要确保道路平整度符合设计标准，避免因不平整导致的车辆颠簸和行车不稳。此外，排水设计也是桥面铺装中的重要环节，防止积水对桥梁结构的侵蚀，特别是在山区多雨的气候条件下，排水系统的设计和维护尤为关键。

3.桥面连接与伸缩缝处理

桥梁结构中存在的伸缩缝在山区地形变化较大的情况下具有重要作用。在桥面铺装时，要考虑伸缩缝的处理，确保其连接处的平整度和铺装材料的连续性。伸缩缝的设计要充分考虑山区气候的变化和桥梁结构的伸缩需求，采用合适的密封材料和伸缩缝设计，以防止因气候变化引起的裂缝和损坏。

4.环保与生态考虑

山区桥梁建设需要考虑到环境保护和生态保育。在桥面铺装时要选择环保材料，以减少对周围自然环境的影响。同时，在施工过程中要注意对植被的保护，避免因建设活动对生态系统造成破坏。合理的环保与生态考虑将有助于桥梁结构与周围环境的和谐共生。

综合而言，山区桥梁桥面铺装与连接需要在考虑山区特殊气候、地形条件的基础上，选择适宜的铺装材料，确保道路平整度和排水系统的良好设计，合理处理桥面连接与伸缩缝，同时注重环保和生态保育。通过科学的铺装与连接工艺，能够确保桥梁结构的稳定性和通行的安全性。

三、现代施工技术在山区桥梁工程中的创新

（一）无人机与三维建模在施工中的应用

在山区桥梁施工中，无人机技术和三维建模成了不可或缺的工具，为工程的规划、设计、施工和监测提供了高效、精准的支持。以下是无人机与三维建模在山区桥梁施工中应用的四个方面的内容：

1.地形勘察与前期规划

无人机能够快速、高效地获取山区桥梁施工区域的地形数据。通过搭载各类传感器，

无人机可以实现对复杂地形的全方位、高分辨率的拍摄，生成数字高程模型（DEM）和数字表面模型（DSM）。这为工程师提供了详细的地形信息，帮助规划道路、桥梁位置以及施工设备的摆放，提前识别潜在的施工风险，为项目的前期规划提供数据支持。

2. 施工监测与进度控制

在山区桥梁施工过程中，无人机通过定期航拍可以实时监测施工现场的进展。无人机搭载的摄像头能够捕捉到施工现场的实时图像，通过三维建模技术将图像数据转化为三维模型，实现对工程进度的可视化监控。这不仅有助于项目管理团队及时发现问题，还可以提高施工的效率，确保施工进度按计划推进。

3. 结构安全检测与质量控制

无人机可以通过航拍技术对桥梁结构进行全面、高精度的检测。无人机搭载的高分辨率相机或激光雷达能够捕捉到桥梁结构的细微变化，实现对结构安全和质量的实时监测。通过三维建模技术，工程团队可以获得桥梁结构的精准尺寸、变形情况等信息，为结构的维护和质量控制提供科学依据。

4. 环境保护与生态监测

在山区桥梁施工中，环境保护和生态监测至关重要。通过无人机搭载的多光谱传感器，可以实现对植被覆盖、土壤质量等环境因素的监测。三维建模技术可以将这些数据整合成综合的生态模型，帮助工程团队预测施工对周边生态环境的影响，采取相应的保护措施，确保施工过程对环境的最小影响。

综合而言，无人机与三维建模的应用为山区桥梁施工注入了新的活力。通过高精度的地形数据、实时的施工监测、结构安全检测和环境保护监测，无人机与三维建模为山区桥梁施工提供了全方位、高效、精准的支持，推动了山区桥梁建设的科技创新。

（二）智能设备与信息技术的集成应用

山区桥梁施工中智能设备和信息技术的集成，为工程的管理、监测、施工等环节提供了高效、智能的解决方案。以下是智能设备与信息技术在山区桥梁施工中应用的四个方面的内容：

1. 无人机与激光扫描仪的应用

无人机在山区桥梁施工中的应用可通过航拍技术获取高精度的地形数据，提供基础的地形勘察和监测。此外，无人机还可以进行现场巡检，快速掌握施工进展，为规划、设计和监测提供全面的信息支持。

激光扫描仪能够以高精度获取桥梁结构的三维点云数据，用于实时监测结构变形、裂缝及其他质量问题。集成激光扫描仪技术，可以使施工现场更加智能化，提高结构监测的准确性和及时性。

2. 传感器网络与物联网技术

通过在桥梁结构中部署传感器网络，实现对结构物理参数的实时监测。物联网技术可以将传感器采集到的数据传输到中央控制系统，实现对桥梁结构健康状况的实时远程监测。这为工程师提供了实时的结构状态信息，有助于及早发现问题并采取相应措施。

3. 建筑信息模型（BIM）的应用

BIM 技术在山区桥梁施工中的应用涵盖了工程的全生命周期。在设计阶段，BIM 可以帮助工程师更好地规划和协调各个施工阶段的工作。在施工阶段，通过 BIM 技术可以实现对施工过程的模拟，提前发现可能的冲突和问题，从而提高施工效率。在运维阶段，BIM 还可以作为桥梁维护的工具，帮助进行定期检查和维护计划的制订。

4. 智能机械设备的运用

智能机械设备如自动化施工机器人、智能挖掘机等，能够在山区桥梁施工中发挥重要作用。这些设备可以通过传感器感知周围环境，自主规划施工路径，提高施工的精度和效率。智能机械设备还可以与其他智能系统集成，实现远程操控和自动化施工，减少人为操作对山区环境的影响。

综合而言，智能设备与信息技术的集成给山区桥梁施工带来了巨大的变革。通过无人机、激光扫描仪、传感器网络、BIM 技术和智能机械设备的应用，实现了施工全过程的智能化、数字化和高效化，为山区桥梁建设提供了先进的科技支持。

第三节　山区桥梁的施工设备选择与管理

一、山区桥梁施工设备的选择原则

（一）地形适应性与设备灵活性

1. 越野能力与操控性

在山区桥梁施工中，地形复杂、道路崎岖，因此选择具有良好越野能力的施工设备至关重要。设备应具备足够的爬坡能力、通过性和操控性，以适应山区崎岖的地形。

2. 紧凑设计与机动性

设备的紧凑设计与机动性是在狭窄、弯曲的山区道路上操作的关键因素。选择体积适中、转弯半径小的设备，能够灵活穿越山间道路，提高施工效率。

3.自适应性与可调性

施工设备需要具备自适应山区地形的能力，可以灵活调整工作状态以应对不同地形的挑战。例如，可调节的悬挂系统和底盘高度，以适应不同高程和坡度的要求。

4.多功能性与模块化设计

在山区施工中，设备的多功能性和模块化设计能够满足不同工程阶段的需求；能够通过更换不同的工作模块，实现不同施工任务，提高设备的灵活性和多用途性。

（二）设备性能与生产效率

1.动力性能与承载能力

设备的动力性能和承载能力直接影响到在山区施工的效率。选择具有强劲动力和高承载能力的设备，能够应对复杂的施工任务，确保施工过程的顺利进行。

2.施工速度与效益

高效的施工速度直接关系到工程的进度和效益。因此，选择具有较快施工速度的设备，同时考虑其在山区环境下的稳定性，以提高生产效率。

3.燃油经济性与环保性

在设备选择中，考虑燃油经济性和环保性是十分重要的。选择燃油效率高、排放低的设备，有助于降低运营成本，也符合当代环保要求。

4.智能化技术与远程监控

集成智能化技术，如自动化控制系统和远程监控系统，能够提升设备的操作便捷性和准确性。远程监控系统使得设备状态、维护信息等能够及时传输到中控中心，为及时处理问题和优化施工计划提供支持。

综合而言，山区桥梁施工设备的选择需要综合考虑地形适应性与设备灵活性，以及设备性能与生产效率。只有这两方面的平衡，才能确保在复杂的山区环境下实现高效、安全、稳定的施工过程。

二、山区桥梁施工设备管理与维护

（一）设备调度与协调

1.任务规划与设备匹配

设备调度的核心是根据项目进度和施工任务的特点进行任务规划，确保每台设备的合理利用。在山区桥梁施工中，考虑到地形的复杂性，需要精准匹配设备，以确保其能够适应不同地形条件，最大化发挥效益。

2.协同作业与信息共享

通过建立设备调度和协调系统，实现施工设备的协同作业。设备之间的信息共享和协同作业可以避免冲突和资源浪费，提高设备利用率。实时的通信系统可以确保施工现场与中心指挥室之间的信息流畅传递。

3.维护计划与替代机制

制订设备的定期维护计划是设备调度的关键一环。通过合理的维护计划，可以确保设备在长时间运行中保持良好状态。同时，建立替代机制，当某设备需要维修时，能够及时调度其他设备替代，不影响整体施工进度。

4.环境适应性考虑

设备调度需要充分考虑山区环境的变化，如气象、地质等因素。在不同季节和天气条件下，调整设备的工作计划，确保设备能够适应多变的山区环境，保障施工的连续性。

（二）定期维护与故障处理

1.定期检查与预防性维护

制订定期检查和预防性维护计划，对设备进行常规检查，及时发现潜在问题并进行修复。预防性维护可延长设备使用寿命，减少突发故障，确保设备的稳定运行。

2.实时监测系统的应用

部署实时监测系统，通过传感器和远程监控技术实时监测设备的运行状态。系统可以提前发现设备异常，为故障的快速处理提供支持，避免设备因故障而停工。

3.设备维修团队的培训与配备

建立专业的设备维修团队，保障维修人员具备丰富的经验和专业技能。通过培训，确保维修团队熟悉各类设备的结构和工作原理，能够迅速准确地定位和解决故障。

4.备品备件的储备

维护管理中需要储备常见故障的备品备件，确保在故障发生时能够迅速更换。合理的备件储备策略可以缩短维修时间，提高设备的可靠性和可用性。

综合而言，山区桥梁施工设备管理与维护需要通过科学的调度与协调，以及合理的定期维护与故障处理，来确保设备在复杂的山区环境中能够安全、高效地运行。通过建立完善的设备管理体系，可以最大限度地提升设备的利用效率，确保施工任务的圆满完成。

第四节 施工中的安全与环境管理

一、山区桥梁施工安全管理体系

（一）安全培训与教育

1. 员工培训计划

制订完善的员工安全培训计划，确保每位参与施工的员工都接受到必要的安全培训。培训内容包括山区施工的特殊安全风险、紧急情况处理、使用施工设备的安全操作等方面的知识。

2. 安全教育材料与工具

提供生动、具体的安全教育材料，如培训视频、宣传册等，以便员工更好地理解和记忆安全知识。此外，建立在线学习平台，方便员工随时随地获取安全培训内容。

3. 实地演练与模拟

定期组织安全演练和模拟应急演练，以增强员工在紧急情况下的应变能力。通过实地演练，让员工熟悉逃生通道、应急设备的使用，提高其在紧急情况下的自救和互救能力。

4. 定期评估与反馈

建立定期的安全培训评估机制，对员工的安全知识和技能进行考核，并根据评估结果制订个性化培训计划。同时，鼓励员工提出安全改进建议，形成良好的安全文化氛围。

（二）施工现场安全监测与预防

1. 安全监测技术应用

引入先进的安全监测技术，如摄像头、传感器网络等，对施工现场进行实时监测。这些技术能够监测施工过程中的危险源，及时发现潜在的安全隐患，为安全管理提供科学依据。

2. 风险评估与防范措施

进行全面的施工风险评估，识别潜在的危险源和风险点。根据评估结果制定相应的防范措施，并在施工现场明确标识危险区域，提高员工对潜在危险的警觉性。

3.定期安全巡查与检查

建立定期的安全巡查与检查机制，由专业的安全人员对施工现场进行巡查，确保施工过程中符合安全规定。巡查过程中要重点关注施工设备的安全运行状况、作业人员的个人防护措施等方面。

4.事故应急预案

制订完善的事故应急预案，包括应急通信、急救措施、疏散路线等。组织模拟应急演练，提高施工人员在突发情况下的应变能力，确保能够迅速、有序地做出反应。

通过建立完善的山区桥梁施工安全管理体系，实施全员安全培训与教育，加强施工现场的监测与预防，可以最大限度地降低施工过程中的安全风险，确保施工的顺利进行。

二、山区桥梁施工环境保护措施

（一）施工废弃物处理与回收

1.废弃物分类与初始处理

在施工过程中，对产生的废弃物进行分类，包括可回收物、有害废弃物和一般废弃物。采用合适的初始处理措施，减少废弃物对环境的负面影响。

2.可回收物的回收利用

设立合适的回收站点，对可回收物进行回收利用。例如，废弃的金属、混凝土等可以通过合适的处理设备进行再利用，降低资源浪费，同时减少对原生态环境的破坏。

3.有害废弃物的安全处理

对产生的有害废弃物进行专业的安全处理，确保不会对周围环境和生态系统造成污染。合理选择有害废弃物处理厂商，确保符合环保法规，并遵循环保标准进行处置。

4.废弃物处理过程监控

在整个废弃物处理过程中，建立监控机制，追踪废弃物的处置情况。通过监控，确保废弃物处理符合相关法规要求，避免对周边生态环境产生负面影响。

（二）生态保护与植被恢复

1.植被保护与保留

在施工前，对施工区域内的原生植被进行详细调查，制订合理的施工方案，最大限度地保留原有植被。采取隔离带的方式，将施工区域与原有植被划分开，减少对植被的破坏。

2. 生态修复方案的制定

制定生态修复方案，明确施工后对植被的恢复计划，包括采用合适的土壤保护措施、植物引种方案等，以确保植被在施工后能够迅速恢复，减轻对生态系统的冲击。

3. 植被种植与护理

在施工完成后，根据生态修复方案进行植被的种植和护理工作。选择适应当地气候和土壤条件的植物，加强对植物的护理，促使其尽快生根、生长，实现植被的恢复。

4. 水土保持与流域管理

采取水土保持措施，包括植被覆盖、坡面保护等，减缓水流速度，防止水土流失。实施流域管理，保护周边水体，防止施工过程中的污染物流入水体，维护水域生态平衡。

通过合理的施工废弃物处理与回收、生态保护与植被恢复措施，可以最大限度地减少对山区桥梁施工环境的影响，实现生态与建设的平衡，确保施工过程对自然环境的最小干扰。

第五节　现代技术在山区桥梁施工中的应用

一、山区桥梁智能建筑与监测系统

（一）施工过程监控与实时数据反馈

1. 智能施工计划与调度

在山区桥梁建设中，智能建筑监测系统可以通过先进的传感技术和算法，实时监测施工过程中的关键参数，如混凝土浇筑温度、材料运输情况等。通过智能计划和调度，系统可以优化施工流程，提高施工效率，同时确保施工安全。

2. 实时数据反馈与调整

系统能够实时收集各个施工环节的数据，包括施工人员的工作状态、机械设备的运行情况等。这些数据通过云端处理后，提供给工程管理人员实时反馈。管理人员可以根据这些数据进行及时决策和调整，确保施工过程中的各项任务能够按计划进行，同时降低施工风险。

3. 质量监测与控制

智能监测系统通过高精度传感器监测施工过程中的各项质量指标，如混凝土强度、桥墩垂直度等。一旦检测到异常，系统会立即发出警报，提醒施工人员采取相应的纠正措施。这有助于保障桥梁结构的长期稳定性和安全性。

4. 环境保护与可持续施工

智能建筑监测系统还可以监测施工现场的环境参数，如噪声、粉尘等。通过实时监控，管理人员可以采取措施减少对周边环境的影响，实现环保施工。此外，系统还可以优化资源利用，减少能源消耗，促进可持续施工。

（二）桥梁结构健康监测

1. 结构安全评估

智能监测系统通过传感器实时监测桥梁结构的各项参数，如变形、裂缝等。系统可以对这些数据进行实时分析，并生成结构安全评估报告。一旦发现结构异常，系统会自动发出警报，同时提供相应的建议修复方案，确保桥梁的长期安全运行。

2. 材料性能监测

通过在桥梁结构中部署传感器，监测材料的力学性能，如强度、韧性等，有助于实时了解材料的状况，及时发现可能影响桥梁结构健康的问题，为维护和修复提供科学依据。

3. 远程巡检与维护

智能监测系统通过远程技术实现对桥梁结构的定期巡检，避免了传统巡检方式中的人力和时间浪费。通过远程监测，系统能够全面覆盖桥梁各个部位，及时发现潜在问题，降低维护成本。

4. 预测性维护

利用大数据分析和机器学习技术，智能监测系统可以对桥梁结构的健康状态进行预测。通过分析历史数据和实时监测结果，系统可以预测可能发生的结构问题，提前采取维护措施，延长桥梁的使用寿命，降低维护成本。

综合来看，山区桥梁智能建筑与监测系统不仅可以提高施工效率和质量，还能确保桥梁结构的健康与安全，为山区交通基础设施的可持续发展提供重要支持。

二、远程操作与自动化技术

（一）遥控设备与远程施工

1. 遥控设备的引入与优势

针对山区桥梁的特殊地理条件，引入遥控设备成为施工的重要手段。包括遥控起重机、无人机等先进设备，使操作人员可以在远离施工现场的情况下实现对设备的精准操控。这不仅提高了施工的安全性，还有效降低了人员在险峻山区的工作风险。

2.远程施工的实时监控

通过遥感技术和实时监控系统，可以对远程施工进行全方位、多角度地监控。这包括摄像头、传感器等设备的应用，实时传输施工现场的数据，让监管人员能够随时随地获取有关施工进展、安全状况等方面的信息。这样的实时监控不仅提高了施工的效率，也有助于及时发现和解决问题。

3.远程施工的节能环保

遥控设备的使用不仅提高了施工的效率和安全性，还能够减少能源的浪费。例如，在山区桥梁施工中，远程操控可以避免不必要的人员往返，减少车辆的运行，从而降低对环境的影响。这与现代社会对可持续发展的需求相契合。

4.遥控设备的智能化发展

随着人工智能技术的不断发展，遥控设备也逐渐智能化。通过引入自动化、机器学习等技术，遥控设备能够更好地适应各种复杂施工环境，实现更加智能地操控。这不仅提高了设备的适应性和灵活性，还为未来的施工技术发展提供了更广阔的空间。

（二）自动化施工工艺的应用

1.智能化设计与规划

利用自动化施工工艺，可以通过先进的建模和仿真技术实现智能化的设计和规划。这包括对山区桥梁的地形、材料等因素进行精准分析，从而优化施工方案。智能规划可以提高工程的效益，减少资源浪费，同时确保施工的稳定性和安全性。

2.机器人施工的应用

自动化施工工艺涵盖机器人在桥梁建设中的广泛应用。例如，机器人臂可以执行烦琐、重复的任务，如混凝土浇筑、焊接等，提高施工效率，减少人力成本。这种自动化施工方式还能够在危险环境中代替人工，确保施工过程的安全性。

3.传感器与实时数据反馈

集成传感器技术可以实时监测施工过程中的各项参数，如温度、湿度、压力等。通过与自动控制系统相连接，可以及时调整施工工艺，确保在不同环境条件下的施工质量。这种实时数据反馈机制提高了对施工过程的精准掌控，有助于提升整体工程质量。

4.远程协同与云平台应用

自动化施工工艺还可以借助云计算和远程协同平台，实现施工团队之间的高效协作。工程师和施工人员可以通过云端平台实时共享数据、交流经验，及时解决问题。这种远程协同不仅提高了工作效率，也降低了沟通成本，为山区桥梁建设提供了更加便捷的管理方式。

在山区桥梁施工中,遥控设备与自动化技术的应用为提高工程效率、降低风险提供了创新的解决方案。通过不断引入先进技术,可以使施工更加智能、安全、可持续。

三、山区桥梁施工新材料在施工中的创新

在山区桥梁建设中,采用创新的施工新材料对提高工程质量、减少施工成本以及环保方面都具有积极作用。下面将分别探讨高强度材料与轻型结构的应用以及环保材料在山区桥梁建设中的优势。

(一)高强度材料与轻型结构的应用

1. 强度优势

引入高强度材料,如高性能混凝土、高强度钢材等,能够显著提高桥梁的承载能力和耐久性,适应山区地质条件,增强结构的抗震和抗风能力。

2. 轻型结构设计

结合轻型结构设计理念,采用新型轻质材料,如聚合物材料、玻璃纤维增强材料等,减轻桥梁自身重量,降低施工难度,提高山区桥梁的抗风险和整体稳定性。

3. 降低建设成本

高强度材料的使用不仅可以减少所需材料的数量,还能缩短施工周期,从而降低施工成本。同时,轻型结构的应用能够简化施工工艺,减少对基础设施的要求,使山区桥梁建设更加经济高效。

4. 适应特殊地质条件

高强度材料和轻型结构的应用有助于克服山区多变的地质条件,降低桥梁在复杂地形和气象环境下的受力,提高其稳定性和耐久性。

(二)环保材料在山区桥梁建设中的优势

1. 可再生材料的使用

选择可再生的环保材料,如再生混凝土、再生钢材等,减少对自然资源的依赖,有利于可持续发展,符合生态保护理念。

2. 减少环境污染

环保材料在生产和使用过程中排放的污染物较少,有助于减轻施工对周边环境的影响,降低施工对山区生态系统的破坏。

3. 提高桥梁的使用寿命

环保材料通常具有较好的耐久性和抗腐蚀性,能够延长桥梁的使用寿命,减少维护和修复成本,降低对山区桥梁后期管理的压力。

4. 社会认同度提升

在当今社会，注重环保和可持续发展的理念日益深入人心，采用环保材料建设山区桥梁不仅有助于提升工程的社会形象，还能获得更多的社会认同和支持。

在山区桥梁建设中，充分发挥新材料的优势，不仅能够提高桥梁的抗灾能力和使用寿命，还有助于推动施工工艺的创新，实现山区桥梁建设的可持续发展。

第七章 智能化技术在山区公路桥梁设计与施工中的应用

第一节 智能化技术在桥梁设计中的创新

一、智能设计软件与工具

（一）三维建模与虚拟设计

在山区桥梁设计中，三维建模与虚拟设计是智能设计的关键组成部分。通过先进的建模软件，设计师可以创建高度精准的三维模型，模拟桥梁结构在山区复杂地形条件下的性能。这种技术不仅使设计更加直观，而且有助于准确评估地形对结构的影响。

三维建模的优势在于能够考虑不同方向上的地形变化，提高了设计的全面性和适应性。虚拟设计使得设计师可以模拟各种场景，包括地震、洪水等极端情况，以便更好地了解桥梁在不同环境下的性能，从而提高设计的可靠性和安全性。

（二）参数化设计与优化算法

智能化设计中的参数化设计与优化算法为山区桥梁设计提供了更灵活、高效的解决方案。通过参数化设计，设计师可以快速调整设计中的关键参数，以适应不同地形和设计要求。同时，优化算法可以在设计过程中自动搜索最优解，确保设计在性能、成本和其他方面达到最佳平衡。

这种智能化的设计方法不仅提高了设计效率，还能够更好地应对山区地形的多变性。优化算法可以在大量的设计方案中找到最合适的方案，确保桥梁在山区环境中达到最佳性能。

（三）智能化设计在山区桥梁中的实际应用

智能化设计是现代桥梁工程领域的一项重要技术，它利用先进的软件与工具，通过三维建模、参数化设计与优化算法等手段，为桥梁设计师提供全新的思路与工具。在山区公路桥梁设计中，智能化设计更是展现了其巨大的潜力与优势。

首先，三维建模与虚拟设计的应用使得设计师可以更全面地了解山区桥梁项目的地形、气候、地质等情况。通过虚拟设计，设计师能够模拟不同场景下桥梁的性能表现，优化结构形态，提前预见可能的问题，并进行有效的规避性分析。三维建模技术不仅提高了设计效率，而且在项目初期就能够对桥梁设计进行全面的优化。

其次，参数化设计与优化算法的应用为山区桥梁设计师提供了更灵活的设计方案。通过设定参数，可以对不同因素进行系统优化，包括结构强度、材料使用效率、成本等。在山区地形复杂的情况下，参数化设计能够更好地适应多变的地理环境，确保桥梁在不同场景下都能够保持最佳性能。

最重要的是，智能化设计在山区桥梁中的实际应用，不仅仅是提高了设计效率，更为工程师提供了更多创新的可能性。通过引入人工智能技术，设计软件能够学习和分析历史设计数据，为设计师提供更具创新性的设计建议。这种技术的应用使得设计不再仅仅依赖于经验，而是能够更好地融合实际情况与前沿科技，推动桥梁设计水平的不断提升。

在智能化设计的实际应用中，设计师需要深入了解桥梁工程的特殊性，结合山区地形、气候等因素，充分发挥智能化设计的优势。例如，对于山区桥梁的自然环境特征，可以在设计软件中设置相应的参数，进行智能化的地形适应性分析。同时，考虑到山区地质条件多变，设计软件应当具备智能化的地质风险评估与处理功能，以提高桥梁的抗震性能。

总体而言，智能化设计在山区桥梁工程中的应用是一个不可忽视的趋势。它不仅能够提高设计效率，减少人力成本，更能够为桥梁工程师提供更灵活、创新的设计方案。通过三维建模、参数化设计、优化算法等手段，智能化设计为山区桥梁工程注入了新的活力，推动了桥梁设计领域的不断创新。未来，随着智能技术的不断发展，相信在山区桥梁设计中，智能化设计将会发挥越来越重要的作用。

二、智能化材料的选用与优化

智能化材料的选用与优化在山区桥梁设计中具有重要意义，不仅关系到桥梁的耐久性与安全性，也直接影响到整体工程的成本效益。通过对智能材料特性与应用以及数据驱动的材料选用与设计的深入讨论，可以更好地理解其在山区桥梁设计中的实际应用。

（一）智能材料的特性与应用

在山区桥梁设计中，智能材料的应用呈现出一系列独特的特性，为工程师提供了更多的选择与优化方案。

首先，智能材料的自感应性质使得其能够对外部环境做出实时响应。例如，具有自修复功能的材料能够在受损后自动修复，提高了桥梁的抗破坏性。这种特性在山区地质条件不稳定的情况下尤为重要，能够减轻因地质灾害导致的桥梁损伤。

其次，智能材料的轻量化与高强度特性有助于减轻桥梁自重，提高整体结构的抗风险能力。在山区地形复杂的情况下，轻质高强的材料能够减小对地基的负荷，减缓基础的沉降速度，从而提高桥梁的稳定性。

最后，智能材料的传感器嵌入设计使得桥梁具备了实时监测的能力。通过监测桥梁结构的变化，工程师能够更及时地发现潜在问题，采取相应的维护与修复措施，提高了桥梁的可靠性和安全性。

在实际应用中，智能材料的选用需要综合考虑山区桥梁的地理环境、气候条件及预期的使用寿命等因素。例如，对于寒冷地区，具有抗冻融特性的智能材料更为适用；而在高温地区，耐高温、耐腐蚀的材料则更为合适。

（二）数据驱动的材料选用与设计

数据驱动的材料选用与设计是智能化材料应用的关键环节之一。通过收集、分析大量实验数据和现场监测数据，工程师可以更加科学地选择材料，并优化桥梁设计。

首先，大数据分析可以帮助工程师更全面地了解各类材料的性能。通过对多种智能材料的实验数据进行深入分析，可以明确其优点、局限性及适用条件。这为工程师提供了更多的材料选择，以满足山区桥梁特殊需求。

其次，数据驱动的材料选用能够更好地实现桥梁设计的个性化与定制化。根据不同山区桥梁的地理、气候等差异，通过大数据分析，可以为每一座桥梁选择最适合的智能材料，提高其整体性能。

最重要的是，数据分析还为桥梁的后期维护提供了有力支持。通过实时监测智能材料的工作状态，工程师可以做出及时的决策，采取合适的措施进行维护，从而延长桥梁的使用寿命。

总的来说，智能化材料选用与优化在山区桥梁设计中扮演着重要的角色。通过充分发挥智能材料的特性，结合大数据分析，可以为山区桥梁提供更安全、稳定、高效的设计与施工方案。未来，随着智能技术的不断发展，相信数据驱动的智能化材料应用将会在山区桥梁设计领域发挥越来越重要的作用。

三、智能监测与反馈

在山区桥梁设计中，智能监测与反馈系统是一项关键技术，它通过结构健康监测系统和桥梁设计实时反馈系统的应用，实现对桥梁性能的实时监测与及时调整，从而确保桥梁的安全性和稳定性。

（一）结构健康监测系统

结构健康监测系统是一种通过传感器、数据采集设备和信息处理系统，实时监测桥梁结构变化、性能演变的技术系统。在山区桥梁设计中，结构健康监测系统的应用具有重要的意义。

首先，结构健康监测系统能够实时监测桥梁的振动、位移、温度等多个参数，通过传感器获取的大量数据，系统可以实现对桥梁结构状态的全面把控。这对山区桥梁来说尤为重要，因为地形、气候等复杂因素可能对桥梁结构造成影响，监测系统能够及时发现异常情况，为及时维护提供数据支持。

其次，结构健康监测系统可以进行数据分析，提取结构性能的关键信息，通过对历史数据的比对分析，预测桥梁未来的可能问题。这有助于工程师在设计阶段更好地考虑桥梁的长期使用状况，以提高桥梁的耐久性。

最重要的是，结构健康监测系统的实时反馈能力，使得对桥梁的维护更加精准。一旦监测系统发现桥梁结构存在异常，可以立即通过实时反馈通知相关工作人员，以便采取措施及时进行修复，提高桥梁的整体安全性。

（二）桥梁设计实时反馈系统

桥梁设计实时反馈系统是通过集成传感器、监控设备和数据处理系统，为工程师提供桥梁施工及性能反馈信息的技术系统。这一系统在山区桥梁设计中的应用为工程师提供了更灵活的实时决策支持。

首先，桥梁设计实时反馈系统通过实时数据采集，可以监测桥梁在施工过程中的变化。这对山区桥梁设计来说尤为重要，因为山区地形复杂、气候多变，通过实时监测施工现场的数据，设计师可以更及时地调整设计方案，确保施工的顺利进行。

其次，实时反馈系统的智能分析功能可以帮助工程师对施工中的问题进行及时诊断和解决。通过对实时数据的分析，系统可以提供关于材料使用、结构稳定性等方面的实时反馈信息，为工程师提供参考，减少施工中的不确定性。

最重要的是，桥梁设计实时反馈系统可以通过数据分析为工程师提供实时的性能参数，帮助设计师进行实时优化。例如，在施工过程中，系统可以通过实时监测的数据为设计师提供关于结构强度、稳定性等方面的实时反馈信息，以帮助设计师及时调整设计方案，提高桥梁整体性能。

综上所述，结构健康监测系统和桥梁设计实时反馈系统的应用为山区桥梁设计提供了强大的技术支持。通过实时监测、数据分析和智能反馈，这些系统使得工程师能够更全面、更及时地了解桥梁的结构状况，为设计与施工提供更为科学、精准的支持，从而确保山区桥梁的安全、稳定与持久。未来，随着技术的不断发展，这些系统的应用将会更加广泛，为山区桥梁设计带来更多创新与进步。

第二节　人工智能在桥梁建设中的应用

一、智能规划与设计决策

在山区桥梁施工中，智能规划与设计决策的应用是提高效率、降低风险的重要手段。通过人工智能在桥梁布局与规划、智能算法在设计决策中的应用，可以优化施工方案、提高资源利用效率，从而确保山区桥梁工程的顺利实施。

（一）人工智能在桥梁布局与规划中的应用

1. 智能地形分析与桥梁布局

人工智能技术可以对山区地形进行智能地形分析，通过高精度地图和遥感数据，识别山脉、河流等地形特征。在桥梁布局阶段，智能算法可以根据地形分析结果，优化桥梁的位置和布局，提高桥梁与地形的协调性，降低施工难度。

2. 交通流模拟与道路设计

利用人工智能进行交通流模拟，可以根据山区桥梁所在地的交通需求，预测未来交通流量。基于这些模拟结果，智能算法可以优化道路设计，包括桥梁的通行能力、道路宽度等，以适应未来的交通需求。

3. 环境影响评估

人工智能在环境科学领域的应用，能够使人们对山区桥梁建设可能带来的环境影响进行更为全面的评估。智能算法可以模拟桥梁施工对当地生态系统、水体等的潜在影响，为规划和设计提供更科学的决策支持。

（二）智能算法在设计决策中的支持

1.材料选择与优化

智能算法可以分析各类材料的性能参数，结合山区桥梁的具体要求，自动优化材料选择。这有助于提高桥梁的耐久性、抗风险性，降低施工成本。

2.施工工艺优化

在施工过程中，智能算法可以根据地形、气候等因素，优化施工工艺。例如，对于不同地质条件的区域，算法可以提供最佳的基础处理方案，以确保施工的安全性和稳定性。

3.资源调度与项目管理

利用智能算法进行资源调度，可以最大限度地提高资源利用效率。智能算法可以实时监测施工进度、物资消耗情况，自动调整资源分配，确保施工进程的高效推进。

在山区桥梁施工中，人工智能的应用不仅提高了设计决策的智能化水平，也为工程师提供了更科学、更精准的决策支持。通过智能规划与设计决策，可以更好地应对山区特殊地形、气候等复杂条件，推动桥梁施工质量的提升。未来随着智能技术的不断发展，人工智能在山区桥梁施工中的应用将更为深入，为工程建设带来更多创新与进步。

二、智能施工与机器人技术

（一）机器人在桥梁施工中的角色

机器人技术在山区桥梁设计与施工中发挥着越来越重要的作用。机器人的引入不仅提高了施工效率、降低了劳动强度，还在一定程度上改变了传统施工方式，为山区桥梁工程注入了新的活力。

首先，机器人在桥梁建筑中的角色体现在多个方面，其中之一是施工机器人的使用。例如，自动化的混凝土喷射机器人能够在山区桥梁的结构表面进行高效均匀地喷射，确保混凝土结构的质量和均匀性。这种自动化的施工方式大大加快了施工进度，同时也减少了施工误差。

其次，机器人在桥梁巡检与维护中发挥着重要作用。具有传感器和摄像头的巡检机器人能够深入桥梁结构内部，实时监测并反馈结构的健康状况。这种智能监测不仅提高了监测的精度和频率，还减少了对人工巡检的依赖，降低了工作风险。

最后，机器人还在桥梁建设中的材料搬运、拼装等方面发挥重要作用。例如，具有导航能力和自动化操作系统的机器人可以在施工现场负责材料的运输，同时协助人工进行桥梁构件的拼装。这样的机器人在复杂的山区地形中具有独特的优势，能够更加灵活地适应多变的施工环境。

（二）人工智能在工地管理与协调中的应用

在山区桥梁设计与施工中，人工智能的应用不仅包括具体的施工工艺，还涉及整个工地的管理和协调。通过智能化的工地管理，可以更好地提高工程的整体效益。

首先，人工智能在工地管理中可以实现自动化的进度监控与协调。智能系统可以通过实时数据采集，对施工进度进行实时监测，为管理者提供及时的决策支持。通过智能算法，系统还能够预测潜在的进度延误或风险，使管理者能够采取预防性的措施，确保施工进度稳定推进。

其次，人工智能在资源调度和物资管理中发挥着重要作用。通过智能算法，可以根据施工需要自动进行各类资源的调度，包括人力、机械、材料等。这有助于提高资源的利用效率，减少资源浪费，降低施工成本。

最重要的是，人工智能在工地安全管理方面具有独特的优势。通过智能监测系统，可以对施工现场进行实时监控，检测潜在的安全隐患，及时发出预警。智能算法还可以通过历史数据的分析，提供安全管理的优化建议，确保施工现场的安全性。

综上所述，山区桥梁设计与施工中的智能化技术给工程建设带来了全新的机遇和挑战。通过机器人技术的引入，施工效率得到了极大提升，同时降低了施工过程中的劳动强度，为工程的高效推进提供了有力支持。人工智能在工地管理和协调中的应用使得整个项目更具智能化、科学化。

在机器人在桥梁施工中的角色方面，通过机器人的自动化施工，不仅提高了工程的质量和效率，还降低了人工操作中的潜在风险。例如，在桥梁结构的装配中，具备自动化操作的机器人能够精准、高效地完成构件的拼装，避免了人工误差，提高了整个工程的准确性和可靠性。

在人工智能在工地管理与协调中的应用方面，智能化的管理系统使得施工现场更加透明化和高效。通过实时监控和数据分析，管理者可以及时了解施工进度、资源使用情况等重要信息，从而更灵活地进行决策和调整、为项目的整体协调和管理提供了更多的可能性。

此外，人工智能在工地安全管理方面的应用，将安全性提升到了一个新的水平。通过智能监测系统，系统可以识别潜在的安全风险，如危险区域、设备异常等，并及时发出警报。这为施工现场的安全管理提供了及时而精准的工具，有力地保障了工人的安全。

在山区桥梁设计与施工中，智能化技术的不断创新与应用给工程建设带来了更多的机遇与挑战。通过机器人技术和人工智能的引入，山区桥梁工程得以更加智能、高效地进行规划、设计、施工和管理。未来，随着技术的不断发展，相信智能施工与机器人技术将在山区桥梁工程中发挥越来越重要的作用，推动整个行业不断向前发展。

三、智能化的项目管理与进度控制

（一）智能化的项目规划与调度

山区桥梁施工的复杂地形和气候条件要求项目管理和进度控制更为智能化和灵活。智能化的项目计划与调度系统通过整合大数据分析、人工智能技术，为山区桥梁施工提供更为精准、高效的项目管理支持。

首先，智能化的项目计划系统利用大数据分析，可以更准确地评估山区施工环境的特殊性。通过分析历史施工数据、地形信息、气象条件等，系统能够提前识别潜在的施工难点和风险，从而在项目计划中合理安排施工工序和资源。

其次，人工智能技术在项目调度中的应用使得施工计划更加灵活和实时。通过实时监测施工现场的进度、人力、机械等情况，系统能够动态调整项目计划，合理分配资源，更好地适应山区地形、气候的变化，保障施工的连续性和高效性。

智能化的项目计划与调度系统还能够提供对人员和设备的智能化管理。通过人工智能技术，系统能够识别施工现场的实际情况，自动分析人员和设备的工作状态。这有助于优化人员的安排，合理配置设备，提高整个施工团队的协同效率。

（二）人工智能在项目进度控制中的应用

人工智能在项目进度控制中的应用给山区桥梁施工提供了更为智能、科学的管理手段。通过实时数据监测和智能算法分析，系统能够更全面、准确地掌握项目的进度，提高项目的执行效率。

首先，人工智能技术能够实现对施工进度的实时监测。通过传感器、监测设备等技术手段，系统可以获取实时的施工数据，包括工程完成情况、资源使用情况等。这有助于管理者及时了解项目的实际进展，发现潜在的问题，及时采取措施加以调整。

其次，智能化的项目进度控制系统可以通过大数据分析预测潜在的风险和延误。系统通过历史施工数据和实时监测数据，运用智能算法对项目进行风险分析，提前识别可能影响进度的因素，为项目管理者提供科学的决策支持。

最重要的是，人工智能技术在进度控制中能够提供优化建议。通过分析历史数据和实时监测数据，系统可以发现施工过程中的潜在优化空间，如资源配置、工艺流程等，为项目管理者提供科学的优化建议，以提高项目的整体效益。

综上所述，智能化的项目管理与进度控制给山区桥梁施工带来了更为高效、科学的管理方式。通过人工智能技术的应用，项目管理者能够更全面地了解项目的实际情况，及时发现问题并采取措施，从而确保项目的高效推进。未来，随着技术的不断发展，人工智能在山区桥梁施工中的应用将进一步深化，为工程建设带来更多创新和提升。

第三节　传感器技术在桥梁监测中的应用

一、传感器种类与特性

在山区桥梁设计与施工中，传感器技术的广泛应用为实时监测提供了有效手段，有助于及时发现问题、调整设计方案，并提高桥梁的安全性和稳定性。以下是一些常见传感器种类及其特性的介绍：

（一）结构位移与变形监测传感器

结构位移与变形监测是桥梁设计中至关重要的一环，它关系到桥梁结构的稳定性和安全性。以下介绍一些常用的结构位移与变形监测传感器：

1.激光位移传感器

利用激光测距原理，可以非常精准地测量桥梁结构的位移。这种传感器具有高精度、高灵敏度的特点，适用于对位移要求较高的场景，如大跨度桥梁。

2.应变计

应变计是一种常用于测量结构应变的传感器，可以通过测量物体表面的应变来推断结构的变形情况。在桥梁设计中，应变计广泛用于监测桥梁构件的变形，帮助工程师了解结构的承载状况。

3.位移传感器

位移传感器可以测量结构的线性或非线性位移，包括水平、垂直、倾斜等方向的位移。这种传感器在监测桥梁结构的整体位移时非常有用，为工程师提供了及时的变形信息。

（二）环境监测传感器

环境监测传感器用于检测桥梁周围环境因素，包括气象、水文等，这些因素直接影响桥梁的稳定性和耐久性。以下是一些常见的环境监测传感器的介绍：

1. 气象站

气象站可以监测气温、湿度、风速、风向等气象参数。这些数据对于山区桥梁设计非常重要，因为不同气象条件下，桥梁的受力和状况可能会发生变化。

2. 水文传感器

水文传感器用于监测河流或溪流的水位、流速等水文参数。这对位于山区的桥梁来说尤为重要，因为山区地形多变，雨水可能引发洪水，水文传感器可以提前预警，确保桥梁的安全。

3. 地质监测传感器

地质监测传感器用于监测地下水位、地下岩层的变化等地质参数。这对于山区桥梁的基础设计和稳定性评估至关重要。

（三）传感器网络在桥梁监测中的联动

传感器网络是一种通过多个传感器之间的协同工作，共同完成监测任务的技术。在桥梁监测中，传感器网络可以实现数据的实时共享和联动监测，提高监测的全面性和准确性。

1. 实时数据共享

通过传感器网络，不同类型的传感器可以实时共享监测数据。例如，结构位移传感器可以与环境监测传感器共同工作，使工程师能够全面了解桥梁结构在不同环境条件下的变化情况。

2. 联动告警系统

传感器网络可以建立联动告警系统，当某一传感器检测到异常情况时，系统可以自动触发告警，并通过网络传递给相关人员，从而及时发现潜在问题，采取预防措施。

3. 自适应调节

传感器网络还可以实现自适应调节，根据不同的监测数据调整传感器的工作模式和灵敏度，以适应不同的工况和需求。

总的来说，传感器技术在山区桥梁设计与施工中的应用，通过不同类型传感器的组合使用，实现了对桥梁结构、环境因素的全面监测。传感器网络的联动应用更是提高了监测系统的智能化水平，为工程师提供了更为准确和及时的数据，有力地支持了桥梁的设计、施工和维护工作。

二、桥梁结构健康监测系统

在现代桥梁工程中，桥梁结构健康监测系统是一项关键的技术，通过实时采集与传输监测数据以及应用大数据分析，为桥梁结构的健康状况提供准确、全面的评估。这一系统在维护、预防和安全性方面发挥着重要作用。

（一）监测数据实时采集与传输

桥梁结构健康监测系统的核心是监测数据的实时采集与传输。不同类型的传感器被布置在桥梁结构的关键位置，用于测量结构的各种参数，如位移、变形、温度等。这些传感器将采集到的数据通过实时传输设备发送到监测中心。

1. 结构位移与变形监测传感器

这类传感器用于监测桥梁结构的位移和变形，可以通过激光、光纤等高精度技术实时测量结构的变化。位移和变形的实时监测对于发现结构异常、预测可能的损伤具有重要意义。

2. 环境监测传感器

环境监测传感器用于记录桥梁所处环境的各种参数，包括温度、湿度、风速等。这些因素对桥梁结构的影响是复杂而多样的，通过实时监测这些环境参数，系统可以更准确地评估结构的性能及耐久性。

3. 传感器网络在桥梁监测中的联动

为了获取更全面的数据，不同类型的传感器往往组成一个联动的传感器网络。这种联动可以协同工作，相辅相成地监测结构的不同方面，形成对桥梁全貌的多维度、多角度的监测。

实时采集与传输的优势在于，监测人员可以随时获得结构的最新状态，及时发现潜在问题，采取相应措施，确保桥梁的安全与稳定。

（二）大数据分析在结构健康监测中的应用

监测系统所获得的海量数据需要借助大数据分析技术进行处理，以提取有价值的信息。大数据分析在结构健康监测中的应用主要有以下几个方面：

1. 异常监测与预测

大数据分析可以识别监测数据中的异常模式，从而预测结构可能出现的问题。通过建立基于大数据的模型，系统能够分析历史数据，发现潜在的结构瑕疵或破坏趋势，提前预警，避免事故发生。

2. 结构健康评估

大数据分析可以对监测数据进行综合评估，定量分析结构的健康状况。通过比对实时监测数据与历史数据，系统能够量化结构的健康指数，为决策提供科学依据，指导维护和修复工作。

3. 优化维护策略

基于大数据分析，系统可以制定更加精准的维护策略。通过分析结构的使用情况、外部环境的变化等因素，系统可以提出定制化的维护计划，降低维护成本，延长结构寿命。

4. 实时决策支持

大数据分析的结果可以为工程师和决策者提供实时的决策支持。在监测中心，通过对大量实时数据的处理，系统能够及时生成结构健康报告，为决策者提供全面、准确的信息，支持实时决策。

综上所述，桥梁结构健康监测系统通过传感器的实时采集与传输以及大数据分析的应用，使得对桥梁结构的监测更加全面、科学和及时。这不仅提高了结构的安全性和稳定性，也为工程维护提供了更有力的支持。通过传感器网络的联动，不同类型传感器的协同作业使得监测系统更具综合性，能够全方位地监测桥梁结构的各种状态。而大数据分析则赋予监测系统更深层次的智能，通过模型的建立和数据的分析，实现对结构健康状态的准确把握，为工程决策提供更科学的依据。

传感器实时采集与大数据分析相结合，不仅使对桥梁结构的监测更为全面，同时也将监测系统提升至一个更高的智能水平。系统能够实时响应结构的变化，通过分析大量的数据，发现潜在问题，提前采取措施，从而最大限度地保障桥梁的安全性。

此外，桥梁结构健康监测系统的发展还在不断推动相关领域的创新。随着物联网、云计算等技术的发展，监测系统不仅能够实现本地的实时监测与分析，还能够通过云端平台实现全球范围的数据交流与共享。这种全球化的桥梁监测网络将促进行业知识的传播与技术的协同发展，进一步推动桥梁工程领域的进步。

总的来说，桥梁结构健康监测系统的建设是一项具有前瞻性的工作，通过传感器实时采集与大数据分析的融合应用，将桥梁监测提升至一个新的境界。这一系统的不断创新与发展将为桥梁工程的可持续发展提供坚实的技术支持，为确保桥梁的安全性、稳定性与可靠性贡献力量。

第四节 智能化设备在桥梁施工中的作用

一、智能建筑设备与施工机械

在现代建筑工程中，智能建筑设备和施工机械的引入与应用已经成为提高施工效率、降低成本以及确保施工质量的关键因素。本节将探讨智能挖掘机与土方工程及机器学习在智能建筑设备中的应用。

（一）智能挖掘机与土方工程

智能挖掘机是一种集成了先进技术的施工机械，通过自动化、智能化的控制系统，能够在土方工程中实现更加高效、精准的施工操作。

1. 智能挖掘机的自动化操作

智能挖掘机配备了先进的传感器和控制系统，使其能够实现自动化操作。通过精确的定位系统，智能挖掘机能够准确地定位工作区域，并根据预先设定的施工路径进行自主操作，实现高效的土方作业。

2. 智能控制系统的应用

智能挖掘机的控制系统采用了先进的技术，如图像识别、激光测距等，能够实时感知施工环境并做出智能决策。例如，通过激光测距技术，挖掘机可以准确测量土方的高度，实现对土方工程的精准控制，避免了过度挖掘或不足的情况。

3. 实时数据监测与反馈

智能挖掘机通过传感器不断采集施工现场的数据，包括土方质量、挖掘深度等参数。这些数据实时传输至监控中心，工程师可以通过监控中心实时了解施工情况，及时调整施工策略，确保土方工程的高效进行。

智能挖掘机在土方工程中的应用不仅提高了施工效率，还减少了人为误差，确保了土方工程的质量和安全。这一智能化的趋势将在未来建筑施工中得到更广泛的应用，进一步推动建筑行业的数字化转型。

（二）机器学习在智能建筑设备中的应用

机器学习是人工智能的一个重要分支，通过对大量数据的学习和模式识别，使智能系统能够逐渐改善和优化自身的性能。在智能建筑设备中，机器学习的应用推动了设备的智能化、自适应性和预测性。

1. 设备运行状态预测

通过监测和记录建筑设备的运行数据，机器学习算法能够分析设备的运行模式，预测潜在的故障或维护需求。这使设备管理者能够采取预防性维护措施，提高设备的可靠性和稳定性，减少因故障带来的停工时间。

2. 施工过程优化

机器学习算法可以通过分析建筑施工的历史数据，识别并学习最有效的施工策略。例如，在土方工程中，机器学习可以通过实时监测土方作业的效率和土方质量，优化挖掘机的工作路径和深度，从而实现施工过程的最优化。

3. 智能控制系统改进

机器学习在智能建筑设备的控制系统中的应用，可以使系统更加智能化和自适应。通过学习不同环境下的工作模式和最优参数，设备的控制系统能够实现更加精准的控制，适应不同的施工场景，提高施工效率。

4. 工地安全管理

机器学习还可以应用于工地安全管理。通过对建筑工地的摄像头数据进行分析，机器学习可以识别潜在的安全风险，如工人的不安全行为或危险区域的存在，及时发出警报，提高工地的安全性。

机器学习在智能建筑设备中的应用不仅提高了设备的智能水平，还为建筑施工过程的管理和优化提供了强大的工具。随着技术的不断发展，机器学习将在智能建筑设备领域发挥更加重要的作用，为建筑行业带来更多创新和进步。

二、智能化测量与定位技术

智能化测量与定位技术在桥梁建设中的应用是现代工程领域的一项关键技术。通过室内定位技术和智能测绘工具，建筑行业能够实现更加准确、高效地测量、定位与建模，为桥梁施工提供了强有力的支持。

（一）室内定位技术在桥梁建设中的应用

1. 实时定位与导航

室内定位技术通过使用各种传感器和定位系统，如 Wi-Fi 定位、蓝牙定位、惯性导航等，实现了在室内环境中对物体的实时定位与导航。在桥梁建设中，特别是在大型桥梁的施工现场，室内定位技术可以用于准确定位工程设备、人员和材料，提高施工效率。

2. 施工进度监控

室内定位技术还可以用于监控施工进度。通过在施工场地布置定位设备，系统可以实时追踪不同工序的进展，对施工人员的工作时间和效率进行监测，为项目管理提供及时的数据支持，帮助项目管理人员更好地掌握整体进度。

3. 安全管理

室内定位技术也有助于提高施工现场的安全性。通过监测施工区域的实时位置信息，系统可以预警并避免不同设备或人员之间的冲突，减少潜在的安全风险。此外，室内定位技术还可以用于紧急情况下的快速定位和疏散。

4. 材料管理

在桥梁建设中，大量的材料需要准确管理，而室内定位技术可以用于跟踪和管理材料的运输、储存和使用情况。通过标记材料位置并与定位系统相结合，可以实现对材料的实时监测，减少因材料错误使用或遗失引起的浪费。

（二）智能测绘工具在桥梁施工中的角色

1. 高精度测绘与建模

智能测绘工具，如无人机激光雷达和高分辨率摄影设备，能够在较短时间内对桥梁进行高精度的测绘。这些数据可以用于生成详细的三维模型，为设计、规划和施工提供精准的空间信息。

2. 施工现场监测

智能测绘工具在桥梁施工中的应用不仅局限于前期测绘，还可以用于实时监测施工现场的状态。通过无人机等智能工具，工程团队可以定期获取施工现场的影像数据，监测工程进展、材料堆放、土方变化等，为施工管理提供及时的信息支持。

3. 变形监测与质量控制

智能测绘工具可以用于监测桥梁结构的变形和形变，通过比对不同时间点的测绘数据，工程团队可以及时发现潜在的结构问题，并采取相应的措施。这有助于提高桥梁的质量控制水平，确保工程的稳定性和耐久性。

4. 工地规划与布局

在施工前期，智能测绘工具可以用于工地规划和布局。通过获取地形、地貌等信息，工程团队可以更科学地规划施工区域，合理布置施工设备和材料，提高工地的利用效率。

综合来看，智能化测量与定位技术以及智能测绘工具的应用为桥梁建设注入了更多的科技元素。这不仅提高了施工效率和质量，还为工程管理提供了更多实时、准确的数据支持，推动了桥梁建设领域的数字化转型。

第五节　数据分析与决策支持系统的建设

一、大数据在桥梁设计中的应用

（一）大数据驱动的桥梁设计决策

随着信息技术的不断进步，大数据技术在桥梁设计中的应用正逐渐成为设计过程中的重要支持手段。大数据驱动的桥梁设计决策通过处理庞大的数据量，提供更准确、全面的信息，从而支持设计师在不同阶段做出更为明智的决策。

1. 基于历史数据的设计优化

大数据分析可以利用历史桥梁工程的数据，包括设计参数、材料选择、施工方案等，通过数据挖掘和分析找出设计中的优、劣势。这有助于设计师在新项目中选择更优的设计策略，提高整体工程的效益和可持续性。

2. 实时监测与反馈

大数据技术使得桥梁在使用阶段能够实现实时监测和数据反馈。传感器网络和监测设备可以实时采集桥梁结构的数据，包括荷载、振动、温度等多个方面。这些数据通过大数据平台进行分析，设计师可以获得实时的结构状态，为及时调整设计和维护提供了支持。

3. 多源数据整合

桥梁设计涉及众多数据源，包括地理信息、气象、地质等多方面信息。大数据技术能够将这些分散的数据整合起来，为设计师提供更全面、立体的数据视图，有助于在设计过程中更好地理解和考虑各类因素。

4. 设计参数的智能优化

大数据分析可以在设计阶段自动优化参数，通过模拟不同设计选择的结果，找到最优的设计方案。这种智能化的设计优化有助于提高设计的效率和准确性，同时避免了传统设计中对有限几个方案而采取的人工尝试。

（二）数据共享与协同设计

1. 团队协同设计

大数据技术实现了桥梁设计团队之间的更紧密合作。设计团队可以通过云平台共享设计文档、模型、数据和分析结果，实现实时协同工作。这种协同设计模式能够提高设计效率，避免信息孤岛，确保设计团队能够在整个设计过程中保持同步。

2. 设计决策的数据支持

大数据平台可以存储和分析桥梁设计中的历史数据，为设计决策提供数据支持。设计师可以利用这些数据来了解之前类似项目的设计经验和教训，制定更加科学的设计策略。

3. 合作伙伴的参与

大数据平台可以连接不同的设计合作伙伴，包括建筑师、结构工程师、土木工程师等。各个专业领域的专家能够通过数据共享更好地协同工作，共同完成桥梁设计的不同方面，使设计更全面、综合。

4. 设计与施工的协同

大数据技术还可以促进桥梁设计与施工之间的协同。设计阶段产生的数据可以直接传递给施工团队，为施工提供详细的设计信息，确保施工按照设计要求进行，减少信息传递和理解的误差。

综合来看，大数据在桥梁设计中的应用不仅使设计决策更为科学和高效，还能够加强设计团队之间的协同与合作。这一全新的设计理念通过大数据技术的支持，为桥梁工程提供了更强大的决策工具和协同平台。

在大数据驱动的桥梁设计中，设计师能够更好地理解和分析项目的多方面信息。通过实时监测和反馈，设计师可以更加迅速地应对可能的问题，确保桥梁结构的安全和可靠。同时，基于历史数据的分析也为设计提供了更多的借鉴和经验，有助于在新项目中制订更加科学的设计方案。

数据共享与协同设计的模式使得设计过程更加透明，促使设计团队更好地协同工作。各个专业领域的专家能够共享信息、观点和建议，形成更为全面的设计。这也为设计团队吸收和整合多样化的设计理念提供了机会，推动了设计的创新与发展。

此外，大数据技术在设计与施工之间的协同合作发挥了重要作用。设计阶段的数据能够直接传递给施工团队，为施工提供详尽的设计信息，从而减少了信息传递的时间延迟和误差。这种协同机制有助于确保施工按照设计要求进行，提高了施工效率，减少了潜在的问题和风险。

总体而言，大数据在桥梁设计中的应用不仅提升了设计的智能水平，还促进了设计过程中的协同与合作。未来随着大数据技术的不断发展，桥梁设计将迎来更多创新与突破，为建筑工程领域带来更高效、安全、可持续的设计方案。

二、智能决策支持系统

（一）智能化的桥梁设计决策系统

随着信息技术的飞速发展，智能决策支持系统在桥梁设计领域崭露头角。这类系统通过整合大数据、人工智能和先进的决策算法，为桥梁设计决策提供更为智能、准确的支持。

1. 多维信息整合

智能决策支持系统能够整合来自多个数据源的信息，包括地理信息、结构力学参数、环境气象等多维度数据。通过整合这些信息，系统为设计师提供了更全面、准确的背景信息，有助于设计师更全面地理解项目背景，做出科学决策。

2. 知识图谱建模

这类系统常常采用知识图谱等技术，将各类关键信息以图谱的方式进行建模和展示。通过知识图谱，设计师可以清晰了解各项因素之间的关联关系，帮助他们在决策过程中更好地考虑各种潜在影响因素。

3. 实时决策支持

智能决策支持系统通过实时监测和数据分析，能够提供实时的决策支持。在桥梁设计的不同阶段，系统能够根据最新的监测数据和模型分析结果，为设计师提供实时的反馈和建议，帮助其在不断变化的环境中迅速做出决策。

4. 风险评估与优化

智能决策支持系统通过对历史数据的深度学习和模型训练，能够识别潜在的风险因素。系统能够对不同设计方案进行风险评估，帮助设计师选择更为可靠和安全的设计方案。此外，系统还可以通过优化算法提供不同设计策略的比较，协助设计师找到最优解。

（二）数据挖掘与模型预测在决策支持中的应用

1. 数据挖掘技术

智能决策支持系统通过数据挖掘技术，挖掘大量历史数据中的潜在模式和规律。这些模式可用于预测设计中可能面临的问题，为设计师提供更具前瞻性的决策支持。例如，系统可以通过分析历史桥梁设计中的成功经验和失败案例，提供相应的经验教训，帮助设计师规避潜在的风险。

2. 模型预测应用

智能决策支持系统还常常采用模型预测技术，通过建立各类模型，预测不同设计策略的效果。例如，在桥梁结构设计中，系统可以通过结构仿真模型预测不同设计参数对结构性能的影响，为设计师提供能够预见的支持。

3. 实时监测与调整

数据挖掘和模型预测不仅可以用于设计前的决策支持，还能够在设计实施阶段进行实时监测和调整。通过实时监测桥梁结构的状态和性能，系统可以动态调整设计参数，实现在施工和使用过程中的最优化。

4. 用户反馈与模型迭代

智能决策支持系统还可以收集用户反馈信息，用于模型的迭代和优化。通过分析用户的实际决策与结果，系统能够不断优化模型，提高决策支持系统的准确性和适应性。

综合而言，智能决策支持系统在桥梁设计中的应用使得设计师能够更加科学、全面地制定决策策略。这些系统通过大数据分析、知识图谱建模、数据挖掘和模型预测等技术手段，为桥梁设计决策提供了更为智能、高效的支持。

智能决策支持系统的多维信息整合为设计师提供了全面而清晰的背景信息，使其能够更好地了解项目的整体情况。通过知识图谱建模，设计师可以直观地查看各种因素之间的关系，有助于制定更科学的决策策略。而实时决策支持则确保设计师能够在项目不断变化的环境中获得最新的信息，迅速做出决策调整。

在数据挖掘与模型预测的应用方面，这些技术为设计师提供了更具前瞻性的决策支持。通过挖掘历史数据中的模式和规律，系统能够预测潜在的风险因素，并为设计师提供相应的建议。实时监测和调整确保了决策的及时性和灵活性，使得设计师能够根据实际情况做出调整，提高了设计决策的精准度。

此外，用户反馈与模型迭代机制使得系统能够不断学习和优化。通过分析用户的实际决策和结果，系统可以调整模型，提高决策支持的准确性和适应性。这种循环学习的过程为系统的持续改进提供了动力。

综合来看，智能决策支持系统在桥梁设计中的应用不仅提高了设计决策的科学性和准确性，还使设计过程更为灵活和适应变化。这一趋势将进一步推动桥梁设计领域向智能化、数字化的方向发展，为设计师提供更强大的工具和方法支持，推动桥梁工程的创新与发展。

参考文献

[1] 卞永明，刘广军.桥梁结构现代施工技术 [M].上海：上海科学技术出版社，2017.

[2] 卜建清，严战友.道路桥梁工程施工 [M].重庆：重庆大学出版社，2012.

[3] 柴贺军.山区公路工程地质勘察 [M].重庆：重庆大学出版社，2019.

[4] 关凤林，薛峰，黄啓富.公路桥梁与隧道工程 [M].长春：吉林科学技术出版社，2019.

[5] 郭凯，李勇兵.基于 BIM 技术的大型转体桥梁施工精细化动态控制应用与实践：以昆楚高速公路大德大桥为例 [M].成都：西南交通大学出版社，2021.

[6] 胡金桂.桥梁上部结构施工 [M].成都：西南交通大学出版社，2019.

[7] 李刚，宁尚勇，林智.公路桥梁工程施工与项目管理：第 1 版 [M].武汉：华中科技大学出版社，2022.

[8] 李国强，魏茸，李宗运.公路桥梁与施工管理 [M].中国原子能出版社，2019.

[9] 李振基.铁路轨道与桥梁施工维修研究 [M].中国财富出版社，2019.

[10] 刘相龙，高文彬.公路桥梁施工组织与养护管理 [M].中国原子能出版社，2020.

[11] 刘勇，郑鹏，王庆.水利工程与公路桥梁施工管理 [M].长春：吉林科学技术出版社，2020.

[12] 钱冬生.科学地对待桥渡和桥梁 [M].北京：中国铁道出版社，2003.

[13] 施洲，纪锋，冯传宝.大型桥梁施工风险评估 [M].2022.

[14] 涂兵.桥梁施工 [M].成都：西南交通大学出版社，2010.

[15] 王明慧.西南山区高速铁路建设技术与实践 [M].成都：西南交通大学出版社，2017.

[16] 王修山.道路与桥梁施工技术：第 2 版 [M].北京：机械工业出版社，2022.

[17] 温茂彩，胡建新，龙芳玲.桥梁工程施工与加固改造技术 [M].武汉：华中科技大学出版社，2021.

[18] 文开良，段军朝，余南山.城市轨道交通 U 形桥梁施工技术与管理 [M].成都：西南交通大学出版社，2022.

[19] 严战友，崔冬艳，夏勇 . 山区高速公路施工安全与管理 [M]. 成都：西南交通大学出版社，2018.

[20] 杨光耀，杨新，郑胜利 . 公路桥梁施工与维修养护研究 [M]. 长春：吉林科学技术出版社，2022.

[21] 张国祥，陈金云，张好霞 . 公路与桥梁施工技术及管理研究 [M]. 文化发展出版社，2020.

[22] 张磊，周裔聪，林培进 . 公路桥梁施工与项目管理研究 [M]. 延吉：延边大学出版社，2022.

[23] 张明锋 . 桥梁施工安全 [M]. 成都：西南交通大学出版社，2014.